北京文化书系
古都文化丛书

园林——自然天成

中共北京市委宣传部
北京市社会科学院　组织编写
贾珺　黄晓　著

北京出版集团
北京出版社

图书在版编目（CIP）数据

园林 ：自然天成 / 中共北京市委宣传部，北京市社会科学院组织编写 ；贾珺，黄晓著. — 北京 ：北京出版社，2023.3
（北京文化书系. 古都文化丛书）
ISBN 978-7-200-15512-9

Ⅰ. ①园… Ⅱ. ①中… ②北… ③贾… ④黄… Ⅲ. ①古典园林—介绍—北京 Ⅳ. ①K928.73

中国版本图书馆CIP数据核字（2020）第051554号

北京文化书系　古都文化丛书
园林
——自然天成
YUANLIN
中共北京市委宣传部
北京市社会科学院　组织编写
贾珺　黄晓　著
*
北京出版集团
北京出版社　出版
（北京北三环中路6号）
邮政编码：100120
网　址：www.bph.com.cn
北京出版集团总发行
新华书店经销
北京华联印刷有限公司印刷
*
787毫米×1092毫米　16开本　19.25印张　266千字
2023年3月第1版　2023年3月第1次印刷
ISBN 978-7-200-15512-9
定价：230.00元
如有印装质量问题，由本社负责调换
质量监督电话：010-58572393；发行部电话：010-58572371

“古都文化丛书”编委会

“北京文化书系”
序言

文化是一个国家、一个民族的灵魂。中华民族生生不息绵延发展、饱受挫折又不断浴火重生，都离不开中华文化的有力支撑。北京有着三千多年建城史、八百多年建都史，历史悠久、底蕴深厚，是中华文明源远流长的伟大见证。数千年风雨的洗礼，北京城市依旧辉煌；数千年历史的沉淀，北京文化历久弥新。研究北京文化、挖掘北京文化、传承北京文化、弘扬北京文化，让全市人民对博大精深的中华文化有高度的文化自信，从中华文化宝库中萃取精华、汲取能量，保持对文化理想、文化价值的高度信心，保持对文化生命力、创造力的高度信心，是历史交给我们的光荣职责，是新时代赋予我们的崇高使命。

党的十八大以来，以习近平同志为核心的党中央十分关心北京文化建设。习近平总书记作出重要指示，明确把全国文化中心建设作为首都城市战略定位之一，强调要抓实抓好文化中心建设，精心保护好历史文化金名片，提升文化软实力和国际影响力，凸显北京历史文化的整体价值，强化“首都风范、古都风韵、时代风貌”的城市特色。习近平总书记的重要论述和重要指示精神，深刻阐明了文化在首都的重要地位和作用，为建设全国文化中心、弘扬中华文化指明了方向。

2017年9月，党中央、国务院正式批复了《北京城市总体规划（2016年—2035年）》。新版北京城市总体规划明确了全国文化中心建设的时间表、路线图。这就是：到2035年成为彰显文化自信与多元包容魅力的世界文化名城；到2050年成为弘扬中华文明和引领时代潮流的世界文脉标志。这既需要修缮保护好故宫、长城、颐和园等享誉中外的名胜古迹，也需要传承利用好四合院、胡同、京腔京韵等具有老北京地域特色的文化遗产，还需要深入挖掘文物、遗迹、设施、景点、语言等背后蕴含的文化价值。

组织编撰“北京文化书系”，是贯彻落实中央关于全国文化中心建设决策部署的重要体现，是对北京文化进行深层次整理和内涵式挖掘的必然要求，恰逢其时、意义重大。在形式上，“北京文化书系”表现为“一个书系、四套丛书”，分别从古都、红色、京味和创新四个不同的角度全方位诠释北京文化这个内核。丛书共计47部。其中，“古都文化丛书”由20部书组成，着重系统梳理北京悠久灿烂的古都文脉，阐释古都文化的深刻内涵，整理皇城坛庙、历史街区等众多物质文化遗产，传承丰富的非物质文化遗产，彰显北京历史文化名城的独特韵味。“红色文化丛书”由12部书组成，主要以标志性的地理、人物、建筑、事件等为载体，提炼红色文化内涵，梳理北京波澜壮阔的革命历史，讲述京华大地的革命故事，阐释本地红色文化的历史内涵和政治意义，发扬无产阶级革命精神。“京味文化丛书”由10部书组成，内容涉及语言、戏剧、礼俗、工艺、节庆、服饰、饮食等百姓生活各个方面，以百姓生活为载体，从百姓日常生活习俗和衣食住行中提炼老北京文化的独特内涵，整理老北京文化的历史记忆，着重系统梳理具有地域特色的风土习俗文化。“创新文化丛书”由5部书组成，内容涉及科技、文化、教育、城市规划建设等领域，着重记述新中国成立以来特别是改革开放以来北京日新月异的社会变化，描写北京新时期科技创新和文化创新成就，展现北京人民勇于创新、开拓进取的时代风貌。

为加强对“北京文化书系”编撰工作的统筹协调，成立了以“北京文化书系”编委会为领导、四个子丛书编委会具体负责的运行架构。“北京文化书系”编委会由中共北京市委常委、宣传部部长莫高义同志和市人大常委会党组副书记、副主任杜飞进同志担任主任，市委宣传部分管日常工作的副部长赵卫东同志担任副主任，由相关文化领域权威专家担任顾问，相关单位主要领导担任编委会委员。原中共中央党史研究室副主任李忠杰、北京市社会科学院研究员阎崇年、北京师范大学教授刘铁梁、北京市社会科学院原副院长赵弘分别担任“红色文化”“古都文化”“京味文化”“创新文化”丛书编委会主编。

在组织编撰出版过程中，我们始终坚持最高要求、最严标准，突出精品意识，把“非精品不出版”的理念贯穿在作者邀请、书稿创作、编辑出版各个方面各个环节，确保编撰成涵盖全面、内容权威的书系，体现首善标准、首都水准和首都贡献。

我们希望，“北京文化书系”能够为读者展示北京文化的根和魂，温润读者心灵，展现城市魅力，也希望能吸引更多北京文化的研究者、参与者、支持者，为共同推动全国文化中心建设贡献力量。

“北京文化书系”编委会

2021年12月

“古都文化丛书”
序言

北京不仅是中国著名的历史文化古都，而且是世界闻名的历史文化古都。当今北京是中华人民共和国首都，是中国的政治中心、文化中心、国际交往中心、科技创新中心。北京历史文化具有原生性、悠久性、连续性、多元性、融合性、中心性、国际性和日新性等特点。党的十八大以来，习近平总书记十分关心首都的文化建设，指出北京丰富的历史文化遗产是一张金名片，传承保护好这份宝贵的历史文化遗产是首都的职责。

作为中华文明的重要文化中心，北京的历史文化地位和重要文化价值，是由中华民族数千年文化史演变而逐步形成的必然结果。约70万年前，已知最早先民“北京人”升腾起一缕远古北京文明之光。北京在旧石器时代早期、中期、晚期，新石器时代早期、中期、晚期，经考古发掘，都有其代表性的文化遗存。自有文字记载以来，距今3000多年以前，商末周初的蓟、燕，特别是西周初的燕侯，其城池遗址、铭文青铜器、巨型墓葬等，经考古发掘，资料丰富。在两汉，通州路（潞）城遗址，文字记载，考古遗迹，相互印证。从三国到隋唐，北京是北方的军事重镇与文化重心。在辽、金时期，北京成为北中国的政治中心、文化中心。元朝大都、明朝北京、清朝京师，北京是全中国的政治中心、文化中心。民国初期，首都在北京，后都城虽然迁到南京，但北京作为全国文化中心，既是历史事实，也是人们共识。北京历史之悠久、文化之丰厚、布局之有序、建筑之壮丽、文物之辉煌、影响之远播，已经得到证明，并获得国际认同。

从历史与现实的跨度看，北京文化发展面临着非常难得的机遇。上古“三皇五帝”、汉“文景之治”、唐“贞观之治”、明“永宣之治”、清“康乾之治”等，中国从来没有实现人人吃饱饭的愿望，现在全面建成小康社会，历史性告别绝对贫困，这是亘古未有的大事。中华民族迎来了从站起来、富起来到强起来的伟大飞跃，迎来了实现伟大复兴的光明前景。

“建首善自京师始”，面向未来的首都文化发展，北京应做出无愧于时代、无愧于全国文化中心地位的贡献。一方面整体推进文化发展，另一方面要出文化精品，出传世之作，出标识时代的成果。近年来，北京市委宣传部、市社科院组织首都历史文化领域的专家学者，以前人研究为基础，反映当代学术研究水平，特别是新中国成立70多年来的成果，撰著“北京文化书系·古都文化丛书”，深入贯彻落实习近平总书记关于文化建设的重要论述，坚决扛起建设全国文化中心的职责使命，扎实做好首都文化建设这篇大文章。

这套丛书的学术与文化价值在于：

其一，在金、元、明、清、民国（民初）时，北京古都历史文化，留下大量个人著述，清朱彝尊《日下旧闻》为其成果之尤。但是，目录学表明，从辽金经元明清到民国，盱古观今，没有留下一部关于古都文化的系列丛书。历代北京人，都希望有一套“古都文化丛书”，既反映当代研究成果，也是以文化惠及读者，更充实中华文化宝库。

其二，“古都文化丛书”由各个领域深具文化造诣的专家学者主笔。著者分别是：（1）《古都——首善之地》（王岗研究员），（2）《中轴线——古都脊梁》（王岗研究员），（3）《文脉——传承有序》（王建伟研究员），（4）《坛庙——敬天爱人》（龙霄飞研究馆员），（5）《建筑——和谐之美》（周乾研究馆员），（6）《会馆——桑梓之情》（袁家方教授），（7）《园林——自然天成》（贾珺教授、黄晓副教授），（8）《胡同——守望相助》（王越高级工程师），（9）《四合院——修身齐家》（李卫伟副研究员），（10）《古村落——乡愁所寄》（吴文涛副研究员），（11）《地名——时代印记》（孙冬虎研究员），（12）《宗教——和谐共生》（郑永华研究员），（13）《民族——多元一体》（王卫华教授），（14）《教育——兼济天下》（梁燕副研究员），（15）《商业——崇德守信》（倪玉平教授），（16）《手工业——工匠精神》（章永俊研究员），（17）《对外交流——中国气派》（何岩巍助理研究员），（18）《长城——文化纽带》（董耀会教授），（19）《大运河——都城命脉》（蔡蕃研究员），（20）《西山永定河——血脉根基》（吴文涛副研究员）等。署名著者分属于市社科院、清华大学、中央民族大学、首都经济贸易大学、北京教育科学研究院、北京古代建筑研究所、故宫博物院、首都博物馆、中国长城学会、北京地理学会等高校和学术单位。

其三，学术研究是个过程，总不完美，却在前进。“古都文化丛书”是北京文化史上第一套研究性的、学术性的、较大型的文化丛书。这本身是一项学术创新，也是一项文化成果。由于时间较紧，资料繁杂，难免疏误，期待再版时订正。

本丛书由市社科院原院长王学勤研究员担任执行主编，负责全面工作；市社科院历史研究所所长刘仲华研究员全面提调、统协联络；北京出版集团给予大力支持；至于我，忝列本丛书主编，才疏学浅，年迈体弱，内心不安，实感惭愧。本书是在市委宣传部、市社科院的组织协调下，大家集思广益、合力共著的文化之果。书中疏失不当之处，我都在在有责。敬请大家批评，也请更多谅解。

是为“古都文化丛书”序言。

阎崇年

目　录

前　言

中国古典园林源远流长，博大精深，自有文献记载的殷周开始，跨秦汉魏晋南北朝，越隋唐五代宋元明清，直至民国时期，名园迭出，灿若繁星。园中叠置峰峦岭谷，开凿湖池溪涧，构筑厅堂轩榭，培植花草竹木，形成了以“虽由人作，宛自天开”为宗旨的独特的中国园林体系，在世界园林史上占有重要的地位。中国造园思想不但流布日本、朝鲜半岛，还曾在18世纪时对欧洲产生过很大影响，堪称人类最宝贵的文化遗产之一。

古典园林是北京古都文化的有机组成部分，见证了北京近三千年的发展变迁。本书将北京园林的演变划分为六个阶段：战国—唐、辽金、元代、明代、清代和民国。战国时期燕昭王的蓟城离宫是有记载最早的北京园林，延及隋唐此地为幽州城，迭有园林兴建，但不及作为都城的长安、洛阳和山水优美的江南地区。辽金时期北京成为都城，出现了真正意义的皇家园林，今天的香山一带即开发于这一时期。元代在此建设大都，北京成为全国性的政治中心，崛起为新的皇家园林兴盛之地，西苑三海的格局初步奠定，同时还有万柳堂、临锦堂等全国闻名的私家园林。明代北京皇家园林受朱元璋禁园令的限制，兴建有限，主要是在紫禁城内建造了供太后和皇后妃嫔生活的慈宁宫花园和御花园，以及在元代的基础上进一步拓建西苑；与之相比，明代北京的私家园林非常兴盛，遍布城内及西郊、南郊各地，其中西郊海淀和西城什刹海地区名园迭出，堪与同时期的江南园林媲美。清代是中国古典园林最后一个高峰时期，也是北京造园最鼎盛的时期，皇室对紫禁城御花园和西苑进行全面整修，并兴建了畅春园、圆明园、清漪园（颐和园）、静宜园、静明园等一批规模宏大的御苑，取得了极高的成就；与此同时，北京私家园林在清初康熙年间、清中叶乾隆年间和清末的光绪年间有过三次建设高潮，名园胜景遍布京城内外，数量多达数百座，确立了极具地方特色的北京园林体系。清末国力不振，北京园林也随之衰落，英法联军火烧圆明园对西郊三山五园造成了极大的破坏。进入民国，北京园林开启了新的历史时期，一些皇家园林如北海、中南海、景山等陆续开放，并出现了不少利用旧坛庙或空地新辟的市民公园，接近现代城市的公共园林；作为北洋政府的首都所在，北京聚集了众多达官贵人和富商巨贾，他们新建和改造的园林成为民国时期北京一道独特的风景线。

根据性质的不同，中国园林可以分成皇家园林、私家园林、寺观园林、会馆园林和公共风景区园林等类型。这些园林以皇家园林和私家园林数量最多，体系最完整。

根据具体的位置和使用方式，皇家园林可分为大内御苑、离宫御苑和行宫御苑三种。大内御苑建于都城皇宫内，或紧邻皇宫，与宫廷连为一体；离宫御苑一般位于城郊，相对独立，帝王长期在此居住并处理朝政，具有皇宫之外的第二生活中心和政治中心的职能；行宫御苑的数量最多，散布在都城附近以及帝王外出巡游的路线上，供其临时驻跸或游赏之用。本书介绍的皇家御苑中，紫禁城花园、景山和西苑三海属于大内御苑，圆明园、颐和园属于离宫御苑，静宜园和静明园属于行宫御苑，涵盖了各种类型。

中国历史上南北方都曾经出现过很多私家园林，它们大多属于官僚、文人、商人所有，是园主人合家游赏、栖居之处。同其他园林相比，私家园林与日常生活的联系更紧密，也更能深刻反映不同地域的民俗文化。历史上北方私家园林有过三次高峰，分别位于西汉至唐代以长安为中心的关中地区，东汉至北宋以洛阳、开封为中心的中原地区，元明清以北京为中心的幽燕地区。由于战乱破坏、政治中心东移、经济停滞以及自然生态恶化等原因，关中和中原的私家园林从唐宋以后就严重衰败，罕有实例遗存，而北京及其周边地区的私家造园则一直延续到民国时期，成为现存北方私家园林的代表。本书将北京私家园林又分为王公府园和私家宅园两类，选择了一批现存实例进行重点介绍。

除了皇家园林和私家园林，本书还讨论了北京的寺观园林、会馆园林和公共风景区园林。它们大多空间宽阔开敞，色彩明丽厚重，手法简洁实用，具有端庄大度的气质，充分反映了北方的自然条件和社会文化。

在造园意匠方面，北京园林具有完备的体系，山水、建筑、花木均达到很高的水平，意境深远。同时北京园林还是重要的生活场所，符合北方的生活习惯，是园主和宾客游观宴乐、吟诗作赋以及日常起居的空间，人与园中景致有着密切的互动关系。

综合而言，北京园林作为古人留下的一份无法替代的文化遗产，蕴涵着极高的历史、文化、科学、艺术和社会价值，充分体现了古代造园的卓越成就，值得进行深入的挖掘和阐释，对今天营造美好的人居生活仍有很高的借鉴价值。

第一章

历史源流

北京建城，肇始于周初的蓟、燕，素为北方重镇。自诸侯国都至秦之郡、西汉之封国，东汉、魏晋、北朝、隋唐之州郡，再至辽之南京、金之中都、元之大都、明清之北京等历朝帝都，迄于民国之北平，其间虽然城址屡有兴废变迁，却一直是物华天宝、钟灵毓秀之区，文化、经济发达，素来重视园亭苑囿建设，堪称北方园林风格的重要代表。北京不但皇家园林鼎盛，其私家造园也自有渊源传统，前后相继，在元、明、清各朝均曾出现高潮。为了挖掘其深厚的历史底蕴，首先需要对北京园林的发展脉络加以梳理，并对各历史时期造园艺术的基本特点进行论述和总结。

第一节　战国—唐

早在战国时期，燕昭王即在蓟城建造离宫，为北京园林有记载之始。此后，秦代北京地区属广阳郡，汉代时先为燕国、广阳国等诸侯封国，后为幽州、广阳郡等州郡，延至魏晋，十六国时期曾一度作为前燕之都城。这期间北京时有诸侯或割据政权所建苑囿以及寺庙园林和士人游观郊野风景区的零星史料留存，不过私家造园的记载还很稀少。

隋改幽州为涿郡，建有行宫。唐复改为幽州，历任督帅、节度使常常在此建造府园、别墅，近似于私家园林。但当时幽州地区虽为北方名都大邑，其经济、文化的繁荣程度毕竟无法与长安、洛阳两京相比，也不及江南地区，因此虽有园林兴建，声名并不显著。

第二节 辽金

907年，耶律阿保机在北方草原上统一契丹各部，称可汗，916年正式建立契丹国。936年后唐大将石敬瑭以割让燕云十六州为代价获得契丹军事支持，建立后晋政权，契丹由此得到幽燕地区大片土地。947年太宗耶律德光称帝，并改国号为辽。辽王朝与后晋、后汉、后周、北宋长期对峙，实行契丹与汉人分治的南北两院制度，以幽州（今北京）为南京，在汉人生活区域内大体沿用唐代官僚体制，使得幽燕地区得以继续保持经济和文化繁荣。

辽代皇帝保持祖先的游牧传统，实行“捺钵”之制，一年四季居无定所，在其国境内到处巡游，设置了很多行宫和临时性的行营，上京和东南西北四京均建有宫殿，但皇家园林主要集中在南京幽州城内外。幽州宫城西部的御苑中辟有瑶池，池中筑小岛瑶屿，上建瑶池殿，以模拟昆仑仙境；皇城东门内有一座内果园，西北部有柳庄，西部湖边建临水殿；外城北部有粟园，郊外有长春宫。这一时期北京出现了真正意义上的皇家园林。

辽代后期，东北地区的女真族崛起，建立金国，先后攻灭辽和北宋，版图扩展到淮河北岸。海陵王完颜亮将首都迁至幽州，加以扩建，更名为中都。金中都继承了辽代幽州的旧苑囿，并有很多新的扩建和创建，数量和质量都远胜辽代。

金代皇城内设东南西北四大御苑，东苑以辽代内果园改建，其中有很多楼台建筑和名贵花卉，金帝时常在此射柳、赏花。西苑囊括皇城西部地段和宫城西部，辽代瑶池被改名为鱼藻池，另辟大池，池中筑岛，园内建瑶光殿、鱼藻殿、临芳殿、琼华阁等建筑，还设有果园以及竹林、杏林、柳林，以饲养大量的鹿、鹅。南苑位于西苑之南，宫廷曾于正月在此举办灯会。北苑位于西苑之北，其中设景明宫和枢光殿，另有湖泊、池塘、溪流，柳树依依，芳草萋萋。

中都南郊有离宫建春宫，金帝经常在此驻跸并处理政务；东北郊的离宫大宁宫规模较大，中央有一大片湖泊，湖中筑大岛琼华岛，传说岛上所叠的假山模仿北宋东京艮岳，有不少山石也来自艮岳，山顶建广寒殿，比拟月中仙境。金章宗时期出现了“燕京八景”的说法，其中的“琼岛春阴”指的就是大宁宫琼华岛。中都西北郊有群山起伏，河流、泉眼很多，汇为若干湖泊，被逐渐开发为风景名胜区，皇家在玉泉山、香山、妙高峰一带均建造了行宫御苑。

辽金时期出现了不少私家园林的记载。如《辽史·太宗本纪》记载：“（会同三年四月）乙巳，（上）幸留守赵延寿别墅。”①这里的“别墅”当指辽南京留守赵延寿的郊外园林，但其位置和具体情况已难以详考。另外《日下旧闻考》引《漷县志》称：“独秀园亭在县北二里，辽司徒郭世珍建。”②《畿辅通志》也提到，“独秀亭……辽太尉司徒郭世珍游息之所”。③可知这座独秀园是司徒郭世珍的私园，位于辽南京郊县漷县城北（今北京市通州区境内）。

金代到章宗皇帝时，金人的汉化程度已经很高，对宋代园林多有模仿，据此推测，中都的私家园林数量应有所增加，不过见于文献者只有几处。如《金史》记载金世宗朝入相的张汝弼贪婪黩货，曾经“以计取诸家名园甲第珍玩奇好，士论薄之”④。可见当时中都已经有“诸家名园”存在。《析津志》记载：“草三亭，在南城者最多，率皆贵游之地。金朝故老，多有题咏”⑤，应该是指位于中都城南的私家园亭。《析津志》又载：“（赵亨）父仕金朝，官至燕京留守掌判，迄今有呼赵留判。家居城南周桥之西，即祖第也，有园名‘种德’，一时翰苑元老，咸有诗题咏。”⑥赵亨是元初的隐士，他的父亲为金代官

① ［元］脱脱等编撰.辽史.上海：上海古籍出版社，1986，卷4.

② ［清］于敏中等编撰.日下旧闻考，北京：北京古籍出版社，1985，页1839.

③ ［清］李卫等撰.畿辅通志.清乾隆年间文渊阁四库全书本，卷53.

④ ［元］脱脱等编撰.金史.上海：上海古籍出版社，1986，卷83.

⑤ ［元］熊梦祥著，北京图书馆善本组辑.析津志辑佚.北京：北京古籍出版社，1983，页104.

⑥ ［元］熊梦祥著，北京图书馆善本组辑.析津志辑佚.北京：北京古籍出版社，1983，页145.

僚，所居祖宅中有种德园，当为始筑于金代的私家花园，金末文人元好问曾为之题诗。此外，金代隐士王郁曾在中都北郊修建钓鱼台别业，清初《春明梦余录》载：“钓鱼台在阜成门外南十里花园村，有泉自地涌出，金人王郁隐居于此，筑台垂钓。”[①]后来钓鱼台旧址长期作为北京地区的一大名胜，元、明两代均在此建造园亭，清代在此修建了钓鱼台行宫。

① ［清］孙承泽.春明梦余录.清光绪七年孔氏三十三万卷堂版，卷64.

第三节　元代

金代末年，蒙古铁木真崛起于草原大漠，于1206年统一蒙古各部，称“成吉思汗”。蒙古铁骑横扫欧亚大陆，锐不可当，先后攻灭西夏和金。元世祖忽必烈登上汗位后，在原金中都城的东北建造新城，至元八年（1271年）改国号为“大元”，至元九年（1272年）改中都名为大都。元朝攻灭南宋以后，北京地区历史上首次成为统一的全国性政权的首都，经济发达，百业兴旺，极大地促进了园林建设的发展。

蒙古开国之初，保持“逐水草而居”的游牧习俗，长住毡帐，不建固定的城市和建筑，攻城略地之时对敌国的城市、宫殿、园林破坏极大。定都大都之后，逐渐汉化，开始进行宫殿和御苑建设。辽、金、元三朝均为少数民族所建的王朝，版图一个比一个大，都以幽燕地区为统治中心，使得这一地区后来居上，在关中、中原地区衰落之后，成为皇家园林新的兴盛之地，所建御苑既积极学习唐宋汉族文化精华，又在其中融入一些游牧民族质朴率真的气质，达到新的境界。

元大都城市和园林建设的一个重要基础，是著名科学家郭守敬主持的大都水系工程，以两条平行的水道，分别引西北郊玉泉山和昌平白浮泉的泉水，通过金河和长河分别注入太液池和海子（积水潭）之中，再流入城东的通惠河，与大运河相通，不但保证了城市用水和水上运输的需求，同时还有益于园林的水景创造。

元大都以金中都东北角的大宁宫旧址为中心，将原大宁宫的湖泊扩展为太液池，池中从北至南堆筑万岁山、圆坻和犀山三座岛屿，形状皆近于圆形。其中万岁山即金代的琼华岛，景致秀丽。此岛在三岛中面积最大，山上布满奇巧玲珑的山石，山顶建七间广寒大殿，与南侧山坡上的仁智殿形成一条中轴线，左右大致对称布置介福殿和延和殿、荷叶殿和温泉浴室、方壶亭和瀛洲亭、金露亭和玉虹亭等建筑，颇具宝岛仙山、琼楼玉宇的风采。圆坻实质是一座圆台建筑，中央建造了一座十一间的仪天殿，东西两侧有长桥与太液池东西岸相通。犀山处于配角地位，岛上主要种木芍药。太液池中荷花盛开，四岸林木密布，未修建亭台楼阁，显得疏朗清幽。元代皇帝所居的大内宫城位于太液池东侧，太子所居的隆福宫和太后、嫔妃所居的兴圣宫位处西侧，保持了游牧时期毡帐群分散布置的传统。大内的北侧设灵囿，主要用于豢养动物，规模相对较小；隆福宫西侧另有一处西御苑，格局规整，左右建筑对称布置，门内竖立石屏，其北开凿了一个长圆形的水池，池中设水心亭；再北依次是歇山殿和圆形殿，东西各带一座亭子，北部叠有一座五十尺高的小山，上建高阁，山下辟有一座流杯池。元代的山水画在宋代的基础上又有所发展，经常以古代苑囿和仙山琼楼为题材，也在一定程度上反映了当时宫苑的景象。

私家园林方面，蒙古统治时期的燕京地区兵火甫息，就已经出现新的私家园林。元代定天下子民为蒙古、色目、汉人、南人四等，蒙古人和色目人人口虽少，却占有很多的社会财富，承平之后，同样颇热衷于筑园，大都私园相当一部分为蒙古人和色目人所有。陈垣先生《元西域人华化考》称："自唐以来，庄园之风极盛，离宫别馆，榱栋相望，风气所趋，西域人亦竞相仿效，此其故半因豪富，半因爱慕华风。"[①]可见兴建园林，吟赏泉石，也是蒙古人和西域色目人汉化的表现之一。元大都的私家园林多为高官所建，同时也有一些布衣文士坐拥园亭。由于元代有封藩制度，诸王所居封地分布在京城以外的全国各地，因此大都未见王府花园的记载。

从文献来看，元大都的私家园林位于郊外者远多于城内，且东、南、西三面郊区都有许多园亭兴筑，大都右安门外的西南郊园亭尤其兴盛。《天府广记》载："今右安门外西南，泉源涌出，为草桥河，接连丰台，为近郊养花之所。元人……(园亭)皆在于此。"[②]《帝京景

① 陈垣.元西域人华化考.上海：上海古籍出版社，2000，页120.

② ［清］孙承泽.天府广记.北京：北京古籍出版社，1984，页562.

物略》亦载："右安门外南十里草桥，方十里，皆泉也。会桥下，伏流十里，道玉河以出，四十里达于潞。……土以泉，故宜花。居人遂花为业。……草桥去丰台十里，中多亭馆，亭馆多于水频圃中。……（元人园亭）要在弥望间。"[①]对于这一情况，民国韩溪的《燕都名园录》分析道："右安门迤西南当金中都南垣，元世祖至元四年始营大都于中都之东北，疑当时金元旧迹，尚有几多留存，而溪明地秀，允洽园居，故元初人多因而葺理园亭于此，虽风会使然，抑亦景物可恋也。"[②]所论颇为中肯。

元大都著名的私家园林有幕府从事刘某的别业临锦堂，清代《日下旧闻考》考证其位置"在今积水潭之南岸以西"[③]，是利用金代御苑之西的空地修筑，现代学者萨兆沩先生《元时临锦堂地理方位辨正》则认为此园应在金中都城西[④]。元代著名文人元好问曾作《临锦堂记》，描写园中景致："引金沟之水，渠而沼之，竹树葱茜，行布棋列，嘉花珍果，灵峰湖玉，往往而在焉。堂于其中，名之曰'临锦'。"[⑤]说明此园以精美的山石和繁盛的花木取胜，并引活水入园形成池沼，其正堂即名临锦堂，向西还可以远望西山之景。

元大都最著名的私家园林要数中书平章政事廉希宪（维吾尔族）的别业万柳堂，位于西南郊钓鱼台一带。《长安客话》记载，园中"构堂池上，绕池植柳数百株，因题曰'万柳堂'。池中多莲，每夏柳荫莲香，风景可爱"[⑥]。园内种有牡丹等名贵花卉多达数万株，号称京师第一（图1-1）。上东门外的董氏杏花园植杏千余株，也独具特色。另外，城南郊的葫芦套"楼台掩映，清漪旋绕，水花馥郁，非

---

① ［明］刘侗，于奕正.帝京景物略.北京：北京古籍出版社，1980，页119～121.

② 韩溪.燕都名园录.首都图书馆藏民国二十七年（1938年）抄本，页104.

③ ［清］于敏中等编撰.日下旧闻考.北京：北京古籍出版社，1985，页856.

④ 萨兆沩.净业觅踪.北京：北京燕山出版社，2002，页71～83.

⑤ ［金］元好问.遗山集.清乾隆年间文渊阁四库全书本，卷33，临锦堂记.

⑥ ［明］蒋一葵.长安客话.北京：北京出版社，1960，页59.

人间景"[①]，御史王俨的水木清华亭"园池构筑，甲诸邸第"[②]，中书平章政事张九思的遂初堂"花木水石之胜，甲于京师"[③]，均各有风致，为时人所重。

图 1-1 赵孟頫绘《万柳堂图》局部。台北故宫博物院藏

城内的园林，选址以临近海子（今什刹海地区）为佳，如万春园、望湖亭等。西城丞相伯颜府园中有丽春楼，位于东城的著名孝义之家张氏宅园名柏溪亭，都是内城名园。

元大都某些园林已经具有比较浓厚的文人园色彩，如断事府参谋赵鼎的匏瓜亭，中有幸斋、东皋村、耘轩、暇观台、清斯池、流憩园、归云台、秋涧诸景，以"野人篱落间物"匏瓜为名，彰显清高脱俗之意趣。东郊的姚氏园"构堂树亭，缭以榆柳，环以流泉，药阑蔬畦，区分井列，日引朋侪觞咏其间，优游四十余年，泊然无所干于世"[④]，洋溢着文人意趣。

综合而言，元大都的私家园林有三个特点。一是多以"亭"为名，史籍记载的园林有一大半称"某某亭"，在一定程度上说明当时对亭类建筑的重视。还有些以"某某堂"为名，直接称"某某园"

① ［元］熊梦祥著，北京图书馆善本组辑.析津志辑佚.北京：北京古籍出版社，1983，页114.

② ［清］吴长元.宸垣识略.北京：北京古籍出版社，1983，页167.

③ ［清］朱一新.京师坊巷志稿.北京：北京古籍出版社，1983，页19.

④ ［清］于敏中等编撰.日下旧闻考，北京：北京古籍出版社，1985，页1482，引雪楼集.

的反而较少。二是园林高度重视植物配置，水景次之，但很少有假山叠石的记载。植物方面，除了有些名园大面积种植柳、杏、榆等树木外，大多数私园都以花卉取胜，尤其推崇牡丹、芍药、荷花，菜畦也比较普遍。如前述万柳园中牡丹、莲花极盛，姚氏园中有分布整齐的药阑蔬畦，南郊葫芦套池中荷花幽芬，栗院史的别墅玩芳亭“亭多花草”[①]，位于东郊漷县（今北京市通州区）的崔氏园“盛植花卉自娱”，如此不胜枚举。元代玄教掌教道士吴全节在齐化门外建漱芳亭，首次把梅花引入北京地区。三是位居佳胜地段的很多园林虽为私人所有，却向社会开放，兼有公共风景区的性质，宴游之风很盛。最著名的是位于大都城内海子岸边的万春园，曾是元代进士及第后的聚会之所，被比拟为唐长安的曲江池。清《渌水亭杂识》记载：“元时海子岸有万春园，进士登第恩荣宴后，会同年于此，宋显夫诗所云：‘临水亭台似曲江也’。”[②]又如御史韩某的远风台，“筑耕稼，植花木，凿池沼，覆篑池旁，架屋台上，隶其榜曰‘远风’，以为岁时宾客宴游之所者”。再如丁氏玉渊亭，“为游赏佳丽之所，元人游此，赓和极一时之盛”。[③]凡此种种，都足以证明元代大都的私家园林，在整个城市建设和居民生活中所占据的重要地位。

---

① ［清］孙承泽.天府广记.北京：北京古籍出版社，1984，页562.

② ［清］纳兰性德.通志堂集.上海：上海古籍出版社，1979，卷13.

③ ［清］于敏中等编撰.日下旧闻考.北京：北京古籍出版社，1985，页1594，引明一统志.

第四节　明代

元末天下大乱，群雄并起。朱元璋逐渐剪灭南方各路豪强，定都南京，建立明朝。洪武元年（1368年），明太祖朱元璋派遣徐达等将领北伐，元顺帝远遁大漠，大都被明军占领，未遭严重破坏，改为北平府。朱元璋崇尚节俭，认为修建台榭苑囿是劳民伤财之举，虽将南京宫殿造得恢宏壮丽，却未建豪华御苑。

朱元璋以诸子为藩王镇守各地，北平为第四子燕王朱棣封地。建文年间，朱棣以“靖难”为名由北平起兵南伐，夺取帝位，是为明成祖。永乐元年（1403年）北平设顺天府，改称“北京”，永乐十九年（1421年）正式迁都，以北京为核心的幽燕地区重新成为全中国的政治中心。

永乐年间修建紫禁城作为大内皇宫，在中轴线的北端设置了御花园，采用规整的矩形平面，中央位置设钦安殿，东西两侧的亭台建筑大致对称，局部堆叠假山，略显变化。紫禁城内廷西部的慈宁宫作为太后居所，也设有花园。

永乐时期沿袭了元代皇城内的太液池和西御苑，合称西苑，没有新的建设。宣德年间对广寒殿、清暑殿和仪天殿进行重修，天顺之后增建越来越多，太液池的水面向南扩展，呈现出北海、中海、南海三海并峙的格局。东、北、西三面岸边分别建造了凝和殿、太素殿和迎翠殿，原来水中的圆坻和犀山与东岸相连为半岛，而且圆坻的土筑高台也变成砖砌城墙，改称“团城”；南海中新筑一个小岛，上建南台，台上构筑昭和殿。元代的一池三山自此变成了三海二岛。

永乐、宣德年间在皇城的东南角建造了东苑，其中筑有殿堂、瑶台，引泉为方池，池上雕刻长达一丈的玉龙，向下喷水，池南殿前的两块奇石造型宛如一龙一凤，旁边还有一片竹篱围绕的菜圃，附近的建筑也都采用茅草覆顶。正统十四年（1449年），明英宗朱祁镇御驾亲征瓦剌，在土木堡被俘，其弟朱祁钰即位为景泰帝。英宗被放还后以太上皇的身份幽居于东苑，在这里修建了一组宫殿建筑，宛如紫禁城的缩影，称“南内”，后部园林也做了一定的改造，格局比较规整。

在皇城的西南角有一处兔园，园内主景是一座人工营造的兔儿山，怪石林立，传说是当年元人从江南不远千里征运而来，每块石头的运费可折合粮食若干，称“折粮石”。山腰处建仙台，山顶有一座清虚殿。明朝皇帝经常在重阳节登上兔儿山，在此俯瞰皇城风光。山上还埋了一口大铜缸，缸中灌水，然后沿着山岩潺湲而下，经过曲折的水渠流到山南大明殿前面的方池中。

皇城的北部开辟了一处独立的御苑，园内堆筑大型土山，称“万岁山”，又名“煤山”，山上林木茂盛，其间点缀几座尺度较大的亭子。山北的空地种植果树林，中央是一座宫殿院落，以寿皇殿为正殿。

明代南北方的私家园林都很发达，但贵为九五之尊的皇帝却大多喜欢深居宫禁，对造园并不热衷。北京长期受到蒙古部落的军事威胁，很少在城墙之外修建御苑，仅将北京南郊的南海子一带辟为皇家猎场，范围较广，另加少量建筑，放养大量的兔鹿雉鸡，称“南苑”。这一带元代旧称飞放泊，地势低洼，河湖泉流密布，草木丰美，富有自然野趣。西南郊另外辟有一个上林苑，其性质近于皇家庄园，其中大量种植果树蔬菜、养殖家畜家禽以供奉宫廷，兼作皇室游乐之所。

与皇家园林相比，明代北京的私家园林更为兴盛。明成祖迁都之后，大量官员随之北上，开始经营自己的宅园，但颇有节制，未成风尚。如《天府广记》载：“彼时开国之始，风气淳厚，上下恬熙，官于密勿者多至二三十年，少亦十余年，故或赐第长安，或自置园圃，率以家视之，不敢蘧庐一官也。”[①]到万历年间，北京私家造园之风日渐兴盛，沈德符《万历野获编》称：“豪贵家苑囿甚夥，……盖太平已久，但能点缀京华，即佳事也。”[②]私家园亭遍布城内及西郊、南

① ［清］孙承泽.天府广记.北京：北京古籍出版社，1984，页566.

② ［明］沈德符.万历野获编.北京：中华书局，1959，页610.

郊，其中又以西郊海淀地区和西城什刹海地区名园最多（图1–2）。

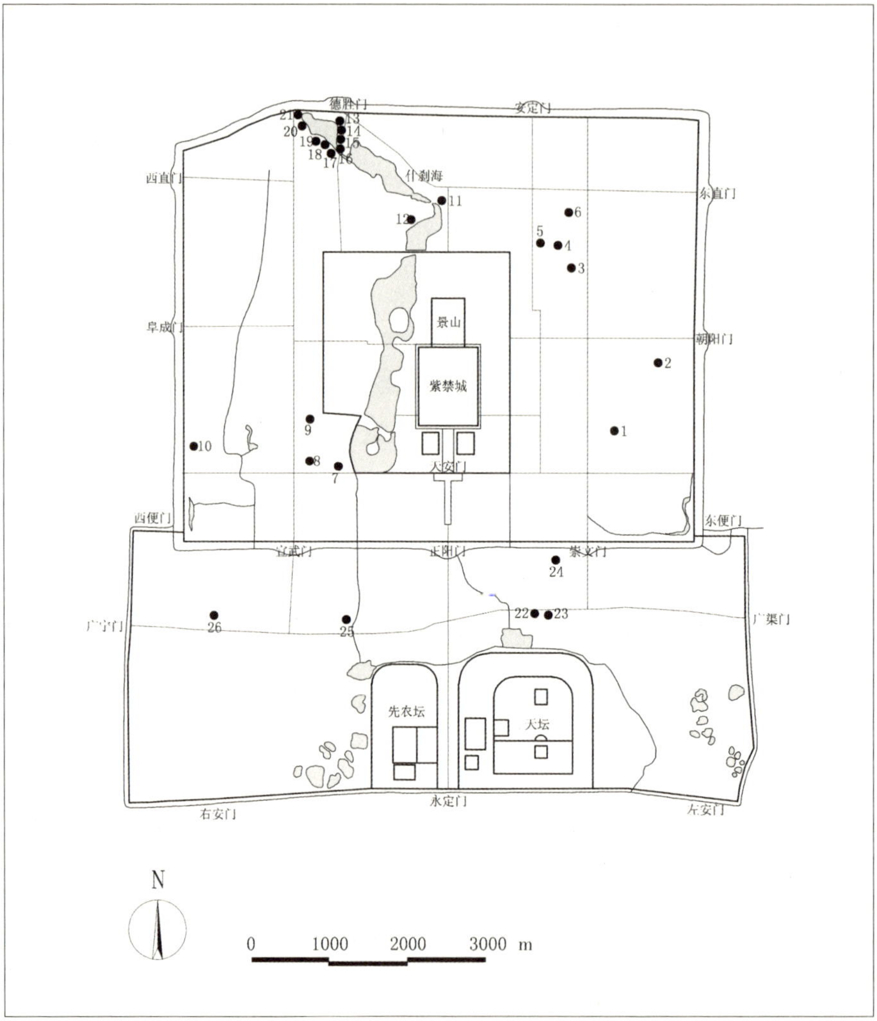

图1–2 明代北京城内部分名园分布示意图。自绘

1宜园 2方家园 3适景园 4田宏遇府园 5英国公府园 6曲水园 7湛园 8吕氏园 9宣城伯府园 10月张园 11英国公新园 12西涯 13漫园 14湜园 15杨园 16王园 17刘茂才园 18镜园 19太师圃 20方园 21虾菜亭 22十景园 23李本纬宅园 24祝氏园 25梁家园 26槐楼

与元代类似，明代亦有藩王“之国”制度，诸王成年后均须离京至其封地居住，故永乐之后北京私家园林中并无王府花园，而是以

外戚、功臣世家以及宦官三类人的园亭最为鼎盛，其余官僚、文人私园次之。清初《稗说》载：“定国、成国两公，李、周、田三外家[①]，王、魏、曹、李诸巨珰[②]，皆有家园第，筑于内第，即燕中士大夫，亦不得过而流览焉。”又云：“若城内得胜门之水关，后宰门北湖[③]，其间园圃相望，踞水为胜，率皆勋戚巨珰别墅。”[④]其中成国公朱氏、英国公张氏、宣城伯卫氏、惠安伯张氏、兴济伯杨氏诸世家，张氏、李氏、郑氏、田氏、周氏诸外戚，冉、万二驸马，均有名园见于文献记载。

明代北京私园声名最著者为米万钟所筑之勺园和武清侯李氏的清华园，二园比邻，均位于海淀地区，但风格颇有差异。勺园是文人园林的代表，追求雅致幽远的意境；清华园则充分反映了豪门园林的风尚，追求富丽恢宏的气度。因此福清人叶台山过海淀观赏二园，有“李园壮丽，米园曲折。米园不俗，李园不酸”[⑤]之论断。

米万钟是著名的书画家，为当时名士。勺园以水景为主体，深受江南园林风格影响。园中烟水迷离，桥堤纵横，空间曲折，堂、楼、亭、榭、舫等建筑造型朴素，植物以柳、松、竹、芭蕉为主，匾额雅致，正所谓“亩宫之内，曲折备藏，有幽人野客之致，所以为佳”。[⑥]明人黄建有诗咏道：“帝城十里米家园，山水迂回竹树繁。迥然别是一天地，车马过从亦不喧。”[⑦]（图1-3）

---

① 李、周、田三外家：指明神宗生母李太后之父武清侯李伟和崇祯帝皇后周氏之父周奎、贵妃田氏之父田宏遇。

② 王、魏、曹、李诸巨珰：“巨珰”即大太监，此处或指正统间的王振、天启间的魏忠贤、崇祯间的曹化淳、成化间的李广四位著名的大太监。

③ 后宰门北湖：指什刹海。

④ ［清］宋起凤.稗说，卷4，引自谢国桢.明代社会经济史料选编.福州：福建人民出版社，1980，上册，页273～275.

⑤ ［明］刘侗，于奕正.帝京景物略.北京：北京古籍出版社，1980，页218.

⑥ ［明］薛冈.天爵堂文集笔余，卷3，引自：谢国桢.明代社会经济史料选编.福州：福建人民出版社，1980，上册，页275.

⑦ ［明］蒋一葵.长安客话.北京：北京出版社，1960，页65，引病起入城别勺园诗.

图1-3 吴彬《勺园祓禊图》（局部）。北京大学图书馆藏

李氏是明代外戚世家，贵为皇亲国戚，身家显赫。清华园规模较大，方圆十里，广达数百亩，同样因水景而著称。园中辟大湖，湖中以长堤划分，有重湖之谓，其间水程十余里，均可行舟；园中有挹海堂以及明神宗书额的青天白日楼和肃太后题额的清雅亭，亭台楼阁俱全，假山奇诡，更有“屿石百座，灵璧、太湖、锦川百计，乔木千计，竹万计，花亿万计”①。当时公认“李园雄拓以富丽胜”，“东南士大夫经游者，亦无不羡叹其结构之美矣”。此园极受都人钦羡，有“绮艳绝世”之誉。

米万钟在北京城内另有湛园、漫园，《宸垣识略》载：“米仲诏漫园在积水潭东，有阁三层。仲诏尝为湛园、勺园，及此而三。”②湛园邻近西长安门，中有石丈斋、石林、仙籁馆、茶寮、书画船、绣佛居、竹渚、敲云亭诸胜；漫园在积水潭东，有临水高阁。此二园在当时同样著名，文人题咏很多。

西城什刹海一带因为临近大片水面，引水、借景十分方便，成为城内最集中的园林区。《帝京景物略》曾述及什刹海一带的名园胜境：“沿水而刹者、墅者、亭者，因水也，水亦因之。梵各钟磬，亭

① ［清］孙承泽.天府广记.北京：北京古籍出版社，1984，页574.

② ［清］吴长元.宸垣识略.北京：北京古籍出版社，1983，页160.

墅各声歌，而致乃在遥见遥闻，隔水相赏。立净业寺门，目存水南。坐太师圃、晾马厂、镜园、莲花庵、刘茂才园，目存水北。东望之，方园也，宜夕。西望之，漫园、湜园、杨园、王园也；望西山，宜朝。深深之太平庵、虾菜亭、莲花社，远近之金刚寺、兴德寺，或辞众眺，或谢韦游矣。……西湖春，秦淮夏，洞庭秋，东南人自谢未曾有也。……”①其中定国公的太师圃、英国公的别业以及刘氏的镜园尤为其中之翘楚。太师圃中特意设置少加雕琢的野塘荒岭之景，英国公别业由观音庵改建而来，仅设亭、轩、台各一，镜园的格局也很简单，但三园均位置优越，拥有欣赏什刹海湖面的绝佳视野，因此为当时所推崇。

东城崇文门内泡子河一带也是园林荟萃之所。《稗说》称此处“两河园林亦栉比，多都门卿士大夫小筑”。②《帝京景物略》对此有详细记载：“崇文门东南角，洼然一水，泡子河也。积潦耳，盖不可河而河名。东西亦堤岸，岸亦园亭，堤亦林木，水亦芦荻，芦荻上下亦鱼鸟。南之岸，方家园、张家园、房家园。以房园最，园水多也。北之岸，张家园、傅家东西园，以东园最，园水多，园月多也。路回而石桥，横乎桥而北面焉。中吕公堂，西杨氏泌园，东玉皇阁。水曲通，林交加，夏秋之际，尘亦罕至。”③

《燕都游览志》罗列了位于明代东城的诸园：“园亭之在东城者曰杨氏园；曰杨舍人泌园；曰张氏陆舟；曰恭顺侯吴国华为园；曰英国公张园；成国公适景园，后归武清李侯；曰万驸马曲水园；曰冉驸马宜园，园故仇鸾所筑，鸾败，归成国公，后归于冉。”④其中最著名的有成国公的府园适景园、冉驸马的宜园、万驸马的曲水园。适景园

---

① ［明］刘侗，于奕正.帝京景物略.北京：北京古籍出版社，1980，页19.

② ［清］宋起凤.稗说，卷4，引自谢国桢.明代社会经济史料选编.福州：福建人民出版社，1980，上册，页274.

③ ［明］刘侗，于奕正.帝京景物略.北京：北京古籍出版社，1980，页52～53.

④ ［清］于敏中等编撰.日下旧闻考.北京：北京古籍出版社，1985，页764，引燕都游览志.

筑有三堂，左右均种植高大的榆、柳、松树，背有一槐，树冠更是庞大过屋；宜园以假山著称，曲水园以水、竹取胜，各显绝妙。

西城什刹海周边地区以外的名园有宣城伯卫氏府园、英国公张氏府园、驸马冉兴让月张园、外戚周奎府园，均为权贵豪门之园。这些贵族往往在京城拥有不止一处私园，如卫氏在西城另有别业宣家园，万氏在西郊筑有白石庄，周奎在玉泉山一带也建有别墅。武清侯李氏除了清华园，另有外城十景园、西郊钓鱼台别业等园林。

北京外城的名园相对较少，唯明末一度在宣武门外的鱼藻池一带兴建过不少园亭，即《天府广记》所载："鱼藻池在宣武门外西南，……其地在天坛之北，遍地皆泉，人凿以养金鱼。明末亭榭极盛。"[①]此外，惠安伯张元善在西郊筑有一座牡丹园，面积数百亩，遍植牡丹、芍药，密如菜畦，完全以花取胜，成一大特色，为京人游观胜地。

明代太监擅权，炙手可热。宦官所构园亭以南郊的韦公庄最为著名。此园为正德年间太监韦霦所建，明武宗曾赐额"弘善寺"，园中有海棠、苹婆和柰子三大珍奇卉木，同时假山幽胜，成为当时京人经常造访的郊外游览胜地。成化年间大太监李广的宅园中曾经私引玉泉水系来经营水池，并因此而遭到弹劾。由于明代宦官素来声名不佳，如王振、刘瑾、魏忠贤等巨阉更是恶名昭著，且多不得善终，因此明清文献一般仅笼统提及北京有多处"权珰别业"，而很少详细记载这些太监私园的具体位置和景致状况。

大臣宅园以正统年间大学士杨荣的杏园为代表，此园旁依杏林，其中松石如画，经常作为当时大臣宴集的场所，有画家谢庭循所绘《杏园雅集图》传世（不同版本现存镇江博物馆、纽约大都会博物馆），从图上可见园中景致疏朗，铺陈苍松、湖石、奇花、茂竹，又有曲溪绕庭，上构小桥，意境清幽（图1–4）。

① ［清］孙承泽.天府广记.北京：北京古籍出版社，1984，页537.

图 1-4　（明）谢环《杏园雅集图》（局部）。纽约大都会博物馆藏

除米氏三园外，北京著名的文人园还有吴宽的亦乐园、袁宗道的抱瓮亭以及李东阳的西涯等。此类园林一般格局较小，以素雅见长，或特意以简朴的建筑显示高逸。亦乐园中有海月庵、玉延亭、春草池、醉眠桥、冷澹泉、养鹤阑等景致；抱瓮亭以亭为中心，西有大柏树六株，另有梨树两棵，其余空地均种菜；西涯小园中辟有桔槔亭、莲池、菜园等，更可远眺墙外的什刹海和钟鼓楼，有很好的借景条件。故宫博物院所存的明代绘画作品《十同年图卷》和《五同会图卷》分别绘有弘治年间刑部尚书闵珪宅园以及另一位文人官僚的宅园图景，均具有清雅的气象。

明代僧人道深曾在朝阳门南筑有月河梵苑作为自己在寺院之外的别墅花园，与文人私园性质相近。园内构有一粟轩、花石屏、希古草舍、槐室、板凳桥、苍雪亭、击壤处等数十景，四周以竹为藩屏，并点缀小石塔，又创假山、莲池及梅花、兰花、碧桃等珍奇花卉，其幽静雅致，远非他园所能及。

北京城外有一些园亭，其主人声名不著，但由于景色优美，游人如织，同样成为名园。典型者如城南的梁氏园以及南郊的祖氏园，均是当时的游览佳处。其中梁氏园种有几十亩牡丹、芍药，香气四溢，又有湖池可泛舟；祖氏园以绿柳红药著称，又靠近水田，被认为具有江南野村的情韵。大致而言，明代北京一些以花木取胜的郊外私园常向游人开放，而城内的公侯、外戚、宦官府园多比较幽闭，不易入游。

明代北京私家园林已经蔚为大观，故民国时期的学者傅芸子先生有“旧京园林，盛于朱明”[①]之说。明代京城诸名园各有独特景致，同时也形成了不同的风格。大体而言，豪门权贵的园林重视富丽奇巧，文人园林强调自然脱俗。但二者并非泾渭分明，仅是各有偏重而已。

这一时期的私园最重水景，所谓名园也大半以水景取胜。水面可大可小，或壮伟如清华园之重湖，或宛折如曲水园之曲溪，或幽深如月张园之后池，各有佳妙。假山叠石方面继承唐宋以来的传统，追求一些形态独特的奇石，例如冉氏宜园有名石“万年聚”，由数百万碎石经万年风火凝聚而成，弥足珍贵；李氏清华园中有一座假山采用了石纹五色、长短悬殊的“断石”；米万钟更是著名的“石癖”，筑有古云山房专贮奇石，甚至曾为了搬运一块奇石而倾家荡产。花木方面重视古老的槐松之类，如成国公适景园有古槐年逾四五百岁，树冠大过屋顶；万氏白石庄则以柳胜，“所取韵皆柳，柳色时变，闲者惊之”。[②]花卉尤重牡丹，不少园亭都以牡丹名扬一时，除张氏牡丹园外，宣家园、清华园等也均有大量牡丹。芍药和海棠同样受到人们青睐，庭间常有海棠临阶，园内则多辟药阑。此外，许多私园在园中设置菜圃，亦有特意显示清雅闲适之意。

明代北京私园另一个主要特色是开始明显地强调对江南园林的模仿。勺园主人米万钟曾经在江南的六合县为官，深谙江南园林之趣，因此勺园颇多学习江南之处。《万历野获编》称：“米仲诏进士园，事事模效江南，几如桓温之于刘琨，无所不似。”[③]武清侯李氏位于三里河故道旁的别业于“水岸设村落，宛如江浦渔市”。[④]另外，周奎、田宏遇两家外戚分别来自苏州和扬州，其府园格局均仿江南风格，《稗说》曾载：“周、田两家居第，通水泉，荫植花木，叠石为

① 芸子.半亩园之宜修葺.见：故都旬刊第1卷，第2期.

② ［明］刘侗，于奕正.帝京景物略.北京：北京古籍出版社，1980，页197.

③ ［明］沈德符.万历野获编.北京：中华书局，1959，页609～610.

④ ［清］吴长元.宸垣识略.北京：北京古籍出版社，1983，页176.

山，极尽窈窕。两家本吴人，宾客僮仆，多出其里，故构筑一依吴式，幽曲深邃，为他园所无。”①

综上所述，明代北京园林建设已经形成了元代以后的又一个高潮，名园迭出，手法高超，使得北京园林成为中国古典园林体系中一个重要的地域流派。

① ［清］宋起凤.稗说，卷4，引自谢国桢.明代社会经济史料选编.福州：福建人民出版社，1980，上册，页275.

第五节　清代

明代万历年间，建州女真部落首领努尔哈赤崛起，统一女真各部，建立满族后金政权，并以“七大恨”誓师，正式与明朝开战，连战连捷，占领关外大片领土。崇祯年间关内爆发大规模农民起义，崇祯十七年（即顺治元年，1644年）李自成率领农民起义军攻克北京，崇祯帝在煤山自缢，明朝灭亡。清军趁势入关，定都北京，消灭各路义军和南明政权，逐步统一了全中国。清代是中国古典园林发展的最后一个高峰时期，也是北京造园最鼎盛的时期，清代统治者不但全面继承了明朝的政治制度，还保留了北京原有的宫殿、坛庙，顺治年间分别加以重修，同时也对紫禁城御花园和西苑进行整修。私家园林方面在清初康熙年间、清中期乾隆年间和清末的光绪年间出现过三次建设高潮，其间名园胜景遍布京城内外，数量不下数百座之多，形成了极具地域特色的园林体系。

一、清代初期（顺治—康熙）

顺治年间在北海琼华岛上修筑了一座白塔，此外还对南苑做了较大规模的修缮和改建。

康熙帝继位后，剪除权臣，平定三藩，收复台湾，团结蒙藏，天下渐次安定，国库充盈，开始兴建新的行宫御苑，于康熙十六年（1677年）建成香山行宫，康熙十九年（1680年）建成玉泉山澄心园，后更名静明园。这两座御苑规模不大，仅供皇帝偶尔游憩驻跸。

康熙二十六年（1687年），清代第一座离宫御苑畅春园建成，成为康熙帝处理政务和日常居住的地方，从此奠定了清代帝王在郊外离宫中长期“园居理政”的传统。畅春园位于北京西北郊海淀地区明代武清侯清华园的旧址上，占地面积约60公顷，其南部建有宫门（图1-5）、朝房和举行朝会活动的正殿九经三事殿，东侧小院为康熙帝日常听政的澹宁居，皇帝寝宫清溪书屋则位于园林的北部。全园河道纵横，中央汇为前后二湖，堤岸曲折，中央大岛上筑三进院落，其北为九间三层的延爽楼，水中荷花遍布。东路有剑山、藏辉阁、渊鉴斋、佩文斋、兰藻斋、养鱼堂、藏拙斋诸景，并修建了恩佑寺和恩慕寺两座小庙。西路河流南岸设买卖街，此外还有皇太子居住的无逸斋以及关帝庙、娘娘庙、凝春堂、观澜榭、集凤轩等建筑。畅春园的建筑十分朴素，山水花木也有淡雅清幽的特点。

图 1-5　清代宫廷绘画《康熙万寿盛典图》中的畅春园宫门。北京故宫博物院藏

就私家园林而言，经过明末的大动乱，京城内外原有的名园大多残毁凋敝，难复旧观，清代文人宋起凤感叹："垂三十年来，内城水关、三里河、泡子河已成陆可耕，无一草一木存焉者。勺园海淀尽废为樊圃，并其址莫可迹，独丰台人家，以花为事，至今虽败壁颓垣，而花事盛时，不减畴昔，余则半为荒芜。人生何必数千年，始叹沧海陵谷耶！"[①]清朝初年的北京城尚处于休养恢复之中，很少有新建私家园林的记载。

至康熙中期开始，天下渐次平定，经济复苏，随着皇家园林的建设，北京私家园林也进入了一个新的兴盛时期（图1-6）。

① ［清］宋起凤．稗说，卷4，引自谢国桢．明代社会经济史料选编．福州：福建人民出版社，1980，上册，页275．

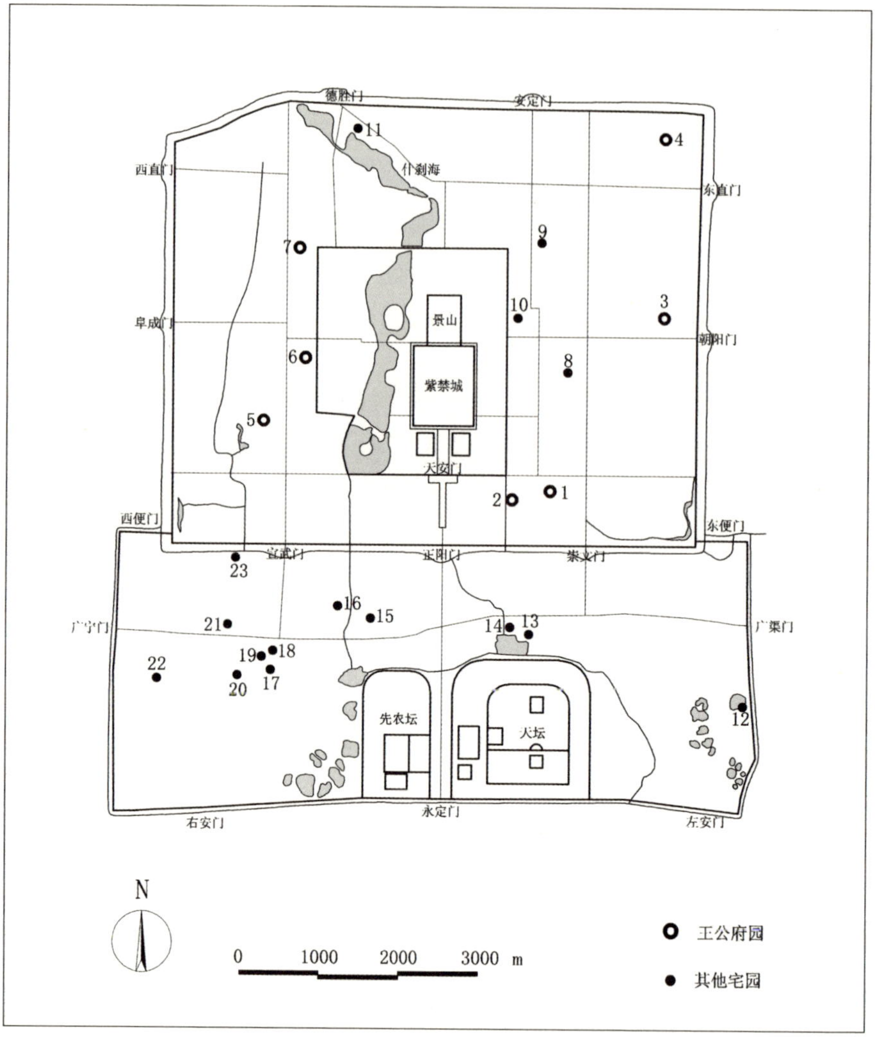

图 1-6　清代康熙年间京城部分名园分布图。自绘

王公府园：1 裕王府园　2 肃（显）王府园　3 恒王府园　4 履王府园（以上东城）　5 郑（简）王府园　6 礼（康）王府园　7 庄王府园（以上西城）

其他宅园：8 张氏天春园　9 佟氏野园　10 贾氏半亩园（以上东城）　11 明珠宅园（以上西城）　12 万柳堂　13 洪庄　14 闲者轩　15 芥子园　16 孙公园　17 怡园　18 听雨楼　19 接叶亭　20 忏园　21 寄园　22 张维赤宅园　23 小秀野草堂（以上外城）

按照清初的法令，北京内城为旗人生活区，汉族官员、百姓只能在外城居住。八旗王公贵族、勋将高官分占内城各大府邸，诸府中有很多带有花园，如礼王府、郑王府、裕王府等。康熙年间内城最有名

的私家园林为大学士、太傅明珠的宅园，位于什刹海附近，园中筑有一座渌水亭。明珠之子、清代著名词人纳兰性德在《渌水亭宴集诗序》中描写周围风光："象近魁三，天临尺五。墙依绣堞，云影周遭；门俯银塘，烟波滉漾。蛟潭雾尽，晴分太液池光；鹤渚秋清，翠写景山峰色。"[①]可见此园依临什刹海，可远眺皇城城墙、景山，地理条件十分优越。

外城汉官的私家园林也大量涌现，毛奇龄《万柳堂赋》记载："昔都城门外多群公所置别业，如樊川金涧、谢墩韦谷，以及富郑公园、田游岩宅之类，并有山亭水榭鱼鸟花竹之胜。"[②]外城诸园，如万柳堂、怡园、忏园、寄园、接叶亭、贾氏园、封氏园、刺梅园、碧山堂等，均名重一时，其中尤以冯氏万柳堂和王氏怡园最为著名。

万柳堂位于广渠门内，为文华殿大学士冯溥别业，面积约30亩，仿元代廉希宪万柳堂遗意，聚土为山，凿沟为池，少用砖石，强调山水的自然形态。同时种植了大量的柳树，以至"园无杂树，逶逦上下皆柳"[③]，具有非比寻常的雄浑气魄。此园在当时是誉满天下的名园，以至阮元还特意加以仿制，在扬州辟有"南万柳堂"[④]。

怡园位于宣武门外，为清初礼部尚书王崇简、保和殿大学士王熙父子的别业，其风格与万柳堂不同，以弘敞壮丽著称，楼堂曲折，山水出自叠山名家张然的手笔，尤其可观。其中"水色之妙，有若天然"；而假山"峰壑湍濑，曲折平远"[⑤]，更为不凡。万柳堂和怡园分别代表了清初私家园林崇尚"野趣"和追求"富丽"的两种倾向，

---

① ［清］纳兰性德.通志堂集.上海：上海古籍出版社，1979，卷13，渌水亭宴集诗序.

② ［清］于敏中等编撰.日下旧闻考.北京：北京古籍出版社，1985，页912，引西河集.

③ ［清］朱彝尊.曝书亭集.清康熙年间刊本.卷66，万柳堂记.

④ ［清］梁章钜.归田琐记.北京：中华书局，1981，页5，载："邵伯湖之北数十里，有仪徵师别墅，在水中央，四围种柳数万株，每岁长夏必于此避暑，自题为南万柳堂，以别于京师之万柳堂也。"

⑤ ［清］王世贞.居易录.清康熙四十年刊本，卷3.

均达到了很高的艺术境界。

自康熙中期畅春园建成后，康熙帝长期在此居住生活并处理政务，有不少王公大臣为了上朝方便和自身的游乐需求，纷纷在离宫周围修建郊园别墅，同时皇室也在附近赐予近支王公贵族一些赐园，这些园林与其他皇家园林一起，作为离宫御苑的辅翼，形成了京西海淀一带独特的园林景观群。清初查慎行《自怡园记》称："傍水之园，旧以数十，海淀最著。今天子既规以为畅春园，有诏听王公大臣于其傍各营别业。"[①]清末震钧《天咫偶闻》亦称："海甸，大镇也。自康熙以后，御驾岁岁幸园，而此地益富。王公大臣亦均有园。……旧日士夫居第，多在灯笼库一带，朱门碧瓦，累栋连甍，与城中无异。"[②]王闿运在《圆明园词》注中说："初园居盛时，内廷诸臣文武侍从俱有赐居，环挂甲屯，列第相望，如乡村焉。"[③]自此以后，西郊海淀附近地区成为有清一代北京私家园林最集中的区域。

雍正帝胤禛即位前曾被封为雍亲王，其西郊赐园即圆明园。雍正《圆明园记》载："圆明园在畅春园之北，朕藩邸所居赐园也。……朕以扈跸，拜赐一区。林皋清淑，陂淀渟泓，因高就深，傍山依水，相度地宜，构结亭榭，取天然之趣，省工役之烦。……园既成，仰荷慈恩，锡以园额曰'圆明'。"[④]中国第一历史档案馆现有皇三子允祉康熙四十六年（1707年）三月满文奏折存世，记载："窃于今年正月十八日，臣等奏请在畅春园周围建造房屋，皇父御赐北新花园迤东空地，令臣等建房。臣等同勘，若建七人房屋，地方似觉窄狭，故四阿

---

① ［清］查慎行著，聂世美选注．查慎行选集．上海：上海古籍出版社，1998，页520，自怡园记．

② ［清］震钧．天咫偶闻．北京：北京古籍出版社，1982，页200．

③ 王闿运．圆明园词．见：舒牧等编．圆明园资料集．北京：书目文献出版社，1984，页328．

④ ［清］胤禛．世宗御制文集．清光绪二年刊本，卷5，圆明园记．

哥、八阿哥、九阿哥、十阿哥具奏皇父，在此修建房屋。”[①]其中提及的“四阿哥”即胤禛，其所修造房屋正是赐园圆明园，已于1707年初开始修建。留存至今的一些胤禛早期画像反映了当时园中的景物风貌。圆明园门额由康熙帝御笔亲题。雍正帝登基后，即以此园为基础，兴建了清代最重要的一座离宫，原有景物基本保留而另外大加扩建。此外，由以上奏折可知康熙时期皇八子、皇九子、皇十子的赐园也都在畅春园附近。

大学士明珠在畅春园附近建有一座自怡园，规模很大，以水景为主，风格偏于素雅。其中设二十一景，堂榭亭廊、湖港塘洲俱全，在当时郊外的私家园林中首屈一指。[②]郑亲王的弘雅园利用明代勺园旧址营建而成，毗邻畅春园，后改为集贤院；康亲王的赐园乐善园位于西直门外高梁桥附近，后被清廷收回改建为皇家御苑。

大学士王熙的另一别业药圃位于南郊丰台地区，则以盛植芍药而著称，清人有诗赞曰：“芳园十里笋舆便，醉露欹红正斗妍。百和香吹花似海，千巡杯送酒如泉。”[③]

这一时期北京私家园林的营造，也受到江南文化的影响。康熙帝在平定三藩、收复台湾、保持社会安定的同时，为笼络汉族知识分子和缓和民族矛盾，颇注重对汉族文化的学习，并开设博学鸿词科，延揽天下人才。王公大臣也多附庸风雅，以名士自命，对当时的汉族文士大加礼敬。朱彝尊、尤侗、陈维崧、潘耒、徐嘉炎、李渔等许多江南文士络绎进京，或为官，或寓居，或游观，在京城形成了一股重要的文化势力。刘大櫆《半野园图记》曾云：“夫天下之山水，攒蹙累积于东南，而京师车马尘嚣，客游者往往萦纡郁闷，不能无故土

① 中国第一历史档案馆编.康熙朝满文朱批奏折全译.北京：中国社会科学出版社，1996，页495.

② 曹汛.自怡园.见：中国圆明园学会编.圆明园.第4集.北京：中国建筑工业出版社，1986.

③ ［清］戴璐.藤阴杂记.北京：北京古籍出版社，1982，页106，引唐孙华：宛平公招同丰台园中观芍药.

之感。”[1]江南文士多对园林艺术有较深的修养和较高的赏鉴品位。出于对江南园林的偏爱和思乡之情，他们居京期间如果有机会经营宅园或寓所花园，往往会引入一些江南造园的手法或意匠，如清初来自江南的顾嗣立，其故乡宅第有秀野草堂，来京后即将自己的宅园命名为“小秀野草堂”，略仿故园景色以表思乡之意，并自题诗云：“生怕梦归难识路，却教移得到京华。”李渔也将自己在北京外城的寓所命名为“芥子园”，与其南京宅园同名。

同时，这些文士与京师的文人、官僚往来唱和，为京城的私家园林撰联作诗，也进一步把江南的园林赏鉴艺术介绍到京城来。如李渔即曾分别给冯氏万柳堂、索额图宅园和贾氏园题写对联，还曾为甘石桥王孙园中的山麓一亭题名“听水轩”[2]。李渔在造园理论方面颇有盛名，据说“当国初鼎盛时，王侯邸第连云，竞侈缔造，争延翁为座上客，以叠石名于时”[3]，以致后来北京的郑王府惠园及另外两座半亩园都被传说是他亲自设计的。传闻虽不尽可靠，但从一个侧面反映了清初江南文士对北京私家园林的影响。给万柳堂、怡园、渌水亭等名园题诗的江南文人更是多不胜数，成为清初京城重要的文化景观。

更为重要的是，当时确实已有江南造园名家应邀来京，从事皇家园林和私家园林的设计工作。前面提及的张然为华亭叠山大师张南垣之子，不但奉诏参与了西苑、玉泉山、畅春园的营建，还曾为王氏构筑了怡园的山水景致，为冯氏改建万柳堂，名扬京师，王公大臣竞相礼聘。张氏后人有世居北京者，成为造园叠山世家，称“山子张”，清代北京宅园的假山有很多出自其家族之手。康熙中期另一位江南著名的造园家、画家叶洮也来到北京，明珠的自怡园即由他勾画设计而成。江南的造园大师直接参与北京私家园林的营造工作，对于京城宅

① ［清］刘大櫆.海峰文集.日本明治十四年刊本，卷5，半野园图记.

② 以上事迹详参李鸿斌.李渔与北京园林.见：北京市园林局史志办公室编.京华园林丛考.北京：北京科学技术出版社，1996，页94～99.

③ ［清］麟庆.鸿雪因缘图记.北京：北京古籍出版社，1984，第3集，半亩营园.

园设计水平的提高无疑具有极大的促进作用。

由上可见，经过清初的恢复期之后，北京园林开始复兴，内城、外城和郊区均有佳作出现，而且受到江南园林文化的深刻影响。从文献中也可领略到这一时期北京园林中的名园，多规模弘敞，气度不凡，富于自然之趣而又不失华贵，表现出一股复兴之初的勃勃生气。

二、清代中期（雍正—道光）

清代康雍乾时期天下承平日久，号称盛世，园林的兴建此起彼伏，数量比清初大大增加。

雍正帝继位后将位于西北郊的赐园圆明园扩建为正式的离宫，规模远胜畅春园，殿堂建筑也更为华丽。此后130多年间，前后五位皇帝均以圆明园为长期居住、理政和举办朝仪典礼的“御园”，在整个清代御苑系统中地位最为重要。

乾隆帝继位后，秉承其祖、父爱好园林的传统，发扬光大。乾隆时期清王朝的国力达到顶峰，乾隆帝本人兴趣广泛，热爱园林艺术，在其长达63年的统治期间①大力兴建皇家苑囿，御苑建设空前鼎盛。同时乾隆帝又对江南园林具有特殊喜好，“行幸所经，写其风景，归而作之。若西湖苏堤曲院之类，无不仿建”。②由此上行下效，掀起了新的造园热潮。

紫禁城中新建了宁寿宫，其西路辟为独立的花园；西苑三海做了全面的改建，更趋完善；香山行宫得到重修，更名为静宜园；圆明园经历了两次大规模的续建，还在旁边扩充出长春园、绮春园、熙春园、春熙院四座附园，拥有一百多个景区，被誉为“万园之园”；乾隆帝将西郊瓮山和西湖分别更名为万寿山和昆明湖，在此创建清漪园，构筑多座巍峨的楼阁建筑与山水完美地结合在一起。此外，北京西北郊还设置了乐善园、泉宗庙等次要的行宫，形成了以圆明园为核心的“三

---

① 乾隆帝在位60年后退位，以太上皇的身份继续执掌朝政3年。

② 王闿运．圆明园词．见：舒牧等编．圆明园资料集．北京：书目文献出版社，1984，页328.

山五园”御苑群，亭榭相接，山水相望，极为壮观（图1–7）。

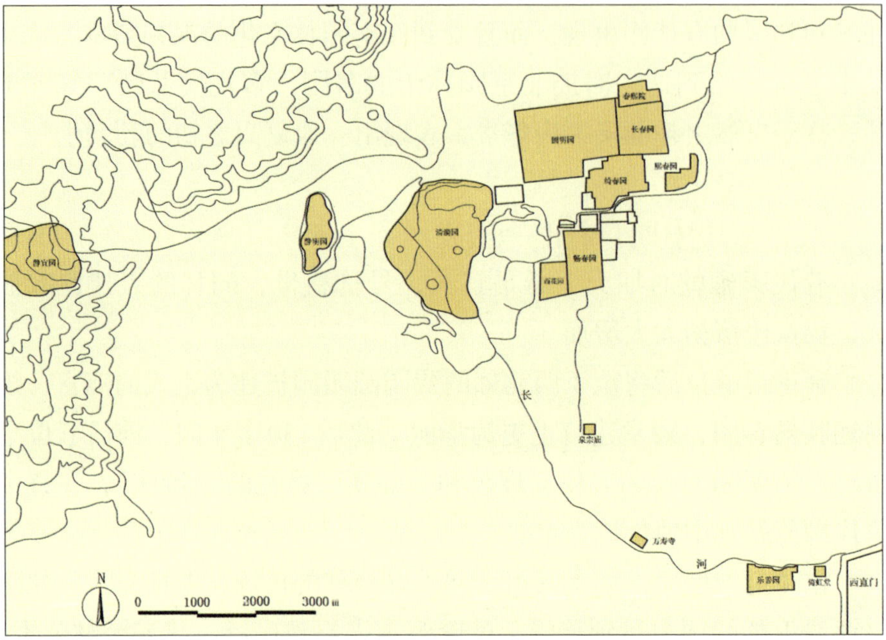

图1–7　北京西北郊清代皇家园林分布示意图。自绘

乾隆帝还对北京南郊的南苑进行扩建，包含旧衙门行宫、新衙门行宫、南红门行宫和团河行宫四座相对独立的行宫以及官署、元灵宫、永慕寺、永佑寺等建筑群，皇帝经常来此举行围猎和演武活动。乾隆年间又两次扩建塞外离宫避暑山庄，在蓟县盘山修建静寄山庄，还在北狩、南巡以及拜谒皇陵、巡幸盛京和赴五台山礼佛的路线上修建了很多规模较小的行宫御苑，数量惊人。

这时期的私家园林也有所变化。正是从清朝中期开始，汉族官员逐步移居内城。《啸亭续录》载：“定制，汉员皆侨寓南城外，地势湫隘，凡赁屋时，皆高其值，京官咸以为苦。又聚集一方，人情諈诿，势所不免。列圣咸知其弊，故汉阁臣多有赐第内城者，如张文和赐第护国寺胡同，蒋文肃赐第李公桥，裘文达赐第石虎胡同，刘文定赐第阜成门大街，刘文正赐第东四牌楼，汪文端赐第汪家胡同，梁文定赐第拜斗殿，董太保赐第新街口。皆一时之荣遇也。”[①]汉官定居内城，使得内城出现了若干汉族大臣的宅园，其中著名者为东城的汪由敦宅园和西城的蒋廷锡宅园。限于胡同坊巷的制约，这些宅园的规模一般都比较狭小，无法与王府花园或满族权贵的私园相提并论（图1-8）。

内城中满族王公大臣的府园依然鼎盛。至乾隆年间，北京内城的王公府园数量已经达到几十座之多。京城素有“东富西贵”之说，即言东城富商宅第较多，而西城贵族府邸较多[②]。清代历史上虽然京城的东、西两部都分布了不少王公府邸，但带有花园的府邸大多数位于西城，东城仅有肃王府、恒王府、履王府等少数几座设有园亭的王府。究其原因，一方面可能因为西城的府邸主人地位更高，如礼亲王、郑亲王、庄亲王等世袭罔替的“铁帽子”王府多在西城，分封较早，规模较大，有充裕的基地经营花园；另一方面也因为什刹海等水系位于城市西半部，很多在此建府的王公贵族不愿放弃良好的地理条件，于是也纷纷构筑花园。

诸王府花园中最著名的是西单郑王府惠园，乾隆十三年至十七年（1748—1752年）德沛承袭简亲王爵时期曾经大加扩建，因此“诸王邸中以郑王园亭为最优，盖王时建造也”。[③]按《履园丛话》所记，此园“引池叠石，饶有幽致”[④]，并有一条一丈多高的瀑布，手法佳妙。果亲王允礼的府园规模宏大，其中以池中岛屿模仿镇江金山，称“小金山”；以假山模仿南京燕子矶，称“烟雨矶”，为效仿江南名胜的重要实例。贝子弘曝府园中辟有长河土山，构成冈阜连望、溪河萦绕的如画境界。

乾隆年间问世的古典名著《红楼梦》对园林进行了非常细致的描写，学者们多认同其中的大观园融合了皇家园林和南北方私家园林的

---

① ［清］昭梿.啸亭杂录.北京：中华书局，1980，页384.

② ［清］震钧.天咫偶闻.北京：北京古籍出版社，1982，页216，载：“京师有谚云：东富西贵。盖贵人多住西城，而仓库皆在东城。”

③ ［清］昭梿.啸亭杂录.北京：中华书局，1980，页180.

④ ［清］钱泳.履园丛话.北京：中华书局，1979，页520.

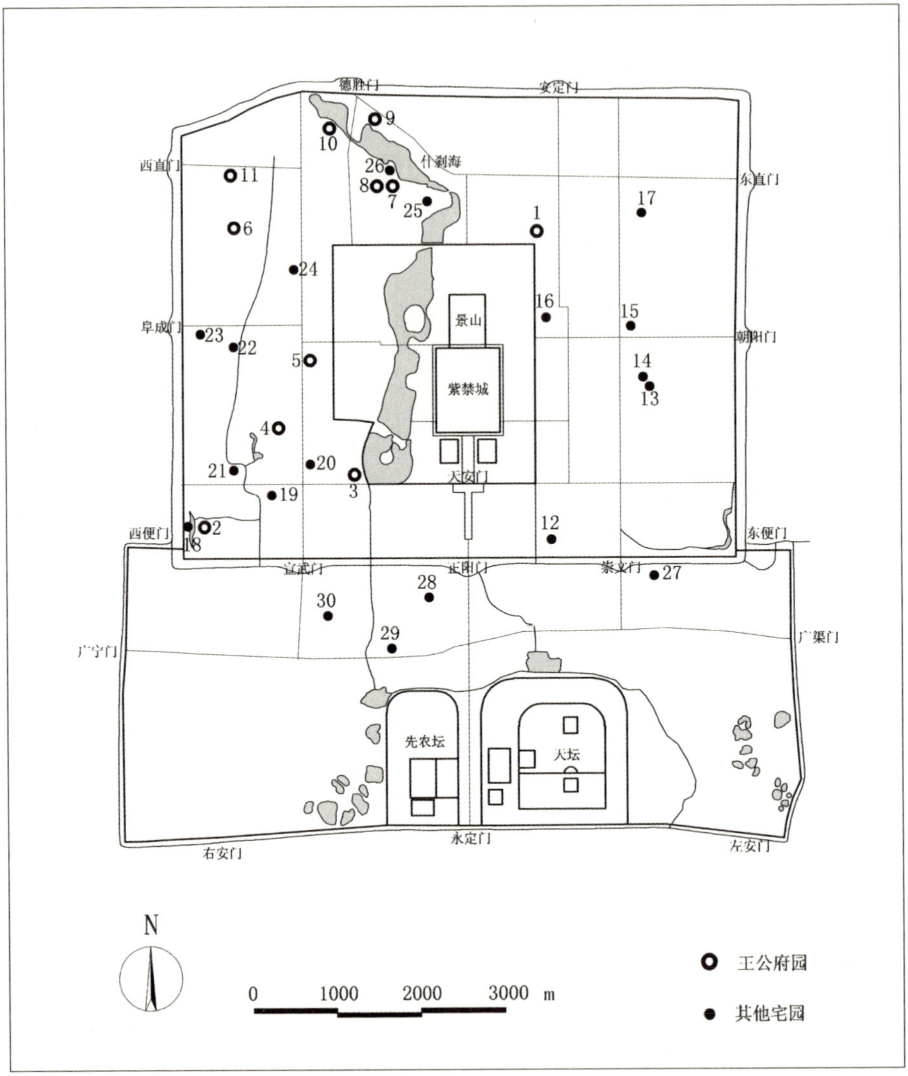

图 1-8　清代乾隆—道光京城部分新建或改建名园分布图。自绘

王公府园：1 僧王府园（以上东城）　2 荣王府园　3 仪王府园　4 郑王府园　5 定王府园　6 果王府园　7 阿王府园　8 庆王府园（原和珅宅园）　9 成王府园　10 贝子弘暻府园　11 恂王府园（以上西城）

其他宅园：12 长龄宅园　13 英和宅园　14 明瑞宅园　15 春和园　16 完颜氏半亩园　17 汪由敦宅园（以上东城）　18 云绘园　19 姚元之宅园　20 桂菖宅园　21 蝶梦园　22 彭启丰宅园　23 述园　24 许乃普宅园　25 诗龛　26 蒋廷锡宅园（以上西城）　27 查氏园　28 梁诗正宅园　29 阅微草堂　30 时晴斋（以上外城）

许多景物，其布局、建筑、山水以及生活情态形象地反映了清代北京王公贵族府园的一些特点，故而清代以来北京什刹海的明珠府园、恭王府园和西郊礼王园都曾经被传说是大观园的原型。

什刹海一带因为风光优美，依然是内城最具魅力的私家园林集中之地。权臣和珅宅园位于前海，自西墙外引水入园；乾隆第十一子成亲王永瑆的府园沿袭后海明珠故园，“府中有恩波亭，以恩赐引玉河水入宅也”[①]；国子监祭酒法式善的宅园诗龛，“门对波光，修梧翠竹，饶有湖山之趣”[②]；蒋廷锡、蒋溥父子宅园“枕净业湖，御赐‘秀写蓬壶’额。……湖中荷花颇盛，消夏尤宜”[③]“堂室宏丽，廊房曲折，有平台更爽垲，高楼碧梧，环列墙垣”。[④]这些园林在当时都负有盛名。

相比而言，外城的私家园林建设相对萎缩，少有名园出现，仅汪氏时晴斋、查氏园等较有声誉。乾隆年间大学者纪昀位于宣武门南的阅微草堂虽然著名，但其格局基本属于园林化的宅院，仅有古藤、湖石等简略的景致。

郊外园林保持兴盛，尤其西郊海淀和南郊草桥、丰台一带，具有良好的水景环境，并有类似江南农田风光的大片水田。凭借各自优越的地理条件，这两处郊区都有新的名园出现。

西郊圆明园外围继续兴建王公大臣的赐园和私园以作屏卫，数量比康熙时期更多，其情形如雍正帝御制诗所咏“朱邸连云翼紫宸，屏藩重望属亲臣”。[⑤]其中和珅的郊园十笏园（淑春园）号称京师第一，面积超过500亩，园中有大片湖面，并采用与圆明园蓬岛瑶台类似的手法点缀岛屿亭榭，嘉庆四年（1799年）被抄没后改赐成亲王。又如其余诸王公的自得园、春和园、鸣鹤园、蔚秀园等，均充分利用海淀地

---

① ［清］周家楣，缪荃孙等编.光绪顺天府志.北京：北京古籍出版社，1987，第2册，页386.

② ［清］昭梿.啸亭杂录.北京：中华书局，1980，页276.

③ ［清］戴璐.藤阴杂记.北京：北京古籍出版社，1982，页39.

④ ［清］汪启淑.水曹清暇录.北京：北京古籍出版社，1998，页84.

⑤ ［清］胤禛.世宗御制文集.清光绪二年刊本，卷28，赐裕亲王.

区特有的水泉条件，构筑出各具特色的胜景佳境（图1-9）。

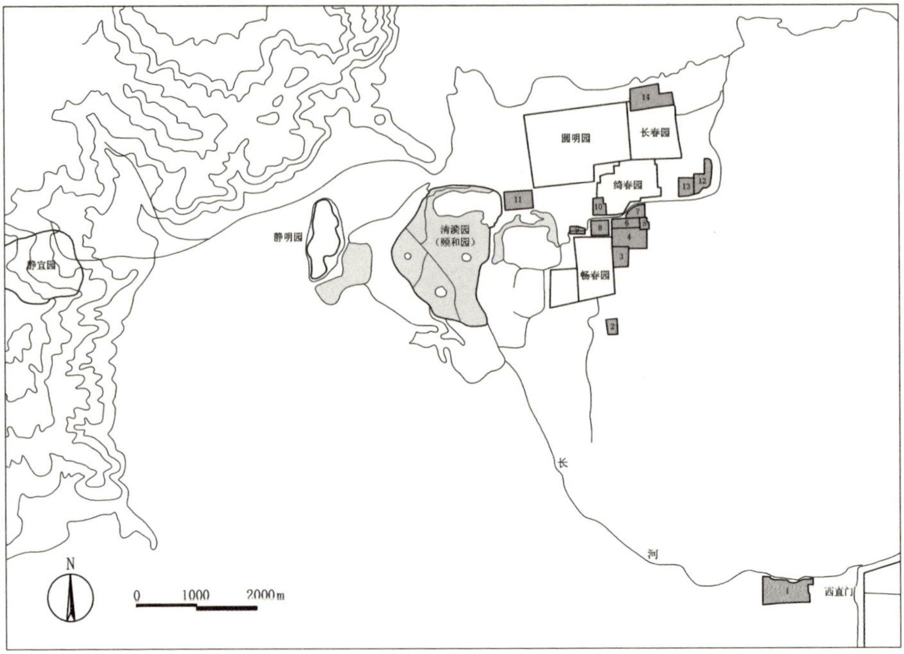

图1-9　清代中晚期北京西郊王公花园分布图。自绘

1乐善园（前身为康王园）　2礼王园　3弘雅园　4十笏园　5镜春园　6鸣鹤园　7朗润园　8蔚秀园　9承泽园　10澄怀园（前身为索额图赐园）　11自得园　12清华园　13近春园　14春熙院

北京南郊名园以右安门外的尺五庄为代表。此园依故园旧址设置池馆林木，据《竹叶亭杂记》记载，其中“有长河可以泛舟，有高楼可以远眺，茂林修竹，曲榭亭台，都中一胜地也”。①

嘉庆、道光年间，清朝国势渐衰，清代的皇家园林逐步由盛转衰。圆明园的附园熙春园和春熙院分别被赐予惇亲王和庄静公主，由圆明五园改称圆明三园。

这时期北京私家园林的兴建记载也相应减少。嘉庆年间曾在江苏为官的恩龄因为仰慕江宁随园的风光，在西城筑述园，其述园十景包

① ［清］姚元之.竹叶亭杂记.北京：中华书局，1982，页67.

括红兰舫、晚翠楼、杏雨轩、云霞市等，极具江南风味。

其余王公府园和大臣宅园也时有易主变迁。值得一提的是道光二十一年（1841年）江南河道总督麟庆购得向往已久的东城半亩园，大加修葺，于道光二十三年（1843年）重建完工，此园“垒石成山，引水作沼，平台曲室，奥如旷如”①，且“纯以结构曲折，铺陈古雅见长，富丽而有书卷气”②，兼之其沿革颇富传奇色彩，成为清代中晚期最著名的一座私家园林（图1–10）。

图1–10　道光年间半亩园图景。引自麟庆《鸿雪因缘图记》

① ［清］麟庆.鸿雪因缘图记.北京：北京古籍出版社，1984，第3集，半亩营园.

② ［清］震钧.天咫偶闻.北京：北京古籍出版社，1982，页63.

大致而言，清朝中期的北京园林逐步由先盛转向后衰，最鼎盛的乾隆时期园林数量虽多，但创新性不及清朝初期，叠山手法趋于烦琐，气势也有所逊色。但这一时期毕竟是北京园林建设的重要阶段，在园林的建筑、理水、掇山、花木等方面的设计手法以及相应的园林施工和管理均走向高度成熟，北京园林的基本特色至此完全形成。

三、清代晚期（咸丰—宣统）

自道光二十年（1840年）鸦片战争以后，清朝迅速衰败，至太平天国起义烽火燎原，清廷已近于风摇雨坠，皇家园林日渐疲敝，私家园亭兴建也远逊前朝。

咸丰初年，咸丰帝六弟恭亲王奕䜣获得位于前海的原庆王府园（前身即和珅宅园）以及郊外的朗润园（原名春和园），七弟醇亲王奕譞获得太平湖的原荣王府园和西郊的蔚秀园，均为当时最著名的王府花园。奕䜣本人有诗注提及“余园名‘朗润’，弟园名‘蔚秀’，俱建在御园迤南，东西相望，仅一桥之隔，为咸丰年间蒙恩赐居并蒙赏御书园额”。①

咸丰年间国势更加糟糕，内有太平天国起义，外有欧美列强侵略。咸丰十年（1860年）英法联军攻入北京，在其疯狂焚掠之下，京师的皇家园林和私家园林同遭大劫，尤其是西郊诸园，与圆明园、清漪园、畅春园等御苑一起遭到极大破坏，元气大伤。

同治、光绪年间，慈禧太后垂帘听政，虽然外有列强环伺，内有重重隐患，但清廷一度能够重用汉臣，兴办洋务，国势略为缓和，似有“中兴”之象，上层统治者便又开始享受园囿之乐。同治时期一度拟重修圆明园，最终因为耗费太大而终止。光绪十二年（1886年）开始对清漪园进行全面重建，更名为颐和园，成为慈禧太后和光绪皇帝长期驻跸的离宫御苑。清廷对西苑也加以整修，新建了一些殿堂建筑

① [清]奕䜣.萃锦吟.清光绪十八年刻本，卷8，朴庵弟惠鲥鱼并索观近日集句即赋一律兼待谢简.

和游乐设施。光绪二十六年（1900年）八国联军侵华时，颐和园再遭局部破坏，光绪二十八年（1902年）又一次修复。不久清朝灭亡，中国彻底结束了皇家园林的建设历史。

北京私家园林也随着西苑和颐和园的重修，再次兴起建设的高潮。如《天咫偶闻》记载："以天下渐已太平，有诏修颐和园，以备巡幸。于是京城熙熙攘攘，有道咸以前承平景象焉。"[①]这也是北京私家园林历史上最后一个兴盛期，但从数量、规模和水平上看都明显不及清朝初期和中期，属于回光返照。

这时期私家园林建设的重点区域仍是北京西郊。在清廷重建颐和园的同时，许多王公大臣开始修复或重建自己的郊园。民国时期白文贵所著《闲话西郊》称："海甸附近，名园甚多，盖自元明以来，彼废此兴，有如剧幕。而有清一代，帝后驻园之日，多于城居，一切朝政，均于畅春、圆明、颐和等园处理。故王公近戚，竞建园亭，棋置星布，无虑数十。而达官别墅，一馆一庭，有关掌故者，殆不胜枚举。至清季修建颐和园时，府邸园亭，亦大兴土木。……而六郎庄、大有庄、一亩园、挂甲屯，到处有园，虽不尽属宏构，往往一泓流水，几椽精庐，而板桥竹坞，别具风姿，触目情生，亦能得少佳趣。"[②]文中列举了礼王园、博（伯）王园、承泽园、蔚秀园、鸣鹤园、镜春园、自得园、朗润园、莫尔根园、治贝勒园、德贝子园、泽公花园等，繁盛之势可见一斑（图1-11）。其中礼王园始建于嘉庆年间，咸丰十年（1860年）被毁，光绪年间重建，以叠石雄健、厅堂轩敞见长，承泽、蔚秀、朗润等园以水景清灵、山林秀丽而闻名，均称京西名园。西直门外的继园又名三贝子花园，旁依长河，规模宏伟，其中大池充盈，洲屿环列，又有高柳密槐、长廊水榭，成为当时都人一大游览胜地。光绪十一年（1885年），园主将此园报效归官，后与邻近的乐善园一起用作开办农事试验场的用地。

---

① ［清］震钧．天咫偶闻．北京：北京古籍出版社，1982，页131．

② 白文贵．闲话西郊．北京：治安总署民国三十二年（1943年）铅印本．

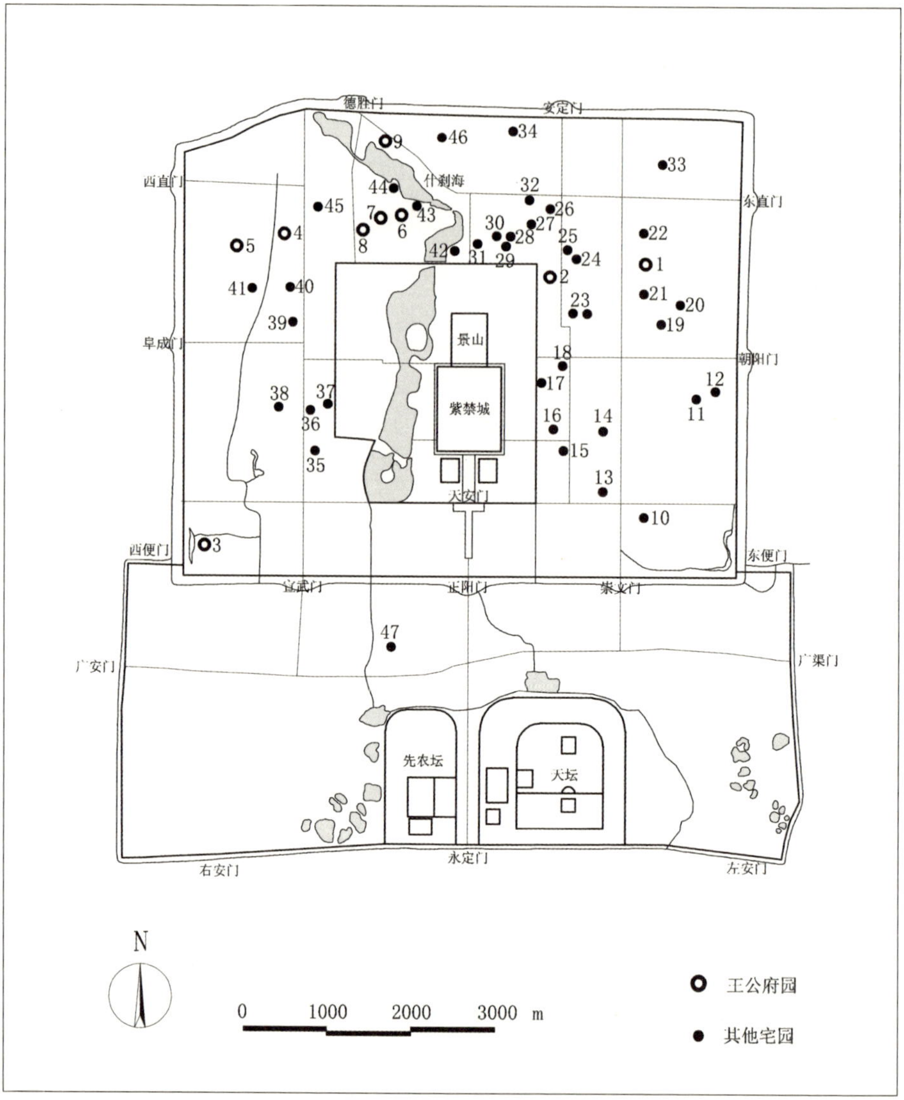

图 1-11　清代咸丰—宣统京城部分新建或改建名园分布图。自绘

王公府园：1 谟贝子府园　2 大公主府园（以上东城）　3 旧醇王府园　4 魁公府园　5 端王府园　6 恭王府园　7 涛贝勒府园　8 庆王府园　9 新醇王府园（以上西城）

其他宅园：10 意园　11 桂祥宅园　12 莲园　13 翁同龢宅园　14 那家花园　15 大阮府宅园　16 袁世凯宅园　17 俊启宅园　18 余园　19 英朴宅园　20 弢园　21 崇礼宅园　22 寸园　23 宝鋆宅园（2 处）　24 增旧园　25 志和宅园　26 载搏宅园　27 绮园　28 可园　29 董叔平宅园　30 荣源宅园　31 尹氏园　32 荣禄宅园　33 小德张宅园　34 延煦宅园（以上东城）35 适园　36 陈氏苏园　37 张百熙宅园　38 桂春宅园　39 礼塔园　40 永顺宅园（藏园）　41 茜园　42 张之洞宅园　43 鉴园　44 振贝子花园　45 泊园　46 盛宣怀宅园（以上西城）　47 且园（以上外城）

北京内城仍以各府邸花园为佳胜。《道咸以来朝野杂记》载："京师园林，以各府为胜，如太平湖之旧醇王府、三转桥之恭王府、甘水桥北岸之新醇王府，尤以二龙坑之郑王府为最有名……"①位于什刹海附近的恭王府园和新醇王府园，分别在同治和光绪年间进行了重修，形成今天所存之格局。醇亲王奕譞十分喜好园林，除了府园和西郊赐园蔚秀园外，还自费在城内外修筑了适园、简园和退潜别墅等别业，并自拟别号蔚秀园主人、西园主人、适园主人、玉照亭主人、朴庵主人等，均与其园林或园中建筑有关。

半亩园因为其主人完颜氏"门庭日盛，此园亦堂构日新"②，不断扩建，形成与道光年间麟庆在世时颇有差别的园景，也继续享有盛誉。其余值得一述的私园还有不少，如直隶总督、武英殿大学士文煜的东城可园建于咸丰十一年（1861年），在狭小的四合院中"拓地十方，筑室百堵，疏泉成沼，垒石为山"③，具有典型北京内城宅园的特点，被翁同龢赞为"树石皆可，京城中名园矣"④；又如西城的永顺宅园（即后来归属傅增湘先生的藏园），在平铺直叙之中点缀亭台回廊、山石花木、池沼溪流，大有曲折掩映之趣；西斜街的桂春宅园拥有曲折多变的空间结构和精致的湖石，风格近于江南园林。

清代大臣上朝自紫禁城东华门出入，清末许多官员为了上朝方便，多在东城修建宅第，因此西城府邸及其花园有所衰落，如《天咫偶闻》所载："士夫近多喜住东城，趋朝便也。西城旧屋，日见其少，真如昌黎所谓'一过之再过之，则为墟矣'者。故西城菜圃最多，菘韭连畦，固画栋雕甍之变相也。"⑤

外城原有名园大半颓败，罕见踪迹，同时却几乎没有新的园亭建设，故而震钧感叹道："城南隙地，最多古园。国初尚存封氏园、剌

① 崇彝.道咸以来朝野杂记.北京：北京古籍出版社，1982，页96.
② ［清］震钧.天咫偶闻.北京：北京古籍出版社，1982，页64.
③ ［清］志和.可园记.见园中石碑.
④ ［清］翁同龢.翁同龢日记.北京：中华书局，1997，页1371.
⑤ ［清］震钧.天咫偶闻.北京：北京古籍出版社，1982，页104.

梅园、王氏怡园、徐氏碧山堂、赵氏寄园、某氏众春园，皆昔日名流燕赏，骚客盘桓之所。今不过二百年，已如阿房、金谷，不可复问。而宣南士夫亦无复经营之力矣。”[①]

内城泡子河和西郊海淀的清代早中期园林也逐渐沦于凋敝，如《天咫偶闻》所载：“(内城泡子)河之两岸多园亭旧址，今无尺椽片瓦之存。”[②]“自庚申秋，御园被毁，翠辇不来，湖上诸园及甸镇长街，日就零落。……后渐见颓废，无复旧时王谢燕矣。”[③]

由于经济和社会原因，晚清的北京私家造园总体上已经走向衰落，故清末震钧《天咫偶闻》载：“世家自减俸以来，日见贫窘，多至售屋，能依旧宇者极少。”[④]清末最后十几年中极少新园出现。唯有大学士、军机大臣那桐于光绪末年在东城金鱼胡同营造那家花园，以台榭富丽、山水清雅而著称，格局与普通内城宅园有所不同，成为清代最后一座私家名园。

清代晚期造园有一个特点值得一提，即西方园林风格的传入。早在乾隆年间，圆明园附园长春园中就兴建过一组西洋楼，成为中国古典园林引入西方造园与建筑手法的先驱，但当时的私家花园中尚少见到仿效者。唯有恭王府园的前身庆王府园园门采用西式拱门的造型，其建造时期在咸丰之前，属于府园中较早出现的西洋样式建筑。到了清代末期，随着对外交流的进一步扩大，北京园林明显受到西洋风格的影响，园中出现更多西式风格的建筑和景观设施。

光绪年间，清廷曾在中南海修建海晏堂，在农事试验场建畅观楼，均属建于中式园林中的西式楼阁建筑。当时社会上曾把这种式样称为“圆明园式”。出任海军衙门总理大臣的醇亲王奕譞在府园中建造楼阁、游廊，其形态模仿西式轮船，成为别具一格的舫式建筑。大

① ［清］震钧.天咫偶闻.北京：北京古籍出版社，1982，页159.

② ［清］震钧.天咫偶闻.北京：北京古籍出版社，1982，页36.

③ ［清］震钧.天咫偶闻.北京：北京古籍出版社，1982，页200.

④ ［清］震钧.天咫偶闻.北京：北京古籍出版社，1982，页60.

学士瑞麟之子佛荷汀在余园中“大治屋宇，又辟园亭”[1]，其中有一座八角形的西式亭阁，女儿墙特意做成宝瓶栏杆的式样，余园还是北京第一座拥有自磨机电灯的宅园。曾任农工商部尚书的贝子载振所建的后海别墅花园中也有一座二层的洋楼，带西式柱廊。宗室载搏在其后圆恩寺的宅园中不但把水池后的主体建筑改建成两层半的洋楼，其门廊采用爱奥尼柱式，而且在水池东南边另构一石亭，以八根变形的多立克石柱上承圆形穹顶，尺度很大，类似欧洲的神庙。蒋芷侪《都门识小录》曾记载京城一处融合西式楼房和中式花木于一体的宅园：“府学胡同内有西式楼房一所，昔日某君僦寓，花木盆景，位置天然，现为盛尚书居之。”[2]甚至连那家花园兴工时也一度传闻要由日本设计师策划，“建一极优美之西式园亭”[3]。凡此种种，可见当时之风尚。

除了建筑以外，其他一些西洋造园手法也在北京园林中有所体现。如恭王府园的蝠池用碎石叠成喷泉；清末大太监小德张在永康胡同所建宅园中，北房前用铅铁皮搭建天棚，特意在坡屋顶上加建女儿墙，并在园内采用很多砖雕和铁花栏杆做装饰，而且正厅旁对称栽种整齐排列的柏树各一行；恭亲王的鉴园和贝子载振的后海别墅中出现了大片镜子作为映景的手段，均可见西方园林的影子以及对西方布景手段的引用。

受到西方造园影响最有代表性的例子是贝勒载涛的府园，其中虽无洋楼和西式花木之设，但其整体布局借鉴欧式园林的轴线关系和笔直的道路形式，颇有理性的几何效果；其建筑的内外装修、家具多采用玻璃和西式木雕；其水池景致更为特别——在圆形小池之上添加纯粹西洋风格的丘比特青铜雕像。不过这些西方因素与中国传统风格融合得很好，并无太大冲突。

总而言之，清代是中国封建社会的末期，也是皇家园林发展的最后阶段。北京皇家御苑数量众多，规模大小不一，其中既有小巧精致

---

① 崇彝.道咸以来朝野杂记.北京：北京古籍出版社，1982，页98.

② 蒋芷侪.都门识小录.见：胡寄尘编.清季野史.长沙：岳麓书社，1985，页108.

③ 蒋芷侪.都门识小录.见：胡寄尘编.清季野史.长沙：岳麓书社，1985，页73.

的内廷花园，也有平地建造的集锦式园林以及自然山水与人工构筑相结合的大型苑囿，全面继承了延绵数千年的园林文化传统，并对江南等地的名园风景进行全面的借鉴和模仿，同时还受到西方园林的影响，建筑、叠山、理水、植物配植乃至匾额、楹联的技艺都达到极为成熟的境界，为中国园林史写下了浓墨重彩的最后一笔。与之相应，北京的私家园林也在这一时期达到最繁盛的程度，园林数量之多，堪称空前绝后，而且城内外分布广泛，不同类型之间规模差异很大，建筑、掇山、理水、花木等造园手法均形成鲜明的地域特色。这些园林成为中上阶层重要的生活居住空间，反映了独特的京城文化内涵。有清一代由此成为北京造园史上地位最重要、最具典型性的一个阶段。

第六节 民国

1911年辛亥革命爆发，导致清朝的统治迅速宣告终结。改朝换代之后的北京园林进入了一个新的历史时期，各有盛衰。一些皇家园林如北海、中南海、景山等陆续开放，圆明园则遭到更为惨重的破坏；同时城内出现了不少利用旧坛庙或空地所辟的市民公园，如中央公园、天坛公园、海王村公园等，接近现代城市中的公共园林；一些曾经兼有公共景区性质且繁盛一时的寺观园林却因缺乏维修而趋于残破；而对于散布全城内外的私家宅园来说，也同样面临着新的社会变迁的考验。

清朝灭亡，原来的皇室、贵族、官僚的地位大不如前，北京私家宅园建设的最后一个高潮也随之结束，旧的府宅花园已成明日黄花。但南北和谈之后，北京依然是北洋政府的首都所在，新的达官贵人和富商巨贾重新在此聚集，外国洋行、教会的势力也比以前更大，此辈若论奢侈享乐、追求风雅，与前朝相差不远，对于私家宅园自然也会有强烈需求。在此背景下，从民国建立直到20年代末国民政府迁都南京之前的十几年时间中，北京的私家园林继承了大量的清朝遗产，并时有兴建和改造，成为民国前期北京不可忽视的一道风景线。

民国前期北京所有宅园的总数不下200座之多，主要集中在内城和西郊，其中大多数是保留沿用或经过改造的清代旧园。园林的兴建要求比普通建筑有更复杂的条件，只要经济情况允许，构筑富丽纤巧的亭榭并非难事，但要得到适当的地形、山石、水源甚至古树等自然素材就大不容易了。北京建都时久，要找到新的合适的园址已经非常困难，在通常情况下，购一旧园进行修整往往比新筑一园要省力得多。因此民国时期只有部分园林如达园、马家花园、郝家花园、陈氏淑园、贝家花园等是完全新建的，其余大多沿用了旧园。政治活动家熊希龄的双清别墅和周肇祥的鹿岩精舍分别建于清代静宜园松坞云庄和孙承泽退谷别业的遗址之上。相比而言，西郊新建的园林比内城要多，因为这一带的空地和山水条件相对易于满足。

这一时期沿用的清代旧园大致分为几种情况：一是个别花园仍然为原主所有，如金鱼胡同那家花园，为清末大学士那桐宅园，民国时期其主人虽不再从政，此园却名声大噪，成为当时最有名的花园之一。更常见的情况是由于京城旧的王公官僚大多失去了原来的特权和经济来源，逐渐没落乃至破产，他们的花园也随之易主，其中仅少数基本未经改造，延续了原有的建筑和山水格局，如海淀之礼王园、东城之半亩园；更多的经过新主人的重修或增建之后，或多或少表现出新的风貌特征。

旧宅园的新主人以北洋政府的政要为多，如黎元洪、冯国璋、曹锟、吴佩孚等均因旧营新，取代清朝权贵拥有了自己的宅园。另外一些园林则再三转手，其沿革流转形象地反映出豪门的时运变化。

不少旧园为外国教会、洋行、机关所占用，典型者如半亩园，辗转多次后归天主教怀仁学会所有，什刹海振贝子花园也被售予一外国教会，后圆恩寺载搏宅园归一法国商会，西斜街桂春宅园一度归属一意大利商人。其格局均无大变化，基本维持着原有的居住和游赏功能，仍属宅园之列。

另有一些大型的府园被改建成大学校园，完全改变了原有的私家园林属性，如辅仁大学获得恭王府园、涛贝勒府园，中国大学以郑王府园为校园，华北文法学院占据礼王府园，太平湖醇王府旧府园先后为中华大学和民国大学所占，燕京大学建于西郊淑春、镜春、鸣鹤等园的旧址上，清华大学占据清华、近春二园，甚至连校名都源于所在之故园。这些旧园功能变化很大，已经不能算是府宅花园了。

此外，西山一带在民国时期成为官僚士绅们的别墅区，著名者如香山双清别墅，阳台山鹫峰山庄、贝家花园、杨家花园，寿安山鹿岩精舍，妙峰山乐静山居等，均依山就势而建，各有特色。

民国前期的北京私园，无论是新建还是改建，绝大多数依然延续着传统的造园理念，其空间布局、山水脉络和花木配置均与清代大同小异，总体上看仍然属于中国古典园林体系，其中个别手法高超者，成就不在清代名园之下。

东城的马家花园就是这样一座颇见匠心的杰构。此园园主为营造世家马氏传人马辉堂，执掌著名的兴隆木厂，曾经修建过颐和园、北海等皇家苑囿和大量的王公大臣府园，经验丰富。他于1913年开始，花费3年时间修建这座宅园，着力经营，水平很高。全园内部主要通过假山和游廊分隔出大小形状不同的几个院落，通过大量花木山石的环绕点缀，迂回穿插，布局疏朗而灵活，有移步换景之妙。尤其是园中叠置了五六组造型各异的假山，辟有三个形态不一的水池，加上古楸老槐、海棠丁香的映衬，景致大有可观，是民国时期继承传统造园意匠的典型实例。

其他民国时期转手的宅园，也多无根本性的变动，如商界名流柯鸿年，购得东皇城根原内务府大臣俊启的宅园，加以改造，更名“澹园”，自为园记称：“有园一亩，亭榭花石，颇足赏览，因增新之，朝晖夕霞，倘佯于斯。”[①]此园仍以合院为基础，以院中原有的高大假山为主景，新增部分只是一些次要建筑，采用传统形式，完全保持了原有的风格。

在植物配置方面，基本上也以北京传统花木品种为主，如《燕都丛考》的作者陈宗蕃先生在地安门内米粮胡同所构之淑园，有树、果、花、菜近30种，均非罕见品种。

值得注意的是，这一时期的私家园林在延续传统造园方式的基础上并非毫无创新，此时已有部分新建或改建的园子明显出现了一些清代宅园所未见的迹象。

首先，在建筑和山水格局方面，由于清朝灭亡，原有的严格的

---

① 陈宗蕃.燕都丛考.北京：北京古籍出版社，1991，页192，引澹园记.

封建等级制度瓦解，给园林的建设带来更多的施展余地。典型的如1919年军阀王怀庆占用圆明园前东扇子湖一带所建的达园。其园门三间，外绕小河，上架石桥，宛如圆明园宫门。园中更是模仿颐和园昆明湖设长堤、拱桥、小岛、长廊。这些手法在清朝都属于严重的逾制行为，会遭到严厉惩处，但在民国时期却无此虑。

其次，这一时期的叠山和理水尽管多采用传统手法，但在材料方面已有变化。

就假山叠石而言，中国古典园林素重湖石，但北京只有房山一带有北湖石出产，且缺少佳品。皇家园林可以举全国之力搜罗奇峰异石，而私家宅园多难以得到好的湖石，只能以青石为主。但由于圆明园曾经先后遭到英法联军和八国联军焚掠，在清朝灭亡后管理松懈，很多官僚、富商得以乘机大量盗运御园废墟中的可用材料，尤其是其中的湖石精品，因此圆明园遗址居然成为民国前期私家园林假山用石的重要来源。马家花园、梁氏意园、郝家花园中都拥有不少来自圆明园的上好叠石，甚至有多块山石带有乾隆帝的御笔题款。此外，达园中的十余座石笋也都是圆明园旧物。

就水池经营而言，北京内城一向缺乏水源，私家园林多在池旁掘井，以人工注水。民国时期富裕人家大多装设了自来水，园林池沼用水也基本由自来水替代，比从前方便了许多。同时原来北京花园的水池底部一般采用方砖铺砌，到了民国时期有不少宅园改用水泥砌筑，如帽儿胡同可园、礼士胡同李家花园等。相比来说，水泥的防渗性较好，但不够自然，往往显得粗糙而生硬。

这一时期的私家宅园另一引人注目的特点是进一步受到西洋风格的熏染，出现明显的西洋建筑风格和园林手法，有不少实例呈现出中西合璧的面貌。

清末的北京私家园林中已经出现西式房屋，到了民国时期，追求洋味的风气更浓，不少花园都添建了西式建筑。如帽儿胡同的可园，民国初年归北洋总统冯国璋所有，冯家即将园东部一座两卷歇山大厅拆去，另建一座两层洋楼。无量大人胡同梅兰芳宅园的后院北部和麻线胡同梁氏园的西厢位置也都有类似的洋楼出现，郝家花园的西厢位置则以灰砖砌筑了一座单层的洋房。

除了建筑外形之外，有些园林建筑的结构和室内布置也倾向于西化。上述洋楼自不待言，另如礼士胡同的李家花园，据说曾经由中国营造学社社长朱启钤的学生（或下属）进行改造设计①，格局有所创新。其中有一座圆厅，四面以十字形廊与周围厅堂相接，厅之外观与传统的重檐圆亭并无差别，但内部结构一改清式梁架而采用拱券形式的穹顶，下带一圈高窗，顶挂西式吊灯，室内气氛与中国古典建筑大异。

纵观现存实例，这些穿插西式建筑的中西合璧的园林手法大多并不成功，中西建筑往往各自为政，交接生硬，西式楼房多因尺度过大而显得突兀，并对园景产生压抑感，同时，这些洋风建筑的造型也远非上乘，有点不伦不类。梅兰芳先生也认为自己所住的无量大人胡同宅园中的洋楼在古老的四合院群中并不协调②。从这些方面看，北京私家园林中的西式建筑远远逊色于圆明园中的西洋楼。

采用中西合璧手法构筑园林较好的例子是位于海淀北安河村西阳台山东麓的贝家花园，为法国籍医生贝熙业所建，坐落在山冈之间，其中砖石砌筑的碉楼、混凝土仿木结构的楼阁和砖木结构的厅堂、轩榭融于一处，另设有水泥藤架、水池和汉白玉圆形花坛，显得比较自然。这可能因为此园主人是文化修养较高的外籍人士，又在中国居住多年，所以此园的品位才超过同时期的一般宅园。

除建筑之外，有些园林还引入了其他一些西方园林手法，如在水池中设喷泉和雕塑。昔日圆明园大水法就有类似装置，极为壮观，深为乾隆帝所喜。私家宅园中的喷泉、雕塑自然无法与皇家御苑相比，但其旨趣是一致的。如贝家花园的北楼前设有圆形水池，池中尚存铁质喷头；马家花园的三个水池中曾经分设麻姑献寿、猴子打伞、龙头

---

① 谭伊孝.北京文物胜迹大全·东城区卷.北京：北京燕山出版社，1991，页89～90.

② 许姬传.梅兰芳在北京的住宅.见：北京燕山出版社编.京华古迹寻踪.北京：北京燕山出版社，1996，页238～241.

三种雕塑（可惜现均已亡佚），其中猴子打伞兼作喷泉，龙头也可吐水。鼓楼东大街某宅于院中设六角形平面的西式喷水池，池中央竖立一根蟠龙石柱，顶端以四个龙头作为喷水口。这些手法明显受到西洋影响，具有新意，但雕塑题材仍是中国传统式样。

另有个别园林如西郊达园，设置了大片平坦的草坪，类似西方花园，但又在草坪一端叠置假山，上筑亭榭，仍是中西交融的手法。此外，还有些宅院中修筑了西式的大花坛来培植花卉。

以上北京宅园所表现出的洋风影响基本上都表现为局部特征，在很大程度上是新旧权贵富豪们追求时髦、标新立异的结果，因此其水平有限。但也有个别例外，比如民国初年从英国回来的归侨吴赉熙先生把自己的东城宅园辟为月季园，主要用于培植各种月季花，保持英国园艺的特色，并从国外大量引进珍异的月季品种，为中国园林花卉事业的发展做出很大贡献。

民国时期的北京较少出现如上海租界中的纯粹西式风格的洋房花园，即便外国人所建或改造的宅园也多为纯粹的中式或中西混合式。耐人寻味的是，恰恰某些外国人所占据的私家园林更注意保持原有园林的传统古典氛围，尽量不加破坏。典型的如半亩园，曾是晚清以来北京最有名的宅园，1947年售予天主教耶稣会所成立的怀仁学会。怀仁学会的教士们对破旧的原有建筑进行了仔细的修补而没有添建任何西式房屋，更可贵的是他们还对半亩园的历史沿革、相关文献、造园艺术、室内陈设进行了详细的搜求考证和分析研究，测绘了全园的平面图，并撰写了一篇很长的英文论文《半亩园：一座北京满族宅园》（*The Half Acre Garden*, *A Manchu Residence in Peking*，延至1959年发表），成为北京私家宅园的一份宝贵资料。曾经担任末代皇帝溥仪英文教师的英国人庄士敦在地安门油漆作胡同有一处宅园，在门头沟妙峰山有一处乐静山斋别墅，均为中式园林。瑞典学者喜龙仁（Osvald Siren）的《中国园林》一书中附有两张一位名叫科克尔（Cockell）的外籍人士所居北京宅园的照片，其中亭榭、游廊、山石乃至院中陈设的宝鼎均为地道的中式园景（图1-12）。又如法国大使馆曾经在香山南麓修建了一座花园作为官员夏天避暑之用，也基本采用了中式园林的风格，内有厅堂亭榭，湖石藤架，唯亭前所设两个大花坛属于西方手法，但花坛中所种的仍是牡丹和芍药等传统花卉[①]。

图1-12　民国时期科克尔北京宅园。引自喜龙仁《中国园林》（Osvald Siren. *Gardens of China*）

1928年，国民政府迁都南京之后，众多政要南迁，北京改称北平，失去了政治中心的地位，同时经济衰退，私家宅园的建设也基本退潮，只偶有零星园亭动工；“九一八事变”后，华北局势险恶，园林建设更趋寥落；至1937年卢沟桥事变，抗战开始，北平沦陷，许多宅园被日寇、汉奸所占，很少有新的建设；抗战结束后又迅即爆发内战，世事多变，更罕有庭苑兴建之事。

北京是金、元、明、清历朝京师所在，传统文化根基深厚，即便进入民国时期，长期凝聚的传统文化氛围仍然极为浓厚。国内一些新发展的大都市，如上海、天津、哈尔滨等，殖民化程度较深，受外国文化影响更为明显；相比而言北京则更多地保持了中国本土的文化根基，殖民化程度明显较低。例如当时北京的文化界即号称“京派”，与以上海为中心的“海派”分庭抗礼。清朝统治虽然结束，遗老遗少数量依旧不少，新的政要也与旧朝有着千丝万缕的联系，许多园林即便换了新主人，其本质上与清朝并无太大差异，他们对园林的欣赏口味，对排场舒适的家居环境的追求，乃至官场倾轧之余吟诗弄月的日常生活，都是前清时光的延续；而且北京的自然条件具有自身的特殊

① 焦雄.北京西郊宅园记.北京：北京燕山出版社，1996，页205.

性，造园活动仍然采用传统的工匠和技术。因此这一时期北京园林所表现出的特点，顺理成章地以继承传统风格为主。

同时，这一时期北京园林所呈现出受洋风熏陶的特点，其实也是清朝以来中国园林吸收外来影响的进一步发展，并非民国才出现的新事物，只是在民国时期的表现更加普遍和明显。究其原因，宅园毕竟是生活游乐场所，其风格变化除了有崇洋、猎奇的心理之外，也与民国时期的社会生活方式进一步改变有关：一些上层社会家庭的日常起居以及卧室、客厅的陈设都追求西化，因此在园中修造洋楼以供居住，自然比中式的厅堂轩室更为舒适方便，而且可以提供更多的室内使用面积；新时期宅园中举行的娱乐活动，有不少超出了古代园林游乐功能的范畴，例如马家花园最大的假山上所建歇山大厅主要用于打台球，家人称之为台球厅；又如有些人家喜欢租借名园举办新式婚礼，某些豪门也会利用花园厅堂举办舞会，这些活动与传统的园林建筑、布局不尽兼容，必然会引起某些变革。而在大的社会背景和文化传统的制约下，这些变革又终究是局部性的，并非根本性的创新。加之时局动荡，传统艺术日渐没落，没有新的造园理论出现，对外来的影响缺乏系统的融会消化，由此注定北京民国时期的造园艺术只能成为清朝的余绪，而无法成为新的高潮。

第二章

皇家御苑

中国历朝历代的皇家园林堪称同时期最具代表性的名园杰作。就实际功能而言，皇家园林可分为离宫御苑、大内御苑和行宫御苑三类。离宫御苑最早与狩猎采集有关，是重要的生产和娱乐场所，可视为皇帝的经营性庄园，秦汉上林苑、隋唐禁苑都属于此类。大内御苑是靠近宫城的游憩之所，可视为皇帝的宅园，较早的如秦汉的上林苑兰池宫、建章宫，魏晋南北朝的华林园，唐代的太极宫和大明宫等。在皇家园林相对低落的朝代，如宋代和明代，只有大内御苑而无离宫御苑，宋代的艮岳和明代的西苑等皆位于城内。行宫御苑是帝王出行时居住的宫室附属园林，早期并不突出，到清代康熙、乾隆两帝经常巡视天下，开始大量营造。随着时间的流逝，秦汉隋唐的宫苑等人类历史上最美妙的艺术精华多已毁灭，令人嗟叹。

从金代开始，历经元、明、清三代，北京一直是中国的首都，皇家园林的营造再次迎来兴盛，成就了中国古代园林最后的辉煌。本章所介绍的皇家名园以现存实例为主，主要分布在北京古城内外，涵盖了皇家园林的三种类型，其中紫禁城花园、景山和西苑为大内御苑，圆明园和颐和园为离宫御苑，静宜园和静明园为行宫御苑。它们大多是清代所建，少数创建于前朝的也经过清代重修和改建，代表了北京皇家园林的艺术成就。

第一节　紫禁城花园

北京紫禁城是明清两朝的大内皇宫，相当于帝国的心脏，分为外朝和内廷两大部分。外朝包括午门和太和、中和、保和三大殿以及文华殿、武英殿等建筑，主要用于举行各种朝典仪式；内廷以乾清宫、交泰殿、坤宁宫为核心，包含东西六宫、乾东西五所、慈宁宫、宁寿宫等建筑群，是皇帝与太后、后妃、皇子们的主要生活场所和理政场所。紫禁城格局端庄严整，殿宇尺度恢宏，以黄色琉璃瓦、红色墙面与绚丽的油漆彩画形成金碧辉煌的效果，象征着皇权的威严。除了重重宫门、巍峨殿宇组成的大小庭院之外，内廷中也先后设置了几座相对独立的园林，如御花园、慈宁宫花园、建福宫花园和宁寿宫花园，成为森严宫禁中一抹柔和的点缀（图2–1）。

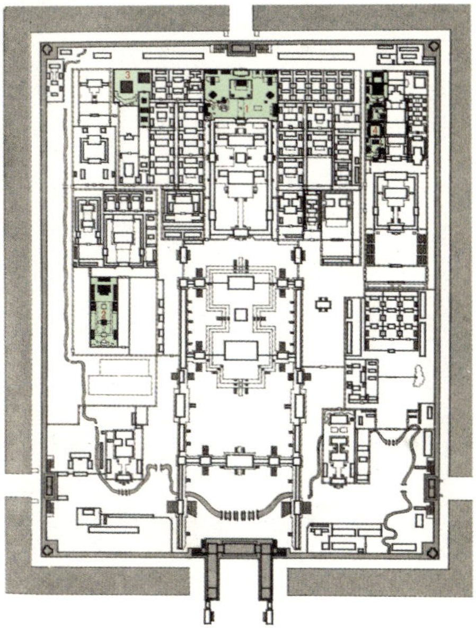

图 2–1　紫禁城内廷御苑分布示意图。自绘

1 御花园　2 慈宁宫花园　3 建福宫花园　4 宁寿宫花园

一、御花园

中国历代王朝的大内宫城大多采用“前宫后苑”的格局，也就是说，经常在宫殿的北部设置一个独立的园林区。明清时期的北京紫禁城也继承了这个传统，在内廷坤宁宫的北侧构筑了一座御花园。

御花园位于紫禁城中轴线的最北部，其主体格局早在明代永乐年间紫禁城始建时就已经奠定，后来历经多次重修和改建，但没有大的变化，延续了将近600年的时间，一直保存至今（图2-2）。

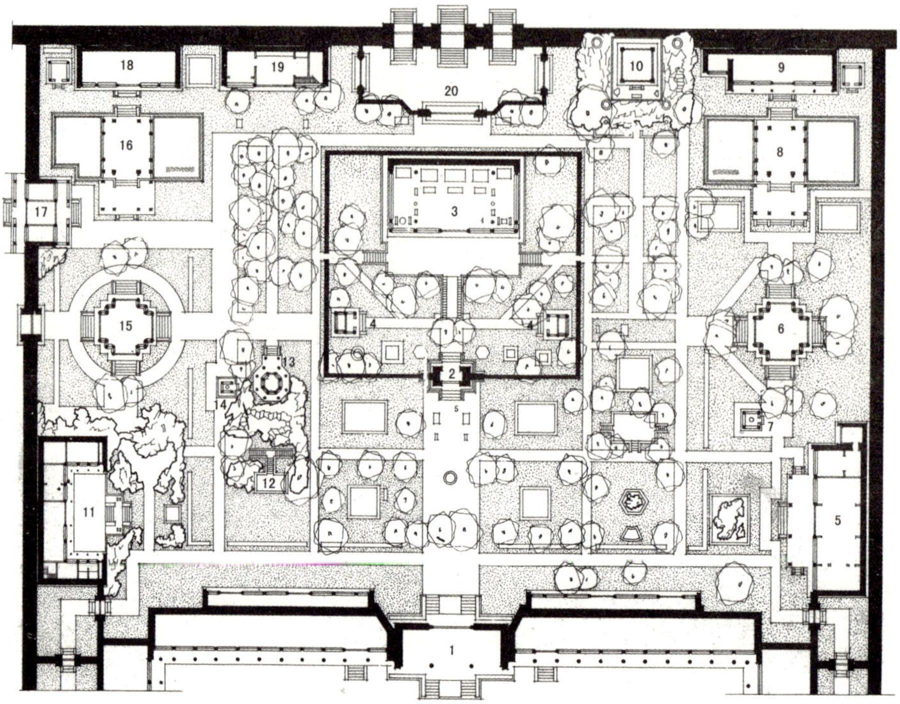

图2-2　紫禁城御花园平面图。引自《清代内廷宫苑》

1 坤宁门　2 天一门　3 钦安殿　4 焚帛炉　5 绛雪轩　6 万春亭　7 井亭　8 浮碧亭　9 摛藻堂　10 御景亭　11 养性斋　12 鹿囿　13 四神祠　14 井亭　15 千秋亭　16 澄瑞亭　17 漱芳斋　18 位育斋　19 延晖阁　20 承光门

全园布局严整，分为中、东、西三路，左右大致对称，表现出沉稳端庄的气质。园南院墙正中设坤宁门，北墙设承光门。园内中央偏北位置辟有一个四面围合的独立院落，南面有一座天一门（图2-3），院北为钦安殿，是一座五开间的重檐大殿，也是全园体量最大的核心建筑，建于明代，其屋顶采用特殊的“盝顶”形式，中间是平顶，周围加上一圈屋檐，檐上铺设黄色琉璃瓦。大殿内部供奉道教神像，反映了明代皇帝尊奉道教的历史实情。钦安殿两侧各设一座黄色琉璃筑成的焚帛炉，庭院内成行种植柏树，其间布置各式花池，培育牡丹、海棠，点缀太湖石。

图 2-3　溥仪在天一门前留影。引自《故宫珍藏人物照片荟萃》

东路南侧建了一座绛雪轩，背东面西，五间硬山建筑，前出三间抱厦，采用绿色竹纹彩画，门窗保持木质本色，非常淡雅。轩前砌了一个琉璃栏杆围合的花池，池中安设太湖石并种植牡丹、太平花，五色斑斓，与素净的建筑形成鲜明的对比。北侧是一座造型独特的万春亭，分为上下两重屋檐，下部采用十字形平面，上部为圆形平面，基座周围安设汉白玉栏杆。万春亭的西南侧修筑了一个小巧的井亭，北侧是方形的浮碧亭，其南紧接一座小轩，形成组合式的造型。浮碧亭横跨在一个长方形的水池上，水池中有游鱼穿梭。东路最北是五间摛藻堂，其西侧原有一座观花殿，明代万历年间将此殿拆除，改在原址堆叠了一座太湖石假山，名叫“堆秀山”，山顶建了一座御景亭，虽然高度只有10米左右，却可以在此俯瞰紫禁城、西苑和景山风光，视野开阔，由此成为明清宫廷重阳节登高的地方。假山里面藏着一个石洞，洞里面还在石板上雕刻出天花藻井；堆秀山上的石头形状都很奇特，有人认为其中包含着十二生肖的轮廓，饶有情趣；山间还埋藏着储水缸，可以注水从下面的龙头喷出。

西路南侧与绛雪轩对应的是一座两层五间的养性斋，背西面东，前面堆了一组假山作为屏障，东侧又堆了一座更大的假山，山南建了一个名叫“鹿囿”的石台，山北建四神祠。这座祠宇的主体部分是一座八角亭，北侧伸出一间抱厦。祠西南侧也有一个小井亭。再往北是千秋亭，造型与东路的万春亭一模一样，二者完全对称（图

2-4）。亭北的澄瑞亭也与东路的浮碧亭对称，而且都横跨在方形水池之上。水池西南面的院墙上设有三间配殿，向西通向漱芳斋的内院。电视剧《还珠格格》称这里是小燕子的寝室。实际上这个庭院原来是皇子所居的乾西五所中的第一所，乾隆帝继位后改为漱芳斋。西路最北是五间位育斋，其东建有两层三间的延晖阁。

图 2-4　千秋亭。引自《帝京旧影》

从表面来看，御花园与紫禁城的威严端谨的空间气息保持一致，略微显得有些呆板，假山的造型也非上乘，但仔细欣赏之后会发现，花园中的景物只有万春亭与千秋亭、浮碧亭与澄瑞亭以及两个长条形水池的形式完全相同，其余的楼台亭轩只是位置对应，造型均有所变化，假山和花木的设置也很灵活，其中古树的姿态尤其绝胜，此外还布置若干造型独特的奇石，体现了“正中求变”的特色。

二、慈宁宫花园

慈宁宫位于紫禁城内廷西北部，始建于明代，是明清两朝皇太后、太妃们的居所。宫殿东侧的一组院落辟为花园，虽然在清代顺治和乾隆年间分别做过重修，但仍基本保持明代的格局。

此园平面完全呈现中轴对称的形态，东西宽55米，南北长125米（图2-5）。南墙上开设园门揽胜门，门内以叠石遮挡。一对方形的井亭分居东南、西南两角，其北为东西厢房，与北侧中轴线上的临溪亭构成第一进院落。临溪亭采用正方形平面，横跨在一个长方形的水池上，四面以黄绿两色的琉璃槛墙和雕刻精致的门窗围合，形式类似于御花园的浮碧亭和澄瑞亭。池子的东西两端原来还各有一座小亭，现在已经不存。

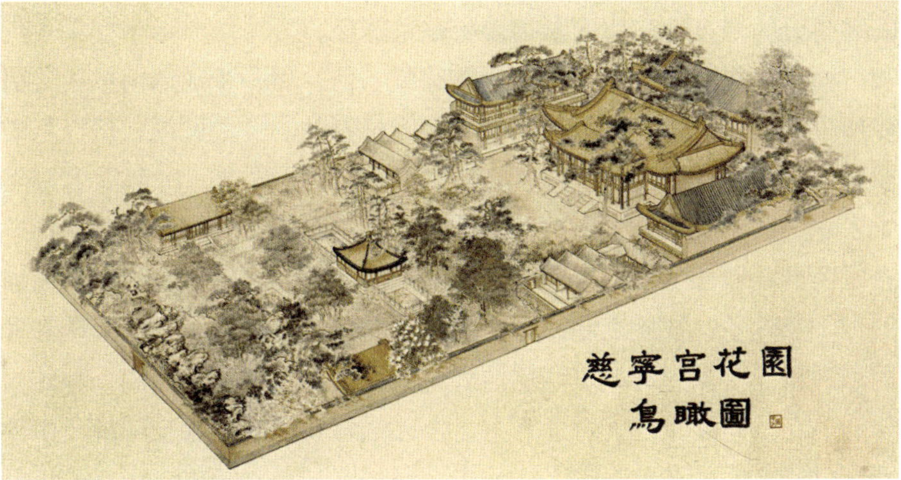

图 2-5　慈宁宫花园鸟瞰图。引自《紫禁城宫殿》

花园北部以五间歇山顶的咸若馆为正殿，前出三间抱厦，殿内供奉佛像；东西两侧分别建七间宝相楼和吉云楼，其中贮藏佛经；其南的含清斋和延寿堂相当于东西配殿，与咸若馆共同围合出第二进院落。最北端的五间慈荫楼则属于后罩楼的性质。

慈宁宫花园中不设任何游廊和隔墙，空间疏朗，前后贯通，格局很像一座佛寺园林。明清时期的太后、太妃大多崇信佛教，这座花园是她们重要的礼佛场所，其殿阁的名称均有佛教含义或祈求福寿的寓意。园中叠石和水池的尺度都很小，主要以参天的古树形成幽静的氛围，与紫禁城中其他花园相对拥塞繁密的风格明显不同。

三、建福宫花园

乾隆帝当皇子的时候曾经住在紫禁城内廷西部的西二所，继位后将西二所改建为重华宫，其西侧的西四所、西五所则被合并改建为园林式的建福宫。

建福宫分为东西两路，东路狭长，各进院落均不设厢房。南端为建福门，北为抚辰殿，再北为建福宫正殿，殿北院落中心建了一座体量较大的方形的惠风亭；亭北穿过一个垂花门，来到最后一进院子，院北是五间静宜轩，后面紧接着一座慧曜楼。

西路是花园的主体部分，比东路宽三倍，由一个随墙门进入。前院中央建造了一座方形平面的大型楼阁延春阁。登上此阁，可以鸟瞰紫禁城并眺望景山和北海琼华岛。阁西侧为凝晖堂，南部沿着院墙堆了一组假山（2-6），山上有积翠亭，左右有飞来峰和玉玲珑两块奇石。西侧贴墙建有曲尺形小轩玉壶冰。西路的北部被划分为东西并列的三个小院子，彼此之间以透空的游廊分隔。最北为三间吉云楼和九间敬胜斋。西侧另有一座两层的碧琳馆小楼，楼前叠小假山，种植桧树和兰花。乾隆年间，每逢正月，内廷经常在延春阁悬挂花灯，由皇帝亲自侍奉太后在此观赏。

图 2-6　隆裕太后与溥仪在建福宫花园假山前留影。引自《故宫珍藏人物照片荟萃》

建福宫花园中的殿堂收藏了很多古玩和书画，清朝覆亡后，被太监大量盗卖。1923年，逊帝溥仪想对建福宫的藏品进行详细盘查，结果夜里突发大火，将建福宫花园中主要建筑烧毁。1999—2005年，故宫博物院接受香港中国文物保护基金会的捐资，对建福宫进行全面复建，使得这座美丽的宫中花园重现于世。

建福宫花园的格局比较简单，东西两路各有中轴线，显得很规整，东路的殿、亭、轩、楼依次展开，造型不断变化；西路延春阁居于绝对的中心地位，其余的建筑大多沿着院墙布置，起到很好的呼应效果。全园没有任何水景，主要靠建筑和假山取胜，少量的花木起到穿插点缀的作用。

四、宁寿宫花园

宁寿宫位于紫禁城内廷东部，修建于乾隆三十六年至四十一年（1771—1776年），是乾隆帝预备自己退位后养老居住的一组宫殿，分为三路，中路布置养性殿、乐寿堂、颐和轩、景祺阁等殿堂建筑，东路设大戏楼畅音阁以及阅是楼、庆寿堂、景福宫等附属建筑，西路辟为独立的花园，又称乾隆花园。

宁寿宫花园东西宽37米，南北长达160米，分为五进院落，每个院落的面积相差不大，但空间形式各有特色（图2-7）。园门衍祺门内为第一进院，北为五间古华轩，因为院中的几株古柏而得名；庭院的东南西三面以假山围合，西侧为三间禊赏亭，前面伸出一间宛如方亭的抱厦，台基上刻出蜿蜒的流杯水渠，再现“曲水流觞”的历史典故；西北角有一座旭辉亭高居假山之上，这座建筑名字叫“亭”，其实是一座三间小轩。院子的东南角辟出另一个小院，其北侧为抑斋，又在西南游廊和东南小假山位置上各建了一个很小的方亭。

第二进院最为整齐，南设垂花门，北为五间遂初堂，东西各有五间厢房，以游廊串联为一体。院落近于正方形，空间比较疏朗，只在中央放置了一块湖石，并对称种植了几株花木。

第三进院中几乎没有空地，完全被一座大假山塞满了，山顶建造一

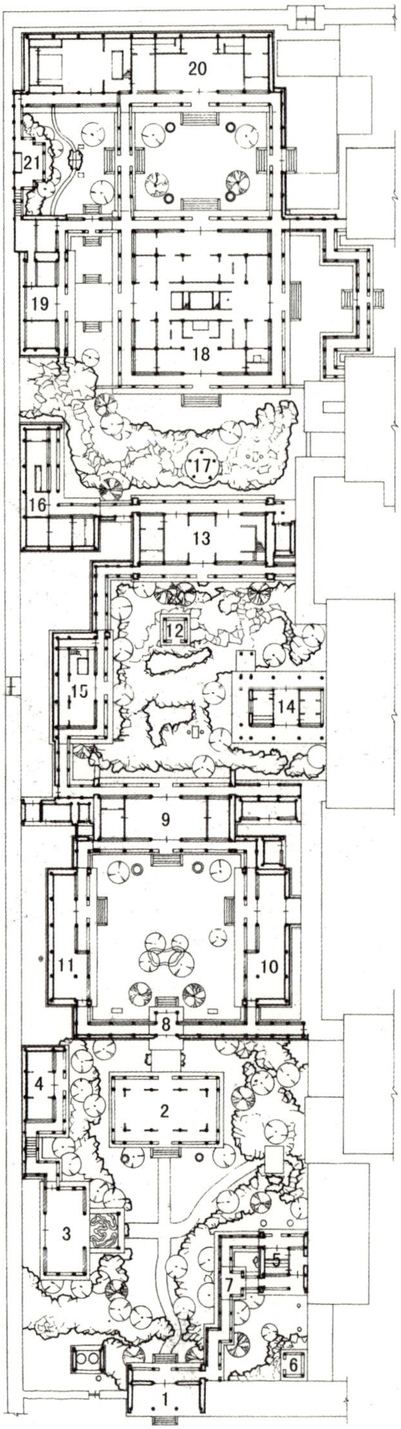

图2-7　宁寿宫花园平面图。引自《紫禁城宫殿》

1衍祺门　2古华轩　3禊赏亭　4旭辉亭　5抑斋　6撷芳亭　7方亭　8垂花门　9遂初堂　10东厢房　11西厢房　12耸秀亭　13萃赏楼　14三友轩　15延趣楼　16云光楼　17碧螺亭　18符望阁　19玉粹轩　20倦勤斋　21竹香馆

座方形平面的耸秀亭，山北为萃赏楼，西为延趣楼，东为三友轩，都被假山遮挡大半（图2–8）。山中隐藏着曲折的洞穴，好像是一个迷宫。

图 2–8　宁寿宫花园第三进院剖面图。引自《清代内廷宫苑》

最后两进院子明显模仿建福宫花园的西路格局。第四进院的主体建筑是方形平面的符望阁，二层五间，体量高大，造型与建福宫的延春阁基本一致，登上去同样可以远望周围风光。阁西为玉粹轩，阁南叠有一脉假山，山上建了一座造型奇异的碧螺亭。这座亭子的平面呈五瓣梅花的形状，构造十分精巧。第五进院用一道廊子分隔为东西两个小院，北面是九间倦勤斋，里面划分成若干小室，包括前厅、卧室、阁楼、戏台等，装修极为精致。

宁寿宫花园每个院子都有中轴线，但彼此并不完全重合，而且行进道路很曲折，所以虽然平面狭长而规整，却又具有明显的起伏变化，其间巧妙地点缀花木和庭石小品，比紫禁城中其他的花园都显得更灵活，达到了很高的艺术水平。园中的建筑形式非常丰富，高低错落，院落空间或宽敞，或幽闭，彼此形成鲜明的对比；假山体量偏大，显得有些拥挤，游者只能近距离仰视欣赏，或在假山内外穿越盘桓，才能体会其巍峨嶙峋之势。

第二节　景山

景山位于北京皇城北部的中轴线上，以一座大型土山为主景（图2-9），其位置应在当年元代大内宫城的范围内。有学者考证明代灭元后将其宫殿拆除，并在其旧址上堆叠了这座大假山以镇压前朝王气。也有学者认为此处早在金代时就是皇家园林北苑的一个组成部分，其中堆有小土丘，元代称之为“青山”，明代修建紫禁城和扩建

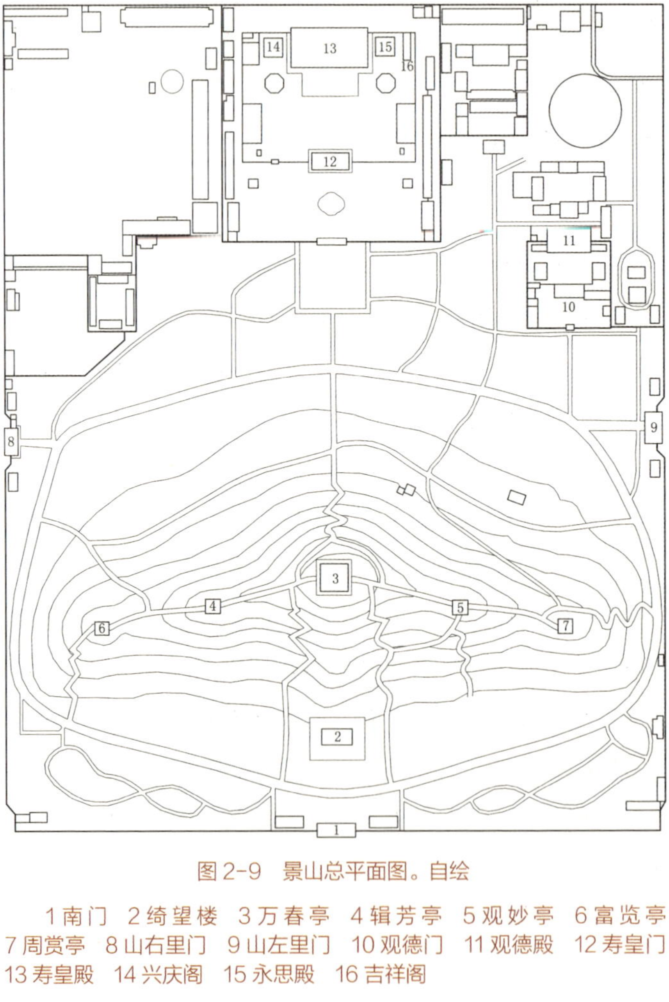

图 2-9　景山总平面图。自绘

1 南门　2 绮望楼　3 万春亭　4 辑芳亭　5 观妙亭　6 富览亭　7 周赏亭　8 山右里门　9 山左里门　10 观德门　11 观德殿　12 寿皇门　13 寿皇殿　14 兴庆阁　15 永思殿　16 吉祥阁

西苑期间将筒子河和南海中挖出的淤泥堆在青山上，加高加厚，形成今天所见的景山形象（图2–10）。

图2–10　景山西部旧影。引自《帝京旧影》

明代景山原名“万岁山”，传说一度在此堆放煤炭，因此又称“煤山”。清代顺治年间借用《诗经》中“陟彼景山，松柏丸丸”的典故命名为景山。御苑四面设门，正门北上门位于南侧，与紫禁城北面的神武门相对，门内庭院空旷，其北设两层三间绮望楼，倚靠于山坡南麓。

景山的东、西、北三面均有磴道可以拾级而上。山脊间突起五座山峰，乾隆年间在五峰上分别构筑了一座亭子，成为景山的标志。方形平面的万春亭位于中央最高处，体量最大，设三重黄色琉璃瓦屋檐，站在亭前，可以鸟瞰紫禁城全貌；两侧为观妙亭和辑芳亭，位置稍低，都采用双重绿色琉璃瓦屋檐和八角形平面；再两侧为周赏亭和富览亭，位置更低，分别采用双重蓝色琉璃瓦屋檐和圆形平面。这种五亭并峙的形式与北海五龙亭相似，但景山五亭依托山势而立，比水边的五龙亭气魄更大。当年每座亭子之中都放置了一尊佛像，光绪二十六年（1900年）被八国联军抢掠、破坏殆尽，只留下基座。山上古树繁茂，其中包含多株姿态优美的白皮松。东坡有一株歪脖子的古槐，传说是明代崇祯皇帝自缢之处，民国时期在此立“明思宗殉国处”纪念碑。

明代在景山下面种植了很多果树，称“百果园”。东北侧建寿皇殿和观德殿两组建筑群，格局相似，都在前面设牌坊式大门，内设正门和正殿，皇帝经常来此赏花、射箭。清代乾隆年间将寿皇殿整个院落迁移到景山的正北面，门墙之南设有三座大型牌坊，正殿模仿太庙大殿的规制，内部供奉历代清帝的画像。

景山的地位相当于紫禁城北侧的屏障，虽为人工堆造而成，却具有峻拔葱郁的山林气象。山峰上的五座亭子色彩华丽，造型丰富，主次分明，与北海的白塔一起成为北京皇城内最重要的景观标志。

第三节　西苑三海

北京西苑三海是中国现存历史最久远的皇家园林，其源头可以上溯到金代的离宫大宁宫。之后元代在此建大内太液池御苑，明清辟为西苑，不断重修扩建，拓宽水面。清代乾隆年间进一步明确分为南海、中海和北海三个相对独立的区域（图2-11），光绪年间又做过一次重修，光绪帝后来在南海瀛台驾崩。清朝灭亡后，1925年北海被辟为公园，中南海被北洋政府占为总统府，国民政府迁都南京后曾作为公园开放，1949年后成为中共中央、国务院驻地以及国家最高领导人的住所。

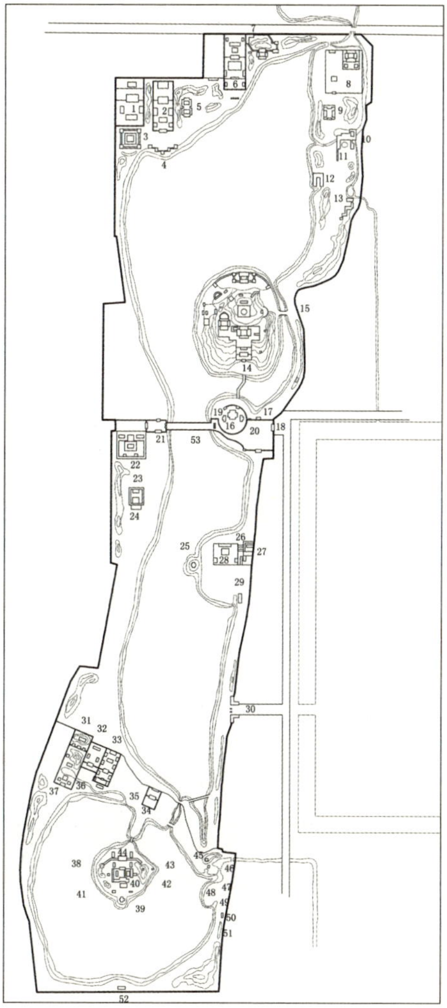

图2-11　清代西苑三海总平面图。根据《中国古典园林史》重绘

1万佛楼　2阐福寺　3极乐世界　4五龙亭　5澄观堂　6西天梵境　7镜清斋　8先蚕坛　9龙王庙　10古柯亭　11画舫斋　12船坞　13濠濮间　14琼华岛　15陟山门　16团城　17桑园门　18乾明门　19承光左门　20承光右门　21福华门　22时应宫　23武成殿　24紫光阁　25水云榭　26千圣殿　27内监学堂　28万善殿　29船坞　30西苑门　31春藕斋　32崇雅殿　33丰泽园　34勤政殿　35结秀亭　36荷风蕙露亭　37大圆镜中　38长春书屋　39迎薰亭　40瀛台　41涵元殿　42补桐书屋　43牣鱼亭　44翔鸾阁　45淑清院　46日知阁　7云绘楼　48清音阁　49船坞　50同豫轩　51鉴古堂　52宝月楼　53金鳌玉蛴桥

一、南海

南海水面最小，近于圆形，中央岛屿名为瀛台，取东海仙山瀛洲之意，设长桥与北岸相通。岛上建造了一组华丽的宫殿建筑，坐南朝北，最北为仁曜门，门内为七间翔鸾阁，东西两翼设有长楼。再南过涵元门，门内为瀛台正殿涵元殿，清代皇室经常在此举办典礼和筵宴活动。殿南紧接一座两层的蓬莱阁，二者合为一体。东西两侧为庆云、景星二殿。再南为后殿香扆殿，最南端的迎薰亭则凸于水面之上，成为这条南北中轴线的终点（图2-12）。瀛台这组殿宇格局紧凑，室内陈设精美，宜于生活。东面的水上还有一座六角形的牣鱼亭，其名出自《诗经·大雅》中对周文王灵台的赞美之词“王在灵沼，于牣鱼跃”，意思是明君在位而民欢鱼跃。

图2-12　南海迎薰亭。引自《帝京旧影》

南海和中海之间有一道堤坝，清代康熙年间在堤上建造了一座勤政殿，作为皇帝驻跸西苑期间主要的理政殿宇，殿北侧为德昌门。南海的西北岸建有丰泽园建筑群，明代和清代初期均在这一带设有御田，由皇帝亲自来此表演躬耕之礼。丰泽园内的正殿惇叙殿在光绪年间改名为颐年殿，民国时更名颐年堂，袁世凯曾在此办公，1949年后一直用作会议厅。颐年堂东侧跨院菊香书屋曾经是毛泽东主席的住所。丰泽园西侧有荷风蕙露亭、静谷、崇雅殿、静憩轩、怀远斋、纯一斋等景致，其中静谷假山为清初造园大师张然所叠，清幽典雅，别有一番天地，山间设有爱翠楼、植秀轩，与竹柏相伴。南海东岸有云绘楼、清音阁、大船坞、同豫轩、鉴古堂等建筑，掩映在茂盛的林木之中。

清代康熙年间在南海北岸东侧明代乐成殿的旧址上建造了一个园中园，定名为“淑清院”，旁边就是西苑三海的出水口。院内辟东西二池，以假山相隔，因为水位存在落差，声如奏乐。池边一座方亭，亭内基座上凿流杯渠，与紫禁城宁寿宫花园褉赏亭性质类似，取名为“流水音”（图2-13）。

图2-13 南海流水音。引自《帝京旧影》

乾隆时期在南海的南岸紧邻西长安街的位置修建了一座宝月楼，传说是当年来自新疆的维吾尔族美女香妃的居所，民国初期改称新华门，成为中南海的新大门。

二、中海

中海是一片狭长的水面，岸边建筑较少，元代太液池中的小岛犀山与东岸相连，成为半岛，西侧水面之上建了一座水云榭，其东有万善殿和千圣殿两座殿宇。西岸有大片空地，辟为射苑，可在此跑马射箭，其中建有平台圆殿，以作观射之用，乾隆年间将此台改建为紫光阁。中国古代有在宫苑楼阁中陈列功臣画像的传统，例如汉代的云台和唐代的凌烟阁，清代紫光阁继承旧制，也在阁内悬挂了许多功臣画像。同时紫光阁还是赐宴外藩王公和属国使节的地方，有时在阁前搭建大蒙古包，把草原特色引入西苑（图2-14）。紫光阁的北面是时应宫，供奉龙王。

图 2-14　清代宫廷绘画《紫光阁大蒙古包赐宴图》。引自《清代宫廷绘画》

中海西岸有一组宫殿院落，其正殿仪銮殿曾是慈禧太后的寝宫。

光绪二十六年（1900年）八国联军侵华，联军统帅部驻扎于此，发生火灾，将仪銮殿烧毁。后来清廷在此重建了一座西洋风格的海晏堂，模仿圆明园西洋楼中的海晏堂，主要用来接待西方各国的女宾。这座建筑在民国时期更名为居仁堂，曾用作袁世凯的居所，1949年后拆除。

三、北海

北海是西苑三海的精华所在，水面比南海和中海略大，景致丰富得多（图2-15）。清代皇室冬季经常在北海结冰的水面上举行“冰嬉”，类似今天的滑冰游乐活动。

图2-15 西洋画家笔下的北海琼华岛。引自《京华遗韵：西方版画中的明清老北京》

北海与中海之间以一道长桥分隔，桥东西两端各立一座牌坊，东为金鳌，西为玉蛛。“鳌”是传说中海中的大龟，佛殿中的观音菩萨经常站立在鳌山上；“蝀”指彩虹。这两个牌坊的匾额暗示三海是仙境的化身。东南岸的团城本是元代太液池中的小岛圆坻，底部为圆形高台，台上围合一圈圆形平面的游廊，中央在元代仪天殿旧址上建有一座承光殿，殿前古松蟠然，南侧有一个石亭，里面放置着元代的大玉瓮，名叫“渎山大玉海”，据说装得下三十多石酒。承光殿周围另外还有一些殿堂和亭子，起衬托的作用。

琼华岛是北海的核心景观，位于水面东南部，南侧和东侧以石拱桥分别与团城和东岸相连。金代曾经在岛中央山顶位置建了一座广寒殿，清代顺治年间改建了一座白色的喇嘛塔，南侧紧邻着一座善因殿。塔底部设汉白玉台基，塔身通体洁白，顶带宝刹，造型流畅，成为整个北海的标志建筑。

岛的南坡比较平缓，以一条长长的石拱桥与对岸连通。山上设置了一座永安寺，分为三层台地，从南向北依次为山门、法轮殿、正觉殿和普安殿，格局很规整。寺院西侧有一个静憩轩小院，再西是一个稍大的院子，北为庆霄楼，南建悦心殿，殿前的平台是冬天欣赏冰雪之景的佳处。

岛东坡距离对岸很近，观景视野较为狭窄，未做重点处理，山脚下前临牌坊，山上种满树木，白塔浮在郁郁葱葱的树梢之上。林间掩藏着一个半月形的高台，台上建了一座智珠殿。

北坡下缓而上陡，在土山上叠置了很多石头，形成丰富的冈峦洞穴效果。山脚位置修建了形如长弓的延楼，延楼的东西端头各建一座城关，东为倚晴楼，西为分凉阁，延楼后面的山坡上紧接着布置了远帆阁等多座建筑。在一个小山峰上砌筑高台，上面竖立了一个铜铸的仙人，高高推举着承露盘，面北而立。其西有一个长方形小水池，池中放置了三块造型独特的石头，象征着海上三仙山，成为缩微型的“一池三山”小景。附近另有一个长方形的水池，乾隆十八年（1753年）在池上修建了一座八角形平面的烟云尽态亭，屋顶、梁枋和柱子全部以汉白玉雕成，上面镌刻着乾隆帝26首御制诗。西北侧湖畔建有一座半圆形平面的阅古楼，楼内墙面上镶嵌着495块《三希堂法帖》，堪称一座书法博物馆。

岛西坡比较陡峭，中间依次布置临水码头、琳光殿和甘露殿，庭院中长满花木。甘露殿之东的水精域围合在一个半圆形的院落中，偏南处有一个小水池，与岸边曲尺形的蟠青室相依。

从水上和陆上的不同方向来看，琼华岛四面景致各异，又同以纯净的白塔为中心，绿荫中透出殿堂亭轩的黄色琉璃瓦屋顶和红柱彩梁，加上天光云影的映衬，成为绝妙的立体画卷。

北海东岸300多米长的地段上断断续续堆了一脉土山，由南至北在山上构筑曲折的爬山游廊，串联云岫厂、崇淑室和濠濮间三座小轩，濠濮间北侧直接依临一个水池，池上跨着曲桥，桥北端还建了一座石牌坊。在山冈间穿行，可来到一个游廊环抱的水院，正堂画舫斋前后都伸出抱厦，南临水池，看上去略有一点画舫的趣味。东北侧另辟一个古柯亭，以弧形游廊围合成不规则的院落，小巧别致，其中有一株古槐传说是唐代的遗物。画舫斋北面是龙王庙，再北侧的先蚕坛建于乾隆初年，是清代皇后、嫔妃亲自养蚕和祭祀蚕神的地方，与北京外城中皇帝亲自耕地的先农坛遥相呼应。先蚕坛院内设有祭坛、桑园以及蚕房、洗蚕池、亲蚕殿、神厨等建筑。

北岸地势平坦而开阔，建筑体量相对较大。偏东位置的镜清斋后来更名为“静心斋”，由四个院落组成，一大三小，每个院落都以水景为主，却又显示出不一样的妙处。南侧中间的小庭院形态规整，园内完全被方形水池占据，北为五间正堂，与两侧游廊相连。东西两院的南面都筑有弧形的院墙，院内均以一汪小池为中心。东院格局简单，西院稍显复杂，而且还在池上架设了曲桥。北面的院子面积最大，四面以曲折起伏的长廊围合，西北两侧堆叠了一座大型湖石假山，与水池相依，凹凸嶙峋，浑朴厚重，是皇家园林叠石中的上品。假山西北角上的最高位置建叠翠楼，东南山脚处建罨画轩，西南山腰处有一座八角形的枕峦亭，彼此相望，鼎足而三，尽显错落之态。水池驳岸蜿蜒，东西两端各系一座石桥，中间位置以水榭沁泉廊横跨在水上，将整个水面划分成四块，层次丰富，使得空间感觉更加深远。

这座园中园吸取了江南园林的一些特色，很有小中见大、宁静幽雅的意境。清末慈禧太后曾经下旨以紫光阁为起点、镜清斋为终点，沿着北海西岸修筑了一条小铁路，往来更加方便，但是不久又拆除了。

镜清斋西侧的西天梵境是一组佛寺，又称“大西天”，南侧建琉璃牌坊华藏界，北面按照明清时期佛寺的典型布局依次布置山门、天王殿、钟鼓楼、大慈真如殿。后院门名为“华严清界”，门内建重檐八角亭，亭中藏有一座八角形的石塔，塔上镌刻七世佛的造像。亭北为高大的琉璃阁，四周外壁布满了五彩琉璃雕饰而成的佛像和各种花草图案，绚丽至极（图2-16）。

图2-16　西天梵境七佛塔亭与琉璃阁。引自《帝京旧影》

西天梵境西侧有一座大圆镜智宝殿，殿前竖立一座五彩琉璃制成的九龙壁，极为绚丽。再西的澄观堂院落两侧游廊的后壁上镶嵌《快雪堂帖》法书刻石，又名“快雪堂”，院内堆叠大假山。

西北角位置一组佛寺称“小西天”，其南的极乐世界大殿采用正方形平面，体量高大，殿内藏有模仿南海普陀山的大型泥塑，南、西、东面各建一座琉璃牌坊，非常华丽。东侧的阐福寺是另一座大型佛寺，分设三进院落，前设三座并列的砖砌拱门，红墙间设有黄绿色琉璃装饰，门内为五间天王殿，其北的正殿万佛楼是一座三层楼阁，模仿河北正定龙兴寺大佛阁，在殿内供奉三尊巨大的佛祖塑像。

明代嘉靖年间在北海北岸临水构筑了五座亭子，合称“五龙亭”，中央的龙潭亭最大，采用重檐形式，其下檐为方形，上檐为圆形；两侧的澄祥亭和涌瑞亭，尺度略小，分上下两重方檐；外侧两边的滋香亭和浮翠亭尺度最小，均为单层檐。

综合来看，西苑三海的水面既表现出不同的形态，彼此又纵贯浑融为一个和谐的整体，主要的景观分布在水中岛屿和四周岸边，以成组的殿堂轩榭与佛寺相互穿插辉映，其间点缀多座色彩艳丽的牌坊，假山和植被则起到很好的烘托作用，既凸显了水面的深远浩渺，又渲染出建筑的端庄华美，其景致变化多端，尤其适合在水上泛舟游览。园内自金代以来的历次扩建重修，成功地延续了“仙山琼阁”的主题，堪称北京城内艺术水平最高的御苑杰作。

第四节　圆明三园

圆明园位于北京西郊海淀挂甲屯以北地段，原本是康熙帝第四子胤禛的藩邸赐园，始建于康熙四十六年（1707年）。胤禛继位为雍正帝后，在原有基础上大加扩建，构筑了一座庞大的离宫御苑，从雍正三年（1725年）开始在此园居理政。乾隆帝即位后，两次对圆明园进行了大规模的添建和改建，并先后在东侧和东南侧开辟了长春园和绮春园，又将绮春园以东的熙春园和长春园以北的春熙院纳为附属园林，形成“圆明五园”的格局，设圆明园总管统一管理。

嘉庆年间对绮春园做了进一步的扩建和改建，使得圆明园达到最鼎盛的境地。嘉庆七年（1802年）和道光二年（1822年），春熙院和熙春园被分别赐予庄静固伦公主和惇亲王绵恺，“圆明五园”就此变成了“圆明三园”。道光、咸丰年间对圆明三园仍有局部的增建、改建和修整，但规模相对较小。咸丰十年（1860年）圆明三园惨遭英法联军焚掠，同治、光绪年间清廷均曾计划重修，但因为耗费过大而中止。三园此后又历经各种劫难，最终彻底沦为废墟，被视为中国近代历史的国耻纪念地。

圆明、长春、绮春三园以倒“品”字形彼此相连，总面积350公顷（图2-17）。三园外围宫墙总长达10公里，设有19座园门，园内通过山丘、水系、游廊、围墙的分隔，形成各有主题意趣的不同景区，相当于若干园林的集合体，因此被称为“万园之园”。其中修造大小建筑群总计120余处，主要以厅堂楼榭等游赏性的景观建筑为主，同时拥有相当数量的宫殿、居所、佛寺、祠庙、戏楼、市肆、藏书楼、陈列馆、船坞等特殊性质的建筑，类型极为丰富，全面展现了清代皇家文化的丰富多彩和宫廷匠师的非凡智慧。

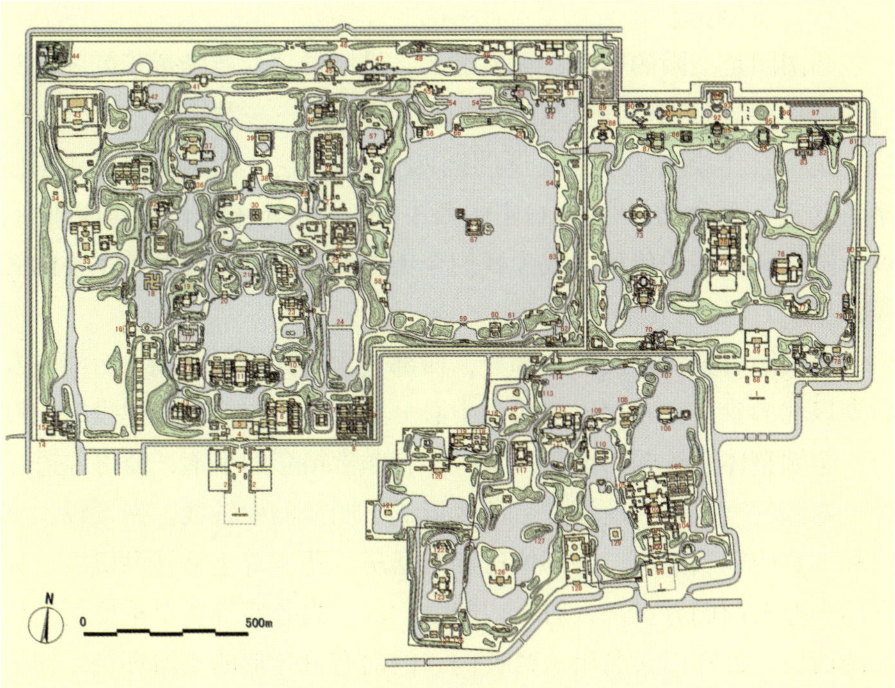

图 2-17　圆明三园总平面图。自绘

（一）圆明园：1 照壁　2 朝房　3 圆明园大宫门　4 出入贤良门　5 正大光明　6 勤政亲贤　7 洞天深处　8 福园门　9 如意馆　10 镂月开云　11 九洲清晏　12 茹古涵今　13 长春仙馆　14 藻园门　15 藻园　16 山高水长　17 坦坦荡荡　18 万方安和　19 杏花春馆　20 上下天光　21 慈云普护　22 碧桐书院　23 天然图画　24 九孔桥　25 曲院风荷　26 同乐园　27 买卖街　28 坐石临流　29 舍卫城　30 澹泊宁静　31 映水兰香　32 武陵春色　33 月地云居　34 刘猛将军庙　35 日天琳宇　36 汇万总春之庙　37 濂溪乐处　38 水木明瑟　39 文源阁　40 西峰秀色　41 多稼如云　42 汇芳书院　43 鸿慈永祜　44 紫碧山房　45 鱼跃鸢飞　46 大北门　47 北远山村　48 若帆之阁　49 武圣祠　50 天宇空明　51 蕊珠宫　52 方壶胜境　53 三潭印月　54 大船坞　55 四宜书屋　56 平湖秋月　57 廓然大公　58 澡身浴德　59 夹镜鸣琴　60 广育宫　61 南屏晚钟　62 别有洞天　63 接秀山房　64 涵虚朗鉴　65 藏密楼　66 双峰插云　67 蓬岛瑶台

（二）长春园：68 长春园大宫门　69 澹怀堂　70 茜园　71 思永斋　72 小有天园　73 海岳开襟　74 含经堂　75 淳化轩　76 玉玲珑馆　77 映清斋　78 如园　79 鉴园　80 大东门　81 七孔闸　82 狮子林　83 丛芳榭　84 转湘帆　85 泽兰堂　86 宝相寺　87 法慧寺　88 谐奇趣　89 黄花阵　90 方外观　91 海晏堂　92 观水法　93 大水法　94 远瀛观　95 线法山　96 螺蛳牌楼　97 方河　98 线法墙

（三）绮春园：99 绮春园大宫门　100 迎晖殿　101 中和堂　102 敷春堂　103 东二所　104 东南所　105 蔚藻堂　106 凤麟洲　107 浩然亭　108 涵秋馆　109 展诗应律　110 庄严法界　111 生冬室　112 春泽斋　113 会心处　114 松风萝月　115 喜雨山房　116 知乐轩　117 四宜书屋　118 延寿寺　119 清夏斋　120 含晖楼　121 招凉榭　122 绿满轩　123 畅和堂　124 河神庙　125 惠济祠　126 澄心堂　127 湛清轩　128 正觉寺　129 鉴碧亭

一、圆明园

圆明园是三园的核心，规模最大，景区最多。乾隆帝于乾隆九年（1744年）钦定了著名的“圆明园四十景”并一一题诗，宫廷画家唐岱、沈源合作绘制了一套《圆明园四十景》。这套图画当年被法国侵略者劫走，至今仍保存在法国国家图书馆。此外还有若干其他图画、设计图样和老照片传世，成为我们今天领略昔日圆明园胜景主要的图像依据。

圆明园可分为东西两大部分，西部包含宫廷区、前湖、后湖以及后湖以北的景区，东部以福海为中心分布若干景点。由于建设时间漫长，全园整体性较弱，但每一景区都有非常精彩的手笔，值得称道。

西部的宫廷区和前湖、后湖区形成了明显的中轴线。南端设大宫门和二宫门以及朝房、各部值房和茶膳房、药房等生活辅助机构。大宫门内左右两侧分设宗人府、内阁、六部、内务府等各个重要衙门机构的值房。二宫门又名出入贤良门，门前有月牙形的小河环绕，河上架设了三座石拱桥，宫廷侍卫经常站在桥上表演射箭，皇帝在旁边观看。出入贤良门内的七间正殿名为正大光明殿，是四十景中的第一景，也是圆明园中最重要的朝会空间，地位相当于紫禁城的太和殿，皇帝园居期间，照例在此举行万寿节朝贺庆典、臣藩筵宴和科举考试。殿左右各有五间配殿，东侧设游廊而西侧不设，特意表现出不完全对称的形式。殿北以剑石叠成大假山寿山，形如屏风。

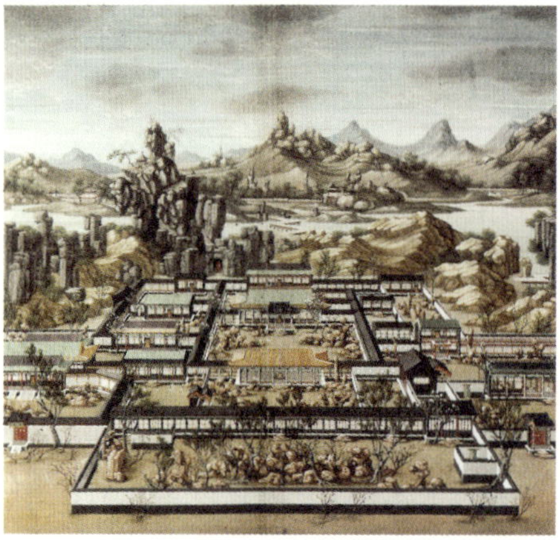

图2-18　勤政亲贤。引自法国国家图书馆藏 *Garden of Perfect Brightness*

正大光明殿的东侧是勤政亲贤景区（图2-18），由四组并列的院落组成。最西为五间勤政殿，前出三间抱厦，室内分隔复杂。清帝园居期间，一早就在此批阅奏折、接见大臣，到中午才休息。勤政殿的东面布置飞云轩、怀清芬、秀木佳荫、生秋庭等建筑，皇帝有时在这里进早膳或办公。再东的一组庭院空间开阔，院里点缀了很多精美的山石，其中前殿为芳碧丛，主殿为保合太和殿，造型类似紫禁城的养心殿，也是皇帝的办公场所，偶尔兼作寝宫。殿后有一座富春楼，与保合太和殿之间以平台游廊相接，形成“工”字形格局。

正大光明殿后有一片湖面，称作前湖，湖北岸即为九洲清晏景区，由东、中、西三路复杂的庭院组成，是清帝和后妃生活起居的主要场所。中路沿中轴线坐落着圆明园殿、奉三无私殿、九洲清晏殿三座殿宇，其中圆明园殿面阔五间，曾经是雍正藩邸赐园时期的正殿，后来改作九洲清晏景区的门殿；奉三无私殿是举办宗室筵宴的场所，两侧建有东西佛堂，作为皇帝的拈香之处。九洲清晏殿面阔原为七间，其北带有五间抱厦，为清帝在圆明园最主要的寝殿，道光年间失火被毁，重建后改为五间殿宇；其东侧的跨院中有三间皇后殿，距离皇帝寝殿很近。东路是嫔妃生活区（图2-19），从南至北依次布置宫门、天地一家春正殿、七间后殿和十五间泉石自娱殿，咸丰年间慈禧太后做懿妃时就住在正殿中。西路主要构筑了一些书斋和楼阁，道光十一年（1831年）在此改建了一座三卷五开间的慎德堂，室内布局如迷宫一般复杂，之后道光、咸丰二帝就以此为常住的寝殿。九洲清晏景区承载着帝后的日常

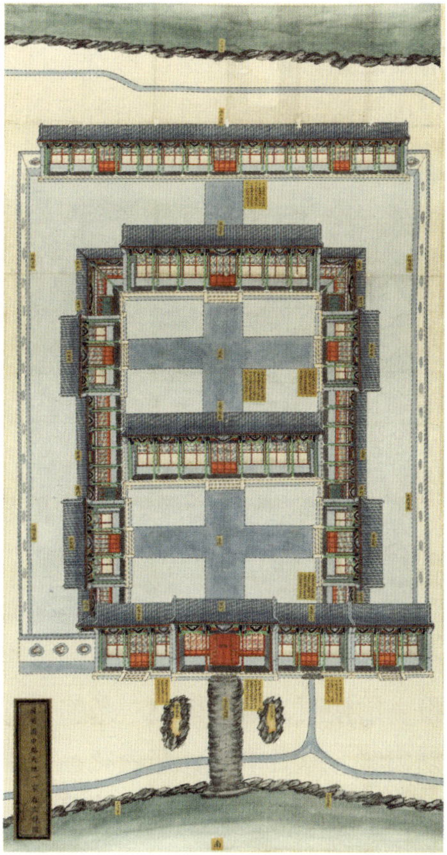

图 2-19　九洲清晏东路建筑立样图。清华大学建筑学院藏

生活，改建最为频繁，反映了不同时期统治者的个人偏好。

正大光明殿的西侧是长春仙馆，雍正时期皇子弘历曾经在此居住，弘历继位为乾隆帝后将这里改为太后寝宫区。整个景区由较为灵活的院落并联而成，东路设三开间的门殿、五间正殿和五间后殿绿荫轩。西侧院落的前面为三卷殿墨池云，后面为随安室，乾隆帝当皇子时、嘉庆帝做嗣皇帝时都曾在此居住。再西的院落南有含碧堂，堂后为林虚桂静，东面曾有一个名叫抑斋的小阁，用作书屋。

九洲清晏北面的一大片水面是后湖，湖沿岸环列九岛，除了九洲清晏之外，还有镂月开云、天然图画、碧桐书院、慈云普护、上下天光、杏花春馆、坦坦荡荡、茹古涵今八景。这些景致大多在康熙年间就基本建成，雍正继位后另加扩建。镂月开云原名牡丹台，位于九洲清晏之东，前殿梁架以珍贵的楠木建成，屋顶铺设蓝绿两色琉璃瓦，周围培植几百株牡丹，灿若云霞。康熙六十一年（1722年）雍亲王胤禛曾经侍奉康熙帝亲临此处赏花，见到皇孙弘历，祖孙三代天子会聚一堂，传为佳话。镂月开云的北面是天然图画，原名竹子院，岛南部开辟了一个水池，池中又筑两个小岛，北部的庭院中种植了大片的竹林，青翠幽雅；为了纪念皇室家族五世同堂，乾隆帝特意将南侧的殿宇题名为“五福五代堂”。再北为碧桐书院，原名梧桐院，在四面土山围合之中错落布置几路庭院，院中高大的青桐枝叶繁茂，绿荫满庭。慈云普护位于后湖东北，原名涧阁，北侧山湾内建造了一座三层八角形平面的楼阁，第二层南面悬挂了一座西洋进口的“时时如意”大自鸣钟，每逢报时，丁零作响；其南临水设昭明宇宙楼，楼上供奉观音大士，底层祭祀关帝；再南面西设有一座如祈应祷龙王殿，最南为欢喜佛场，分别供奉龙王和佛祖。慈云普护之西为上下天光，临水设二层楼阁，水上架设一条曲折的长桥，宛如长蛇。杏花春馆位于后湖西北，原名菜圃，在杏花丛和菜地周围散落着竹篱茅舍，表现出一派乡村野景的面貌。坦坦荡荡在杏花春馆之南，原名金鱼池，辟有一个方形的水池，四面以汉白玉栏杆围合，池中建水榭、方亭和平桥，池中堆叠山石，畜养很多珍贵的金鱼，清帝经常在清晨时分来此喂鱼取乐。茹古涵今（图2-20）位于后湖西南，由三路院落组成，中路北侧建有一座正方形平面的两层楼阁韶景轩，体量宏伟，庭院中种了很多珍稀花卉。

勤政亲贤东侧的洞天深处是皇子的生活区，分为东西两部分，东面以“田”字形平面布置四所庭院，整齐划一，分供各位年幼皇子居住；西面的建筑用作皇子读书处，其间流水穿插，亭台交错，颇有意趣。

图2-20 清代张若霭绘圆明园茹古涵今景象。故宫博物院藏

后湖以西有大片空地，东侧堆筑山阜，西侧长河纵贯，在此设有山高水长一景，作为清帝骑马、射箭的场所。主体建筑是二层七间的山高水长楼，每年正月十五前后，在楼前搭建大蒙古包，场景类似避暑山庄万树园，同时还摆设花灯，燃放烟火，大摆宴席，举行各种娱乐表演，蒙古王公、外国使节以及朝廷重臣欢聚一堂，是清廷最重要的节日仪典之一。山高水长西南的藻园是一个独立的小园，建筑密集，其中设有船坞。

后湖之北散布着万方安和、武陵春色、月地云居、濂溪乐处、水木明瑟、日天琳宇、汇芳书院等景区，水面以分散为主。万方安和是一座“卍”字形的建筑，居于水面之上，以独特的平面形式寓意“天下太平”。武陵春色再现了东晋陶渊明《桃花源记》中的世外桃源之景，平时需要乘船沿着桃花夹岸的溪流，穿过一个8米深的石洞才能进入其中，见到朴素的农家小院，体验壶中天地的乐趣。武陵春色西侧的月地云居又名清净地，是一座大型佛寺，南设山门，门内左右为钟鼓楼，正中位置建正方形平面的重檐攒尖顶大殿妙证无声，殿后以两座八角形坛殿供奉密宗佛像和金刚像，之北为后殿，最北为后楼藏经阁。月地云居西北的鸿慈永祜又名安佑宫，与景山寿皇殿一样属于皇室祖庙性质，格局端严，殿堂高峻，红墙黄瓦，古柏森森，与圆明三园其他建筑风格差异很大，正殿九间，采用重檐歇山顶，其中供奉历代清帝画像，后世皇帝园居期间定期来此参拜。安佑宫东侧设汇芳书院，其东建有一座弧形的眉月轩，造型很特别。汇芳书院东北的多稼如云拥有大片的荷塘和稻田，极有田园风味。汇芳书院南侧的日天琳宇又名佛楼，并列设置了四组殿宇，西部三路主要供奉佛像，同时还祭祀玉皇大帝、关帝和太岁，最东一路的瑞应宫供奉龙王和雷神。日天琳宇东面的濂溪乐处在一片圆形池塘中堆筑一岛，岛上建前殿慎修思永和后殿知过堂，东侧水面上浮起一个游廊环绕的跨院，夏日池中荷花盛开，香气四溢（图2-21）。乾隆年间在池南岸增建了一座汇万总春之庙，俗名花神庙，格局模仿杭州西湖花神庙。

图2-21　濂溪乐处旧照。引自《圆明园旧影》

往北有多处空地开辟了稻田，其间建造了一座“田”字形的建筑，俗称“田字房”，景名为“澹泊宁静”。其西的映水兰香设有观稼轩、稻香亭、多稼轩，都以农田为主题。其北的水木明瑟临水建平台，曲池中畜养游鱼。雍正年间另在一条溪流上建造了三间风扇房，室内以西洋水法装置推动翎毛风扇，可供皇帝在此纳凉避暑。水木明瑟北面的庭院中建有藏书楼文源阁，与紫禁城文渊阁、避暑山庄文津阁一样，都以宁波天一阁为蓝本，采用两层六开间的形式，院中辟水池，池中央竖立了大型湖石岭峰。

曲院风荷位于后湖东侧，南部辟为大片水面，水中遍植荷花，中央横亘一座九孔长桥，桥东西两端各竖一座牌坊，北面小岛上布置一组建筑。后湖的东北侧为坐石临流景区，范围较广。雍正年间仿浙江绍兴兰亭在西部蜿蜒曲溪之上修建了一座重檐方亭，乾隆年间改建为八角形的石柱亭，每根柱子上分别刻有《兰亭序》或《兰亭诗》的一种摹本；东部设有同乐园大戏楼，主体建筑清音阁共分三层，用作戏台，阁北为观戏殿，是清帝与后妃、大臣看戏的场所。大戏楼西侧有一条长长的买卖街，两边设有各种店铺，吃喝穿用应有尽有，每逢正月十五前后开市，以太监扮演店员，皇帝、嫔妃和宠臣光顾购物，热闹至极；其北的舍卫城是一座大型佛寺，仿《金刚经》中提到过的古印度舍卫国，四周建城墙，南北西三面建城门，格局严谨，中轴线上布置寿国寿民殿、仁慈殿和普福宫。舍卫城北侧的西峰秀色在一个大岛上布置格局灵活的大小院落，西路含韵斋是一座三卷建筑，北面临水建有长长的船房岚镜舫，与跨水敞厅花港观鱼相接；西面对岸假山耸秀，形如江西庐山，称“小匡庐”，以西洋水法引水形成瀑布。

圆明园的北部以虎皮石墙分隔出狭长的一区。西北角堆有全园最高的假山紫碧山房，象征着昆仑山。西峰秀色之北的鱼跃鸢飞景区跨水建造了一座正方形平面的楼阁，与长河、村舍、林木相依，景致富有生气。鱼跃鸢飞东侧的北远山村在河两岸设有鳞次栉比的村舍，以北部的大片稻田为背景。再东的若帆之阁以楼阁、耕云堂、碧澜亭等建筑临水而居，其东数十步另建武圣祠和土地庙。东北角的小景区名为天宇空明，南临河流，北倚园墙，登上其中的清旷楼，可以俯瞰园外的大片农田。

圆明园东部的大湖形状接近正方形，水波澄净，象征着东海，定名为“福海”，湖中央筑有三岛，一大二小，形成模拟海上仙山的蓬岛瑶台之景。福海周围散布着平湖秋月、涵虚朗鉴、接秀山房、别有洞天、夹镜鸣琴等景区，彼此各据水面，岗阜回萦，形状曲折。北岸的平湖秋月北依土山，南接福海，松散地点缀了一些楼阁、水榭、亭轩，其中有一座重檐方亭高居石台之上，悬挂“双峰插云”匾额。涵虚朗鉴位于福海东北岸，建筑疏朗，南端有一座三间小轩面西而立，悬“雷峰夕照”匾额。涵虚朗鉴以南为接秀山房，嘉庆年间在南部改建了一座三卷五间大厅观澜堂，道光帝特别喜欢这座建筑，后来在九洲清晏景区模仿此堂形制建造了寝宫慎德堂。福海东南岸的别有洞天又名秀清村，围绕着曲折的水面布置各种形式的建筑，竭尽错落之势，很有江南山村水乡的韵味，雍正帝在位时曾经在此秘密烧制丹药，乾隆时期在此建造了一座石舫，至今基座犹存。夹镜鸣琴位于福海南岸，主体建筑是一座亭桥，南北两侧临水，如夹明镜之中；其东侧山巅建有一座广育宫，坐南朝北，正殿供奉主生育的女神碧霞元君，宫中的后妃、公主经常来此祭拜求子。福海西南岸的澡身浴德临水设有几组建筑，格局分散，每年五月端午节期间，福海中照例举行龙舟表演，清帝经常光临本景区的澄虚榭和望瀛洲亭观赏龙舟。澡身浴德北面的廓然大公景区规模较大，中央辟有形态近方的水池，池南建廓然大公正堂和双鹤斋，与大片柳树相依，池东的方亭采芝径中供奉吕洞宾和柳仙、仙童，池北模仿无锡寄畅园堆叠假山，山下点缀峭茜居、妙远轩，池西有规月桥、澹存斋、静佳轩（图2-22）。

涵虚朗鉴的北侧是方壶胜境，其名源自东海三山中的方丈，规模宏伟，由9座重檐楼阁和3座重檐亭子组成“山”字形平面，屋面铺设黄、蓝、绿各色琉璃瓦，梁枋彩画绚丽，下部砌筑汉白玉栏杆和台

图 2-22　廓然大公烫样。故宫博物院藏

基，恍若琼楼玉宇，是圆明三园中最华丽的一组建筑；东侧的蕊珠宫是一个独立的院落，用作临时寝宫；西侧建有三潭印月小景区，以游廊串联一组建筑，水中仿杭州西湖筑有三座小石塔。四宜书屋景区位于三潭印月之西、平湖秋月之北，格局简单，乾隆二十年（1755年）遭遇火灾。乾隆帝南巡后下旨在此改建了一座安澜园，格局模仿浙江海宁陈氏园，其东设有两座大型船坞，用于贮藏各式游船。

二、长春园

圆明园东侧的长春园建于乾隆十年（1745年）至乾隆二十四年（1759年），主体部分以洲、岛、桥、堤将一个大水域划分为若干水面，建有澹怀堂、含经堂、淳化轩、玉玲珑馆、思永斋、海岳开襟、茜园、如园、鉴园、狮子林诸景，山水建筑彼此呼应，浑然一体。

长春园南侧建有宫门，其北设有一道牌坊门，门内建五间正殿澹怀堂，尺度明显小于圆明园的正大光明殿，东西设配殿各五间，殿后建有一座方形的众乐亭。此堂是清帝赐宴外藩王公的另一处重要场所。

含经堂位于长春园中央位置，是全园规模最大的一组建筑，也是乾隆帝精心打造以备退位后养老闲居的寝宫，地位类似紫禁城中的宁寿宫。此组建筑采用东、中、西三路并列的格局，中路南侧设五间宫门，门前竖立三座牌楼，门内为七间含经堂正殿，原为单檐歇山顶，后来改成重檐歇山顶，等级很高。殿后含经堂的形制与紫禁城宁寿宫的乐寿堂很相似，面阔七间，进深三间，室内设有东西暖阁和二层仙楼。轩前庭院中布置取自太湖的奇石和移自天台山的奇松，还有两株梅花，直接栽种在地上，以花罩遮蔽，是北方极为罕见的花木之景。院两侧回廊中镶嵌根据北宋《淳化阁帖》重新镌刻的石碑，展现了历代名家书法的风姿。淳化轩的北面是七间蕴真斋，前出五间抱厦，后出三间抱厦。西路南部设梵香楼，楼内供奉佛像、佛塔；往北过垂花门、涵光室，可来到一个形态曲折的院落，庭中叠石参差，院东紧贴淳化轩建有一座三友轩，因为室外栽种松竹梅、室内又安设松竹梅图案的大玻璃而得名；院北为理心楼，西为待月楼。东路南部有一座霞翥楼，楼中贮藏《四库全书荟要》。北侧为渊映斋，再北为扮戏房和乐奏钧天戏楼，最北处安设神心妙达看戏殿。整组建筑的东侧还布置了一排铺面房，与圆明园同乐园西侧的买卖街性质类似。

含经堂东侧岛屿上设有玉玲珑馆，其中包含正谊明道、林光含碧、鹤安斋、澹然书屋等建筑，还设有西洋水法。玉玲珑馆南侧的映清斋是一组书斋建筑。含经堂西南大岛上建有思永斋院落，主体建筑是一座前后七间的“工”字形平面大殿，其北以游廊环绕一个八角形平面的水池，池北建泠然阁；东部五间林屋的北侧有一个小院，其中堆叠假山，以模仿杭州南屏山慧日峰，还以一组锡铸的建筑模型模拟南屏山下的汪氏小有天园。海岳开襟位于思永斋北侧水面的圆台上，圆台直径约90米，建有一圈游廊，中央为三层楼阁，比拟仙山楼台。

长春园四周沿水岸分散布置了一系列的景区。西南岸上的茜园是一座很有江南韵味的园中园，空间曲折，又从大湖中引水为池，池上架设曲桥和过河廊，西部院中竖立的大型湖石青莲朵来自杭州德寿宫遗址。西岸的得全阁又名天心水面，面东向湖而立，其南北两侧分别建有宝云楼和远风楼。北岸从西往东依次为法慧寺、宝相寺、泽兰堂、转湘帆，规模都不大，东北岸的狮子林仿自苏州同名园林，西部环绕水池设清淑斋、虹桥、清閟阁等建筑，东部堆叠假山，山间布置云林石室、延景楼、纳景堂，整体格局与苏州狮子林高度相似。西南岸还有两处模仿江南园林的园中园，一为鉴园，以扬州趣园为原型；一为如园（图2-23），以江宁瞻园为原型。

图2-23 华宜玉先生绘长春园如园景致。引自《圆明园园林艺术》

长春园的北部有一片特殊的西洋楼景区，平面呈“T”字形，其中包含谐奇趣、方外观、养雀笼、海晏堂、远瀛观、大水法、观水法等建筑和大量的喷泉、雕塑、植物，由供职于宫廷的欧洲传教士郎世宁、王致诚、蒋友仁等与中国匠师合作设计完成，主要表现为欧洲18世纪巴洛克与洛可可建筑风格，兼采中国传统建筑手法，是中国皇家园林中首次大规模仿建西方园林与建筑的重要实例。首先建成的谐奇趣位于西部，以三层水法殿为主楼，左右以弧形游廊连接两座八角亭，楼前辟有海棠花形的喷泉水池。其北为黄花阵，仿欧洲园林中的迷宫，以砖墙分隔成复杂的路径，中央建有一座西式穹顶八角亭（图2-24）。东侧的养雀笼设一座西式牌坊门，门内库房中畜养孔雀等各种观赏鸟类。再东的方外观是一座二层小楼，两侧设弧形楼梯通往二楼，室内设置刻有阿拉伯文字的石碑，传说是乾隆帝所宠的维吾尔族香妃的礼拜场所，其对面建有五座竹亭。

图2-24　黄花阵铜版画。清华大学建筑学院提供

方外观东侧的海晏堂是西洋楼组群中规模最大的一座建筑，西部为十一间水法楼，东部为蓄水楼，同时在西面设大型喷泉水池，池岸竖立十二生肖铜首坐像，按十二时辰顺序依次喷水，近年来经常引起社会关注的拍卖会上的“圆明园铜兽首”就来自这里。中央位置沿

南北中轴线设观水法、大水法和远瀛观三处景观，其中观水法是一座石屏风，面北背南，前设宝座，供清帝在此欣赏喷泉；大水法依托一座巨大的西洋石龛，前设椭圆形水池，池中的梅花鹿和池边的铜狗、铜兽可一起喷水，左右另有两座十三层的喷水塔，水花四溅，蔚为壮观；远瀛观采用倒“凹”字形平面，面宽十一间，梁柱拱券雕饰精美，中央圆卷中刻有时钟图案。大水法东侧的线法山是一个圆形的土台，以黄、绿琉璃矮墙围合出盘山小道，可供清帝骑马登山，东西两侧各建一门，其中东门俗称“螺蛳牌楼”，造型很复杂，上刻军旗、盔甲、刀箭。东端的方河是一个长方形的水池，其东岸南北对称竖立七道石墙，呈“八”字形，墙上悬挂西洋油画，称“线法画”，具有深远的透视感，成为一道特殊的布景。

这组西洋楼的建筑密度很大，以集锦的方式展示了各种欧式楼阁、亭台、喷泉的形象，植物修剪整齐，与中国传统园林风貌迥异，反映了清代帝王猎奇的心理，是18世纪中西方文化交流的重要例证。

三、绮春园

绮春园位于长春园之南，乾隆年间在合并了一系列王公大臣的赐园的基础上扩建而成，因此表现为若干小型园林的集锦，通过曲折的大小水面与连绵的山冈构成松散的整体。园内设有敷春堂、清夏斋、涵秋馆、生冬室、四宜书屋、凤麟洲、含辉楼、澄心堂、湛清轩等近30处建筑群。嘉庆年间加以进一步扩建，道光、咸丰年间主要用作太后、太妃的园居之所。同治年间慈禧太后试图重修圆明三园时，将绮春园改称为万春园，预备用作自己的养老之地，还曾经亲自勾画设计草图，但是未能重建完成。

绮春园东南侧设大宫门和二宫门，门内为五间正殿迎晖殿，原名勤政殿，东西设有配殿，其北为七间后殿中和堂。中和堂以北地段为寝宫区，其核心建筑为“工”字形平面的敷春堂，前后各五间，中间以穿堂连接，曾用作嘉庆帝的临时寝殿，道咸时期为太后寝殿。敷春堂周围院落交错，格局灵活，设有集禧堂、凌虚阁、协性斋、澄光榭、问月楼、蔚藻堂、镜绿亭、蔼芳榭、淙玉轩等建筑。其东的东二所和东南所均由若干并联的院落组成，主要供一些太妃、公主和已故王爷的福晋居住。

敷春堂西侧水面上的鉴碧亭是一座重檐方亭，现已在原址重建，附近尚存一处石拱桥的遗址。迎晖殿东侧的小岛上建有心镜轩，周围岸边点缀了一些水榭、亭子。敷春堂北侧的水面称作东湖，湖中筑一大一小两个岛屿，名为“凤麟洲”，被嘉庆帝誉为“避暑最佳处”。东湖西岸涵秋馆的主体建筑是前后两座七间殿宇，二者之间以两条游廊串联，围合成庭院，院中辟有方形小池。

涵秋馆西侧的展诗应律、庄严法界都是小庭院，再西的春泽斋包含三路院落，南临曲池，北倚后湖。南侧的生冬室由30多间房屋拼合成曲尺形平面，室内建有戏台，清代的太后、太妃有时在此聆听学戏的幼童表演“小人戏”。生冬室的西面是四宜书屋，格局规整，用作太妃寝宫。西北隅另有松风萝月、喜雨山房、知乐轩等点景建筑。再西的延寿寺是一座佛寺，又名竹林院，由山门、前殿吉祥云海、后殿妙观察智和东西配殿组成。延寿寺的西面是清夏斋，原名西爽村，是乾隆帝第十一子、著名书法家成亲王永瑆的赐园，嘉庆四年（1799年）归入绮春园范围，其主体建筑是一座“工”字形平面的殿堂，还设有一个流杯亭。清夏斋的南侧地段旧名含晖园，嘉庆初年曾经赐予庄敬和硕公主，公主去世后又重新收归绮春园，一度改称南园，并将位于西爽村的含晖楼移建于此，前临马道，嘉庆、道光二帝均曾在此骑马、射箭，并亲自检阅皇子、王公、侍卫表演各自的骑射技艺。含晖楼西南侧的岛屿上设招凉榭，南侧水面又筑南北二岛，南为畅和堂，北为绿满轩，南岸并列设有两座小庙，东为惠济祠，西为河神庙，均模仿清江浦（今属江苏淮安市）的同名庙宇形制。

绮春园水系较为分散，假山多以青石与土山相间叠成。南部水面称南湖，中央大岛上建有澄心堂，采用“山”字形平面，北侧设东西配殿。对面的湖岸上有云漪馆，东北侧的小岛上另建湛清轩。园南侧中央位置有一座独立的喇嘛庙，名为正觉寺，山门直接开在绮春园外墙上，门内为五间天王殿，左右分设钟鼓楼，其北为七间正殿三圣殿，殿内供奉楠木雕刻的三世佛像；再北为重檐八角形的文殊亭，最北为七间最上楼。这组建筑幸运地躲过了历次大劫，山门、文殊亭等部分建筑一直幸存至今，近年来得到重修，复建了钟鼓楼、重檐大殿、最上楼等建筑，是圆明三园除西洋楼遗址之外唯一保存相对完整的建筑群。

圆明园及其附园中包含大量相对独立的主题景区，山水之清佳、建筑之丰富、花木之繁盛，令人叹为观止。这些景观继承了秦汉以来皇家园林中的各种造园题材，又仿建了全国各地大量的园林和山水美景，还经常搭建蒙藏风格的毡帐，并且营造了一组西洋楼建筑群，集中展现了清代园林艺术和建筑艺术的方方面面，宛如一部古典园林的百科全书。今天的圆明三园只剩下少量的残垣断壁和大量的旧基废墟与颓山剩水可供凭吊，昔日的盛况难以想象，留给世人无限的遗憾和反思。

第五节　颐和园

颐和园位于北京西北郊，是清代建造的一座大型皇家园林，东距圆明园不远，西邻玉泉山。所在地段原有一座瓮山，山下泉流汇成的湖泊称“瓮山泊”，明代改名为西湖，水中种植荷花、蒲苇，湖边构筑堤坝，周围还开辟了广阔的水田，逐渐成为游人如织的名胜风景区。乾隆十四年（1749年）冬天，朝廷对北京西北郊的水系开展了大规模的整治工程，重点是加挖西湖以形成容量更大的蓄水库。乾隆十五年（1750年），乾隆帝借“为太后祝寿”的名义，将瓮山改名为万寿山，西湖改名为昆明湖，兼做水军训练基地，同时在治水工程的基础上开始进一步改造山形水系，动工建造大型御苑，次年将这座新园定名为“清漪园”。乾隆二十九年（1764年）全园基本建造完成，与香山静宜园、玉泉山静明园合称为“三山行宫”。

乾隆帝在营建清漪园的时候，完全以杭州西湖为蓝本，对昆明湖和万寿山进行全面修整，拓宽湖面，加高山形，使得全园的山水格局成为西湖的最佳翻版，同时也形成了“衔山抱水”的特殊形态。万寿山东部被加高后，还特意向南拐出一段，好像要把水面兜住；昆明湖由西向北延伸，又在万寿山的后山开辟出一条狭长的后溪河，把整个山峰环抱在水中。全园山水灵秀，楼台壮丽，兼有雄浑和清幽之美，被公认为清代艺术水准最高的一座皇家园林（图2-25）。

咸丰十年（1860年）英法联军入侵，清漪园遭到惨重破坏，除了少数建筑、景点幸存之外，绝大多数被焚掠殆尽。光绪年间，慈禧太后再次以“为太后祝寿”和“训练水军”的名义对清漪园进行全面重修，并将园名改为颐和园，以强调太后“颐养天年”“乐寿冲和”的寓意。慈禧太后和光绪帝在园中长期居住并进行朝典、处理政务，颐和园的性质也从原先的行宫升格为离宫御苑，地位相当于康熙时期的畅春园和雍正至咸丰五朝的圆明园。

颐和园基本上是在其前身清漪园的遗址上复建而成的结果，原有

图 2-25　乾隆年间清漪园总平面图。自绘

1 东宫门　2 二宫门　3 勤政殿　4 茶膳房　5 文昌阁　6 知春亭　7 进膳门　8 玉澜堂　9 夕佳楼　10 宜芸馆　11 怡春堂　12 乐寿堂　13 含新亭　14 赤城霞起　15 养云轩　16 乐安和　17 餐秀亭　18 长廊东段　19 对鸥舫　20 无尽意轩　21 意迟云在　22 写秋轩　23 重翠亭　24 千峰彩翠　25 转轮藏　26 慈福楼　27 大报恩延寿寺　28 罗汉堂　29 宝云阁　30 邵窝　31 云松巢　32 山色湖光共一楼　33 鱼藻轩　34 长廊西段　35 听鹂馆　36 画中游　37 湖山真意　38 石丈亭　39 浮青榭　40 寄澜堂　41 石舫　42 蕴古室　43 小有天　44 延清赏　45 西所买卖街　46 旷观堂　47 荇桥　48 五圣祠　49 水周堂　50 小西泠（长岛）　51 宿云檐　52 北船坞　53 如意门　54 半壁桥　55 绮望轩　56 看云起时　57 澄碧亭　58 赅春园　59 味咸斋　60 构虚轩　61 绘芳堂　62 嘉荫轩　63 妙觉寺　64 通云　65 北宫门　66 三孔桥　67 后溪河买卖街　68 后溪河船坞　69 须弥灵境　70 云会寺　71 善现寺　72 云辉　73 南方亭　74 花承阁　75 云绘轩　76 昙花阁　77 延绿轩　78 惠山园　79 霁清轩　80 东北门　81 耶律楚材祠　82 二龙闸　83 铜牛　84 廓如亭　85 十七孔桥　86 广润祠　87 鉴远堂　88 望蟾阁　89 南湖岛　90 凤凰墩　91 绣漪桥　92 柳桥　93 景明楼　94 藻鉴堂　95 畅观堂　96 练桥　97 镜桥　98 玉带桥　99 治镜阁　100 桑苧桥　101 延赏斋　102 耕织图　103 蚕神祠　104 耕织图船坞　105 界湖桥　106 青龙桥

的山水格局没有变化，少量残留的建筑依旧保留，大量的建筑在原有的台基上按照原样重建，但细节上也有不少差异。全园占地面积大约295公顷，分成宫廷区、前山区、前湖区和后山后河区四个部分，主要景致均围绕万寿山和昆明湖展开，是清代御苑中将天然山水和人工创造巧妙融为一体的最佳范例。

一、宫廷区

图2-26　颐和园宫廷区鸟瞰。楼庆西摄

宫廷区位于万寿山东南侧的平地上，由相对独立的若干殿堂院落组成（图2-26）。正门东宫门坐西朝东，门前有一座影壁，弯弯的金水河从影壁前流过。宫门外设有南北朝房，门内设有两排九卿办公用房。二门仁寿门采用牌坊门式样，庭院西侧正中是七间仁寿殿，由乾隆时期清漪园的勤政殿演变而来，室内设有宽阔的宝座，当年慈禧太后与皇帝并坐于此接见大臣。殿中还悬挂了9块匾额，其中宝座上方匾额写的是“寿协仁符”四字。南北两侧设有配殿，庭院中种植成行的松柏，还从残破的圆明园和其他王府花园移来几块秀丽的湖石安置于此。

仁寿殿的后面筑有一座大假山，具有障景的作用，以免视线一览无余。从山间的一条弯曲的小径转到西边，就来到内寝区域。内寝区域变为南北朝向，其中东侧的两组庭院是玉澜堂和宜芸馆，西路的一组庭院为乐寿堂。

玉澜堂在乾隆时期地位并不重要，皇帝偶尔在此办公或者吃饭，但在光绪时期成为皇帝的正式寝宫。院北设正殿五间，殿前后又分别凸出三间抱厦，靠近后窗位置设有皇帝的宝座，当年光绪帝曾经夸赞说“此堂明爽胜宫中”，意思是这里比紫禁城养心殿显得更敞亮一些。两侧的厢房分别叫霞芬室和藕香榭，后院建了一座夕佳楼，傍晚时分可以在此欣赏夕阳映照昆明湖的美景。

玉澜堂的后面紧接着的两进院子就是宜芸馆。“芸”是一种香草，可以插在书中防止虫蛀，所以古代也把书籍称作“芸编”。乾隆时期的宜芸馆是一处书房，所以起了这个名字。光绪时期把这组庭院用作隆裕皇后的寝宫，庭院东边的屋子是光绪帝另一位妃子瑾妃的住所。

宜芸馆西边的乐寿堂按照乾隆时期的原样重建，南面临水设门殿水木自亲，北为正殿七间，前后分别伸出五间和三间抱厦，尺度比玉澜堂和宜芸馆都要大得多。殿内用碧纱橱分隔成不同的房间，陈设复杂，南侧的窗户都镶嵌着精细的淡蓝色玻璃，下半截用高丽纸遮掩；中央设置了一面巨大的穿衣镜，后部设有柚木制作的四扇屏风；前面设置太后的宝座床，造型就像一个长炕，以方便太后随时休息。殿西侧有一间佛堂，中间供奉坐在莲花上的观音菩萨；东侧是慈禧的卧室，卧室后有一个大房间，用作太监和宫女值班的场所。庭院两厢为“舒华布实”“仁以山悦”两座五开间穿堂，堂后设有一进狭长的院落，院北为一座九开间的后罩殿。正院左右还带有跨院，其西设有小花园“扬仁风”。这一带的院墙都采用江南常见的白粉墙，墙上开设了很多形状各异的漏窗，在宫殿建筑的华贵气质之外又表现出一定的淡雅风格。

乐寿堂院子里种着大棵的玉兰、海棠、牡丹，还有紫藤、芍药、玉簪，从春到秋都呈现出一派繁花似锦、姹紫嫣红的景象。院子中央有一块巨大的湖石，名叫“青芝岫”，姿态不凡。明代著名文人米万钟在北京远郊的房山发现了这块石头，打算运回自己的花园中，由于石头太大，运送困难，米万钟把家产都花光了也只运到良乡，最终只好放弃，此石由此得名“败家石”。乾隆年间，皇家以雄厚的实力将大石运入清漪园，安置在乐寿堂正殿前。

光绪年间，在宫廷区的东北面原怡春堂的基址上扩建了一座德和园大戏楼。这组新建筑包含四进院子，规模完全可以与紫禁城畅音阁、圆明园同乐园和避暑山庄清音阁这三大戏楼并驾齐驱而毫不逊色。位于核心位置的大戏楼共有三层，总高度达到22米，上、中、下各层分别叫福台、寿台、禄台，名称很吉祥。每一层都挂了一块匾额，从下到上分别写着“欢胪荣曝”“承平豫泰”“庆演昌辰”，都是鼓吹祥和安乐、粉饰太平的意思。楼板中央设有天井，当演出神话大戏的时候，演员扮的天兵天将可以从天而降，还可以通过机关布景喷水、喷火、撒雪花、制造特殊音响，体现逼真的特技效果，非常热闹。大戏楼的南面设有两层的扮戏楼，演员在此化装、准备、退场。大戏楼正对面的颐乐殿是看戏殿，台基比戏楼的底层台基要高出22厘米，这样可以保证三层戏台尽收观众眼底。太后的宝座就设在当中一间，室内陈设很精致。颐乐殿的后面还有五间后罩殿，皇室成员看戏看累了，可以过来更衣、休息。颐乐殿的东西两厢的廊子则是王公大臣们陪同看戏的地方。

二、前山区

万寿山东西长1000米，南北最宽处有120米，山高60米左右，从南北方向看比较陡峭，从东西方向看则显得比较平缓（图2-27）。前山景区主要位于万寿山的南坡，山脚下最南一侧沿着昆明湖的湖岸设置一条漫长的长廊，从乐寿堂西的邀月门开始，一直向西伸展到石丈亭，共273间，全长达到728米。这是中国古典园林中最长的一段廊子，1990年被载入“吉尼斯世界纪录”。廊子中间依次点缀着留佳、寄澜、秋水、清遥四座亭子，象征一年四季，好像是飘带上的四个纽扣，成为悠长路线上的分节停顿点；两头还对称建有对鸥舫、鱼藻轩，向南延伸至湖岸边缘，体现出与湖水的亲密关系。廊东西两端笔直，靠近万寿山中央位置的一段则变成弯曲的弧线，显得非常灵活。长廊的梁枋上绘有4000多幅苏式彩画，内容大多是民间传说、神话故事、历史人物、戏剧场景、山水风光、花鸟鱼虫等，色彩艳丽，富有民俗气息。

图 2-27 颐和园前山景区鸟瞰。楼庆西摄

乾隆年间在万寿山的中央建有一组宏伟的大报恩延寿寺，光绪年间重建时改为排云殿建筑群，由南到北形成一条庄严的中轴线。宫门前临湖开辟了一片广场作为前导空间，上面建了三座牌楼，还设置了高大的旗杆作为标志。门前左右排列的十二块湖石来自畅春园废墟，一对大铜狮子则来自圆明园。门内在渐次升高的各层台地上建造殿堂，第一进院子的东西两侧建了云锦、敷华两座配殿，地位相当于大殿外的朝房；第二进院子的南侧设置了二宫门，门内北侧为正殿排云殿，进深很大，采用汉白玉台基，屋顶为重檐歇山形式，铺设黄色琉璃瓦，显得特别高大华丽。此殿进深很大，因为万寿庆典期间慈禧太后要在此短暂居住，殿内特别做了复杂的隔断。排云殿的北面一层台地上建有德辉殿，地位相当于后罩殿。东西两侧跨院中分别设介寿堂和清华轩，庭中种满花木，很有宁静的生活气息。

再北是更高的台地，上面建有一座宏伟的佛香阁，作为整个万寿山的标志建筑和最高点所在。乾隆帝最初想在这个位置模仿杭州六和塔建造一座九层佛塔，不料快完工时塔身突然坍塌。乾隆帝声称自己很担心这次工程事故是上天对他大兴土木的警告，于是将剩余的塔身全部拆除，在此重新建造了一座佛香阁。此阁曾被英法联军烧毁，光绪时期完全按照原样重建。佛香阁位于一个四面围廊的方形院子正中，采用八角形平面，外观共设四层屋檐，体量雄伟宽阔，比瘦高的宝塔显得气派得多，而且正好位于万寿山山腰的较高处，与最高的山脊之间还有一段距离，使得整个楼阁就像是坐在一把太师椅上，沉稳安详，与山形完美地结合在一起，南面又有大片湖水映衬，展现出清代皇家园林中最出色的一个图景。登临其上，可以俯瞰昆明湖的浩渺烟波乃至整个西北郊的山水风光。阁底层供奉一尊千手观音鎏金铜像，是明朝的遗物。

佛香阁东西两边又各有一个独立的院子，其中建筑屋顶都覆盖着黄、绿两色相间的琉璃瓦，是乾隆时期少数幸存的原构。东边的院子坐落在山石围合的台地上，两厢各建一座八角形的重檐楼阁，中央是三层的转轮藏，里面设有贮藏佛经的木塔；西边院子同样位于山石环绕的台地上，四面各建一座配殿，四角位置各立一座重檐方楼，中央有一座黄铜铸造的宝云阁，重量达到207吨，阁内供奉释迦牟尼佛。宝云阁院落平面体现的是佛教密宗曼荼罗的神秘图形，中央的铜阁和四面的配殿、四角的方楼分别象征着佛祖和众菩萨的位置。

佛香阁的上面还有两层高台，通过崎岖的山石磴道往上攀登，迎面是一座大型琉璃牌坊“众香界”。牌坊共分为三间，全部用砖石修砌，每间以白色石头砌筑一个拱券门洞。墙身下部为红色，上部以彩色琉璃装饰，象征着充满香气的佛国净土。山顶最高处修建了一座五间重檐大殿智慧海，全部用砖构筑而成，没有使用中国传统的梁、柱等木质构件，因此俗称“无梁殿”，殿内中央位置供奉观音菩萨，文殊、普贤两位菩萨居于两侧。外墙全部以黄、绿、紫、蓝各色琉璃装饰，极为炫目。其中包含着1008个小佛龛，每个龛内雕刻一尊小佛像，屋脊也用琉璃刻成各种卷草图案，非常华丽，以浓墨重彩的方式为前山建筑群画上灿烂的最后一笔。咸丰十年（1860年）英法联军焚掠清漪园时，众香界和智慧海因为其砖石琉璃质地而未被烧毁，得以幸存下来，但智慧海墙面上的很多佛像头部都被砸坏。

清漪园时期在万寿山山脊的最东端曾经修建过一座昙花阁，光绪年间重建时没有恢复原来的样式，而是改建了一座平面为“十”字形的单层建筑，定名为“景福阁”。此处位置十分优越，最宜向南观赏昆明湖、南湖岛和十七孔桥，在阴雨天气很有朦胧淡雅的境界，月明之际则更有爽净旷达之气。景福阁东侧的山坡上还有三组小建筑，北为益寿堂院落，南为自在庄，东为乐农轩。其中益寿堂是大型的北方四合院式样，而自在庄和乐农轩则很像乡间的农舍酒肆，表现出一定的山村情趣。

在万寿山南坡偏西处有一个小园林叫“邵窝”（图2-28），模拟北宋大学者邵雍在故乡辉县苏门山所建的住宅“安乐窝”，设有前后两个小院子，东引垂花门，中间建了一座平台，台上是三间厅堂，格局很清雅，向南可以很方便地远眺昆明湖，视野开阔。

图2-28　邵窝样式雷图样。引自《颐和园》

万寿山的西部转折处设有画中游景区，位置高出湖面30多米，视野很开阔，其主体建筑是一座八角形的楼阁，不设台基，柱子直接立在凹凸不平的山石上，登上二楼，四方八面都以柱子和横楣构成完整的画框，依次看去，便形成八幅远近宽窄各不相同的画面，清澈的湖面、隐隐的青山、挺秀的宝塔、崎岖的山石、长长的石桥，无一不呈现完美的构图。画中游周围布置澄辉阁、爱山楼、借秋楼三座建筑，彼此以爬山游廊串联一体，能够从不同高度、不同视角充分欣赏周围的风景。

画中游西南侧山脚下有一个名叫“听鹂馆”的小戏园，传说当年乾隆帝曾经在此客串演过戏。光绪时期重建后把戏台设在南面，对面建了五间正房作为看戏殿。慈禧太后经常在这里看看小戏，有时候还即兴作画。

昆明湖西北角临近岸边的水面上建有一座清晏舫，造型模仿江南画舫。光绪年间重修时在石舫基座上建了一座大型的西洋式楼房，柱子、栏杆都雕刻得很华丽，还装饰着玻璃镜子，并在下面的船舷上增加了轮子的形象，造型宛如新式的西洋轮船。

三、前湖区

昆明湖位于万寿山南侧，以大片的水面与长堤、岛屿相间，格局最为疏朗开阔（图2-29），湖上四时、四季的景致极富变化。清晨霞

图2-29　颐和园前湖景区鸟瞰。楼庆西摄

光万丈，水波清澈；白天明湖滉漾，山色倒映；傍晚夕阳高照，湖面镀金；夜间碧波涵月，上下辉映。淡雅的阴天、清朗的晴天、朦胧的雨天、洁白的雪天都能在湖上呈现一派佳景。春天桃柳夹岸，夏天浓荫照水，秋天红叶飘洒，冬天枯枝挂雪，每个季节都赋予昆明湖以独特的诗意。特别在冬季，属于江南气候的杭州西湖极少结冰，而北国的昆明湖则有很长的冰期，寒冬时节可在冰上行走或者乘坐一种特制的冰床，辽阔的湖面就像水晶铺就的大镜子，令人目眩神离。当年乾隆帝经常乘龙舟在湖上游览，晚清时期的帝后除了龙舟之外，还有两条德国制造的小火轮可坐，反映了时代的变迁。

昆明湖北岸为万寿山，东岸北侧建有文昌阁城关，其南立有镇水铜牛；南岸与西岸都比较空旷，沿岸多种柳树和桃树，西岸还种了不少桑树，并在此设《耕织图》石刻。

昆明湖的西侧构筑了一道长长的西堤，位置、走向几乎与西湖的苏堤一模一样，而且同样在堤上筑有六座石桥以做串联。光绪年间这六桥的名称由南至北分别为柳桥、练桥、镜桥、玉带桥、豳风桥、界湖桥，其中玉带桥和界湖桥是石拱桥，其余4座均为亭桥，桥上分别建了4种不同造型的亭子，体现了微妙的变化。

湖上除长堤之外，还有三大二小五座岛屿，其中南湖岛、藻鉴堂和治镜阁三座大岛象征着传说中的蓬莱、方丈、瀛洲三仙山，刚好分别坐落在长堤划分的三块湖面中心位置，彼此遥相呼应。

南湖岛靠近东岸，通过一座长长的十七孔桥与东岸相连。桥长150米，宽8米，共有17个拱洞，全部用汉白玉砌成，两端桥头蹲立着4个石狮子，神态各异。桥东建了一座八角重檐的廓如亭，体量特别硕大，内外一共用了3圈共40根柱子支撑，规模几乎相当于一座楼阁，与超长的十七孔桥组成颇为和谐的一对。南湖岛东西宽120米，南北宽105米，平面接近圆形，象征着满月，沿岸装设汉白玉栏杆，岛西和岛南各建一座牌楼，南部有一座供奉龙王的广润祠，北部堆筑土山，乾隆年间在山冈上仿武昌黄鹤楼的样式修建了一座三层的望蟾阁（图2-30），嘉庆年间改为单层的涵虚堂。此处正对万寿山，是欣赏前山胜景的最佳位置。

图 2-30　乾隆年间《崇庆太后万寿盛典图》中的望蟾阁景象。故宫博物院藏

藻鉴堂岛是昆明湖中面积最大的一个岛，近似半圆形，南部建了有游廊围合的庭院，最南侧又伸出两个方亭子架在水中，院中还设了一个方形池塘，形成水中有岛，岛中有水的格局。

治镜阁岛完全是一个圆形的石台，台上建了一圈圆形的围廊，中央是一座二层楼阁，底层各凸出一间，造型与长春园中的海岳开襟十分相似。

湖上另外两个小岛都靠近东岸。南侧的凤凰墩也采用圆形平面，上面建了一座凤凰楼，又叫会波楼，是整个园林南端重要的观景点。北侧的小岛严格来说可以分成两个更小的岛，彼此之间用一座小桥连为一体，又用一座石板桥与东岸相连，岛上建有一座重檐的方亭，名叫“知春亭”。在亭中向北可近观对面不远处的玉澜堂、夕佳楼和乐寿堂的门殿水木自亲，向南可远眺南湖岛、西堤、凤凰墩，向西则面临渺渺的水面和更远处的西山，视野很好。

昆明湖西北的一片水域比较狭长，中间有一座长岛，仿西湖孤山起名叫“小西泠”，但这里的水面形状更像扬州的四桥烟雨。乾隆年间沿着这一带曲折的水岸布置了一条西所买卖街，模仿江南水乡地区“前街后河”的格局。从这里穿过一座宿云檐城关，就可绕到后山，城关上建造了一座六角形的楼阁，里面供奉关帝，与昆明湖东岸的文昌阁遥相呼应。

四、后山后河区

后山后河指的是万寿山的北坡以及山脚与北宫墙之间所夹的一条后溪河。这一带山形陡峭曲折，山水紧密相连，空间狭长而幽远，与前山、前湖的开敞辽阔形成鲜明的对比。整条后溪河在将近1000米的河道上展开，每当遇到平缓的地带就把水面放宽，遇到陡峭险峻的山崖就将水面收缩，还在每个段落的节点处都架设了一座小桥，将河道分成六个段落，演绎出起伏不定、宽窄不一的节奏变化。山上另有东桃花沟和西桃花沟两条涧流潺潺而下，与后溪河汇合在一起，水声清越，在山谷中回响，更添灵动的意境。

乾隆时期的清漪园在后山山坡和后河沿岸以分散的方式修建了若干景区，都是巧妙结合山水地形的宜人小筑，例如绮望轩、构虚轩、赅春园（图2-31）、嘉荫轩、妙觉寺、云会轩等，大都已经不存，只留下台基供人凭吊，但身临其境，依稀可以感受到每一处的环境特色和幽静气息。

后溪河中段设有另一条买卖街，俗称“苏州街”，全长270米，采用“两街夹一河”的形式，直接在后河的南北两岸设置店铺，每家店铺门前到水面只保留很窄的一段通道，更强调河从街心穿越的“水街”感觉。沿岸设了好几处码头，船行河中，在两边的市肆之间游来

图2-31 赅春园复原鸟瞰图。引自《颐和园》

荡去，随时可停靠在某家店前。这条水街弯曲别致，恍如江南水乡，但所有的店铺造型却是典型的北方商业建筑样式，其台基一直保存完好，20世纪90年代重建铺面房屋，成为颐和园中深受游客喜爱的一处景点。

水街中央架了一座三孔石桥，向北直通北宫门。这座宫门采用城门楼的造型，比较雄伟，买卖街的东西两端又分别有寅辉关和通云关两座城门，俨然在城墙围合当中。

后山中央位置建有主体建筑须弥灵境。这是一座藏式风格的大型佛寺，始建于乾隆二十三年（1758年）（图2-32），与承德外八庙中的普宁寺的北半部格局相似，均以西藏古刹桑耶寺为蓝本，核心建筑是一座香严宗印之阁，居于10米高的大红台上，象征世界中央的须弥山，周围环列布置象征四大部洲、八小部洲的佛殿和象征太阳、月亮的日殿、月殿以及象征佛教智慧的黑、白、绿、红四色塔。此寺在咸丰十年（1860年）遭到英法联军破坏，光绪年间没有完全按照原样重建，景致大为逊色。

后山东侧的花承阁院落整体坐落在一个直径约60米的半圆形高台上，中央位置设小佛寺“莲座盘云”，正殿内供奉观音菩萨像，周围沿着半圆形的台地边缘构筑了弧形的游廊，前面则建了一个小牌楼

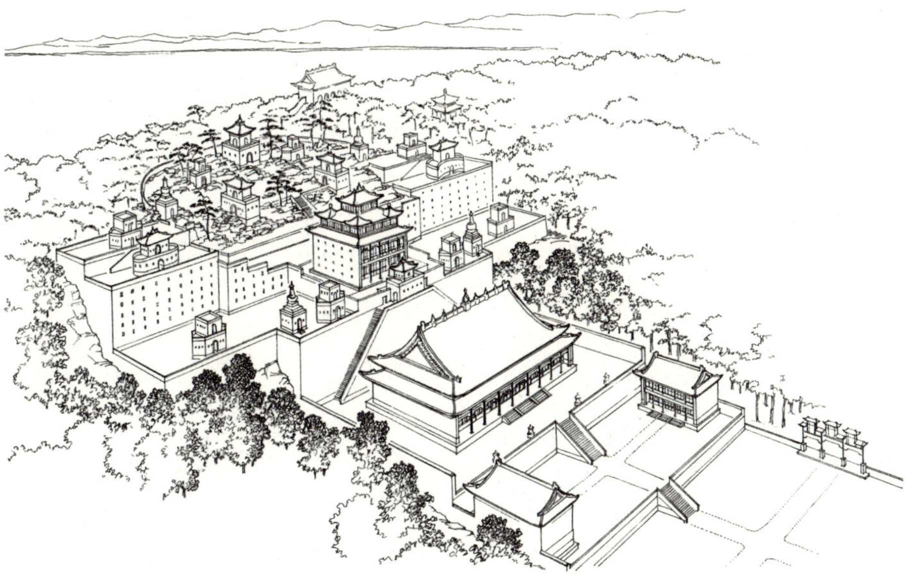

图2-32　乾隆时期须弥灵境复原鸟瞰图。引自《颐和园》

作山门。东侧的六兼斋位于高台上，西侧的花承阁则是一座东西向的小楼。西南角的塔院中设有一座八角形平面的七层多宝塔，高18.6米，完全用各种颜色的琉璃制成，黄、绿、金、白、红俱全，在周围重重绿荫的掩映下显得更加绚丽夺目。

万寿山东侧、后溪河尽端有一座名为“谐趣园”的园中园，原名惠山园，乾隆年间模拟无锡寄畅园而建，嘉庆年间加以扩建，咸丰十年（1860年）被毁，光绪年间又予以重建，格局与初建时有所不同，但仍保持原来的基本结构。此处环境与无锡惠山脚下有几分相似，又从后溪河中引来一股活水，比拟无锡惠泉。园门位于西南隅，面西，园南部开辟曲折的水池，环绕水池修建游廊，将厅堂榭亭连为一体（图2-33）。西岸建澄爽斋、瞩新楼，南岸建引镜、知春亭，东部建洗秋、饮绿、澹碧，池岸水湾之间还架设了一座名叫“知鱼桥”的长桥，桥北端建有石牌坊；北岸有五间涵远堂，其东为兰亭、知春堂。北部以青石堆叠假山，构成平冈造型，山间设有曲径，格调清幽。谐趣园的北侧还有一个叫霁清轩的小院，其婉约小巧的风格也接近江南园林。

图 2-33　谐趣园鸟瞰。楼庆西摄

整个颐和园并非圆明园那种由很多松散的景区组成的集锦式花园，而更像是一部首尾连贯、情节紧凑的大戏，包含前奏、铺垫、转折、高潮、结束，从始至终“起承转合”，一气呵成，令人叫绝。四个部分的空间各有特色：宫廷区以平地建筑院落为主，规整严谨；前山区以平缓的山坡和大型楼阁、殿堂取胜，巍峨华丽；前湖区以大片水面和长堤、岛屿、桥梁为主，疏朗澄明；后山后河区以曲溪、山崖和体量较小的寺院、小园林以及各种零散的厅堂亭榭为主，展现的是蜿蜒深远的意境。同时四个部分又能有机地串联为和谐的整体，共同以山水、楼台和花木演绎出一组无比美丽的风景名胜。

第六节　静宜园

香山是北京西北郊群山之一，主峰海拔约550米，坐西朝东，南北两面有侧峰环抱，山坡形态起伏错落，忽而开阔平缓，忽而深幽陡峭，形势佳胜。金代曾经在此修筑过水院行宫，清代康熙年间又在此营建御苑，乾隆十年至十二年（1745—1747年）加以扩建，更名为静宜园，成为三山行宫之一。道光以后静宜园逐渐衰败，咸丰十年（1860年）与圆明园一起遭到英法联军的焚掠，破坏很大，但仍有部分景致留存至今，近年来不断得到重修和复建。

全园总面积约140公顷，分为内垣、外垣和别垣三大部分，各以宫墙围合。园中保留了香山原有的一些佛寺和景观建筑，新建的宫殿楼台散布在峰岭丘壑之间，与山林环境融为一体。乾隆帝亲题了静宜园二十八景，宫廷画家张若霭与董邦达分别绘制了长卷图（图2-34）和立轴图。这二十八景有相当一部分是香山的自然风光，另有各种殿堂亭轩、寺庙院落，共同组成了一个大型的山地皇家园林。

内垣主要包括香山的东南区域。东部辟有宫廷区，面东设大宫门五间，门内有半月形的水池，上架石桥，其西为五间正殿勤政殿，左右带配殿。清末勤政殿毁于英法联军之手，近年已经得到重建。北面的独立院落为致远斋，是乾隆帝临时办公的场所。西侧中轴线上建横云馆，背倚丽瞩楼。南面的中宫是一组大型院落，充作临时寝宫，门前小溪之上架设了一座流杯亭。

中宫之南的璎珞岩上有泉水倾泻而下，累累如贯珠，其音清越，因此在旁边建了一座清音亭。东侧的山坡和山峰上分别建有翠微亭和青未了亭，一隐藏于深林，一雄踞于山巅，视野大不相同。

南侧半山腰的一片台地上建造了园中之园松坞云庄，西倚层层山岩，东望一带远山，内辟水池，池南筑栖云楼，可供登临凭眺。院西侧山坡上有一对造型奇异的天然大石，形如蛤蟆，称作蟾蜍峰，旁边的庭院名为欢喜园；两股山泉沿山坡潺潺而下，乾隆帝为之题写“双

图 2-34　清代张若霭绘《静宜园二十八景图》。引自《清代宫廷绘画》

清”二字，刻在岩上。咸丰十年（1860年）此处虽被焚毁，栖云楼台基和部分假山叠石尚存。民国初年著名政治人物熊希龄在旧址上建双清别墅，解放战争期间毛泽东主席曾经在此居住，如今成为革命纪念地。

松坞云庄西北侧的香山寺是著名的古刹，始建于唐代，明代称永安禅寺，具有宽敞、博大、朴素、静穆的特点，被明代的《帝京景物略》赞为“京师天下之观”，寺前设买卖街和水池、拱桥，几株古松枝干遒劲，俨然听法信徒，被命名为“听法松”。全寺在层层台地上依次修建山门、戒坛、正殿、后殿、楼阁、后罩楼，最后一进院落依托山崖堆叠石块，构筑后园。可惜原有的大多数建筑已不存，仅余西洋风格的石屏等少数遗物，近期正在按原样进行复建。寺东有一处独立的小园来青轩，始建于明代，登此远眺西山，最为旷达。

外垣主要包括香山的西北区域，范围比内垣大得多，建筑稀少，空间更加疏朗，以突出山林本色为主，其中主要的景点有晞阳阿、芙蓉坪、香雾窟等，其间的山岩上有乾隆帝御笔“西山晴雪”石碑，成为燕京八景之一。中麓的玉华岫是一座依山傍势的庭院建筑群，坐西朝东，与明代所建的玉华寺结合在一起，视野开阔，是秋日欣赏红叶的佳处，20世纪末复建了玉华寺山门、天王殿、玉华岫、邀月榭、绮望亭、溢芳轩游廊等建筑。

别垣位于东北侧的山坡上，营造时间稍晚，其中建有汉藏混合风格的佛寺宗镜大昭之庙和园中园见心斋。宗镜大昭之庙简称“昭庙”，坐西朝东，总体格局模仿西藏日喀则的扎什伦布寺，山门前竖立一座琉璃牌坊，庙内设前殿和后殿，其西筑四层高台以仿藏式大红台，最西端的山丘上建七层六角形平面的琉璃塔，居于山巅，十分醒目。

见心斋原名正凝堂，坐西面东，依据明代一座私家别墅园林改建而来。东部地势低平，以弧形平面的游廊围合出一个椭圆形的水院，西侧中央位置为三间见心斋正堂。西部地势渐高，第二进院落形状并不规则，其中建五间正凝堂，北侧为三间畅风楼。正凝堂的西侧沿中轴线修建了一座方亭作为终点，与南侧的另一座方亭相呼应。院落空地上堆叠山石，顺应山坡的自然形态，进一步强化了嶙峋错落的效果。这个精致的小园林山石池沼俱全，格调很清雅。

静宜园是一座依托山地兴建的大型园林，相对缺乏水景，但地形本身富有变化，兼有沉雄之美和幽雅之趣，其中的殿堂和寺庙建筑也表现出独特的个性。香山上的植物十分繁茂，尤多高大的乔木，松、柏、槐、榆、枫、银杏等，四季景致秀美，春日桃杏怒放，夏日绿荫重重，秋日红叶满山，冬日积雪与松柏相映，一派锦绣风光，其中以秋季风光最引人入胜，至今仍是北京市民踏青郊游的绝佳场所。

第七节　静明园

从元代开始，玉泉山就是北京西北郊的名胜风景区，主峰形态秀丽，山上林木葱郁，遍布怪石幽洞和清流山泉，流水在山下汇成5个湖泊，西有含漪湖，南有玉泉湖，东有裂帛湖、镜影湖和宝珠湖，对山峰形成环抱之势。明代在山上先后修建了上下华严寺、金山寺、观音寺、普陀寺和崇真观等佛寺、道观，并在玉泉湖和裂帛湖岸边修建了看花台、卷幔楼和望湖亭等点景建筑，京城游人来往不绝。清代康熙年间在玉泉山南坡始建行宫，后定名为“静明园”，乾隆年间又先后两次进行大规模扩建，使之成为京郊一大名园。玉泉山的山麓和周边地区泉眼丰富，水质清冽，被乾隆帝品定为“天下第一泉”，并指定为宫廷专用饮水，每日运送内廷茶膳房。

咸丰十年（1860年）静明园和圆明、清漪诸园同遭大劫，光绪年间加以局部重建，民国时期一度开放为公园，现为军事禁区，不可游览。

静明园总占地面积约65公顷，是三山行宫中规模相对较小的一座。其主要景区大多沿着靠近水面的山坡展开，山水相映，楼台相望，风光婉约灵秀。玉泉山的山脊呈南北走向，依次突起三个山峰。南峰上建香岩寺、普门观，其中最高处为八边形平面的七层砖砌玉峰塔（图2-35），造型模仿镇江金山寺慈寿塔，成为全园乃至整个西山地区的标志性景观。中峰上建峡雪琴音，游者最宜在此观赏山泉喷涌之景。北峰上建妙高寺，以藏式风格的妙高塔为中心，视野比较开阔。这三座山峰作为全园的三个景致中心，与周围的五座湖泊相呼应，形成山水连绵、亭榭隐约的效果。

园南端设南宫门，门前竖立了三座牌坊，设东西朝房，门内建正殿廓然大公，其北侧的后殿涵万象直接依临玉泉湖。湖面接近方形，水中并列堆筑三座长圆形的小岛，再现传统的“一池三山”模式，中央的大岛传说是当年金章宗所建芙蓉殿旧址，背后的山峰背景形似莲

图 2-35 玉峰塔与山脚下的石牌坊。引自 *Yuanming Yuan*

花，故而清代在此设“芙蓉晴照”一景，建有一组庭院，以乐成阁为正堂。

玉泉湖的东岸设有东宫门，形制与南宫门相近。湖西岸是玉泉的发源地，名为“玉泉趵突”，乾隆帝为之御笔题写“天下第一泉”五字。玉泉以北分布着一些尺度较小的建筑院落，如龙王庙（永泽畿甸）和模仿无锡惠山听松庵的竹炉山房，背后的山坡上有吕祖洞和观音洞两处石洞，洞前有道观真武庙，其南另设双关帝庙。湖北岸有翠云嘉荫、甄心斋、湛华堂等小院落，其中翠云嘉荫以两株古栝树和一丛翠竹见长，其西的华滋馆以楠木建成，装修极为精美，当年乾隆帝游赏静明园，经常在此驻跸。东面另有曲廊串联甄心斋和湛华堂，旁倚山石、小池，格调更为清幽。由此北上南峰，山坡上分布着罗汉洞、华严洞、伏魔洞、水月洞等洞穴，清代之前即被视为奇景。

裂帛湖居于玉泉湖东北，尺度最小，形态曲折，其北岸建有小东门，门内为含晖堂，附近种一片竹林，在此聆听泉流声，如同奏乐，故而在旁边的山坡上建清音斋。

北侧的镜影湖尺度略大，形状狭长，岸边建筑不多，主要集中在北岸，景致以自然花木和岩石为主，其中竹子尤为茂盛，故称“风篁清听”；湖西岸设写琴廊、镜影含虚，东岸设水榭延绿厅和船坞，有曲折婉约之势。

最北的宝珠湖尺度与影镜湖相近，形状同样狭长，西岸建书画舫，可在此弃舟登岸，沿着山径攀上峰顶。

山峰西侧的含漪湖之南设西宫门，门内建一座大型道观东岳庙，共分四进院落，坐东面西，前设三座牌楼，之东为山门，再东为正殿仁育宫，其东为后殿玉宸宝殿，最东为后罩殿泰钧楼。东岳庙北侧为清凉禅窟，通过游廊将一组厅堂亭台串联在一起，比拟东晋时期的庐山白莲社；东岳庙之南为小佛寺圣缘寺，规模虽小，却也分为四进院落，最后一进院内建有一座华丽的琉璃塔。再南有大片水田，称“溪田耕课”，其间散布一些小庙和书斋、亭子、小轩，富有江南水乡之趣，侧峰上建有小佛寺华藏海，寺后的华藏塔是一座八边形平面的七层石塔，雕饰精美；这一带平缓的山坡上散布着水月庵、漱琼斋、绣壁诗态、层明宇、福地幽居、圣因综绘等小景，其中圣因综绘庭院中的五间楼阁仿自杭州圣因寺行宫。

静明园充分利用流水环山的自然条件，巧妙地安排各个景点，主次分明，层次丰富，分别表现出开朗、幽深、曲折、平缓等不同效果，散发出独特的魅力。其中的建筑物数量远小于万寿山颐和园和香山静宜园，而且以佛寺和道观为主，山脚和山峰上点缀着造型各异的4座宝塔，分别采用琉璃、石材和砖建造，处处呈现湖光塔影的效果。山崖上保留着前代所做的石刻雕像，宗教气息浓郁。全园建筑与山林环境相得益彰，被认为是三山行宫中自然景致最为秀美的一座。

第三章

王公府园

皇家园林之外，中国第二种重要的园林类型是私家园林。其中江南私家园林艺术成就最高、影响最大。北方现存的私家园林主要分布在北京，此外在天津、山东、山西、河南等地也有部分遗存。北京私家园林中有一类王公府园，情况比较特殊。这些园林并非园主自购，而是得自朝廷赏赐，因此不同于一般民间意义上的私园。特别是在清朝，许多王公的府园和郊园均属于“赐第”和“赐园”性质，其产权仍归皇家，朝廷可以收回，而且经常由官属样式房协助设计施工。但另一方面，这类园林的修筑、改建、维修和使用通常仍取决于园主的个人意见，其中一部分还是由纯粹的私园改建而来。有鉴于此，本书将王公府园单列一章，以区别于皇家御苑和私家宅园，通过北京城内的醇王府花园、恭王府花园、涛贝勒府园和棍贝子府园，西郊的礼王园、熙春园、朗润园、承泽园和退潜别墅9处实例，展示北京园林独具的特点。

第一节　醇王府花园

醇王府园位于北京西城什刹海后海的北岸，是清末光绪、宣统年间两代醇亲王奕譞、载沣所居的王府花园，其前身则是康熙时期大学士明珠的宅园。

明珠（1634—1708年）字端范，纳喇氏，满洲正黄旗人，是康熙前期重要的政治人物，于康熙十六年（1677年）担任相当于宰相的武英殿大学士，权倾一时。明珠的长子纳兰性德（1655—1685年）原名成德，字容若，号楞伽山人，文武全才，是清代最著名的词人，被近代国学大师王国维称赞为“北宋以来一人而已”，可惜年仅三十就病逝了。

明珠在宅第一侧的花园中修筑了一座渌水亭，纳兰性德经常与康熙年间第一流的文人陈维崧、朱彝尊、徐乾学等在这里举行宴会和诗赋雅集，留下了不少脍炙人口的诗词名篇，是当时文坛的一段佳话。

乾隆后期这座宅园传到明珠的孙辈，因为犯罪而被抄家，宅园被朝廷没收并改赐成亲王永瑆，改称成王府。永瑆（1752—1823年）是乾隆帝第十一子，擅长诗文书画，名列清代四大书法家之首。

永瑆过世后，王府和花园续传其子孙，光绪年间传到贝子毓橚的手里。当时朝廷地位最重要的王爷是光绪帝的生父醇亲王奕譞，他的府邸本来位于内城西南角的太平湖附近，因为光绪帝出生在太平湖府邸，这里就成了“潜龙邸”，按照清朝的惯例，应该升格为宫殿，不宜由一位王爷永久居住。故而朝廷决定将贝子毓橚的这座府邸改为新的醇王府，另在西直门内半壁街找了一处规模较小的府院给毓橚住。

奕譞（1840—1891年）是道光帝第七子，咸丰帝的弟弟，其亲王爵位具有“世袭罔替”的资格。奕譞获得新王府后发现府邸建筑和花园都已经衰败不堪。朝廷赏了十万两银子让他自行修理，但由于经费不足，只好斟酌减少了一些亭台楼阁。

奕譞去世以后，王府与花园都传给第二代醇亲王载沣。载沣

（1883—1951年）是末代皇帝溥仪的生父，宣统年间曾任摄政王。因为这里是溥仪的诞生地，也应该改作宫殿，不过清朝很快就灭亡了。1924年，溥仪被驱逐出宫后还曾一度在此居住。

1963年，醇王府的花园经过整修后用作宋庆龄同志住所，拆除了一些旧建筑，并在西侧修建了一座两层仿古风格的大楼，其余景致基本保持完好，1982年后以“宋庆龄同志故居”的名义对外开放（图3-1）。

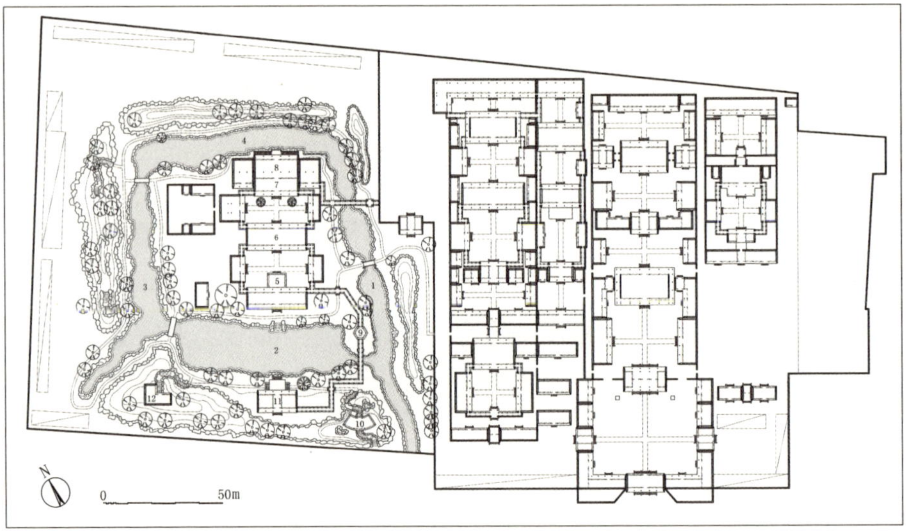

图3-1　醇王府园复原平面图。自绘

1东河　2南湖　3西河　4北河　5戏台　6濠梁乐趣　7畅襟斋　8北楼　9恩波亭　10箑亭　11南楼　12听雨屋

醇王府花园位于府邸西侧，占地面积接近40亩，原来没有对外的园门，只在府邸西南的墙上开一个小门出入，如今在花园东南角新开了一个大门。整座花园的围墙之内四面都堆有土山，连绵不断；土山之内，四面开挖河池，南侧水面较宽，称南湖，其余三面是长河。主要的建筑位于山水环抱的中央陆地上，原本分为两进院落，第一进院的南房是一座戏台，现已拆去，改植了一大片草坪；北房是一座厅堂，上面悬着“濠梁乐趣”的匾额。第二进院落的北房为畅襟斋，两厢分别为观花室和听鹂轩，回廊环绕，院子里竖立了一株石笋，并对称种植两株西府海棠。畅襟斋的北侧紧贴着一座楼阁，二者连为一体，楼北直接面临北河。

东西两侧的河流略窄一些，其中东河的南端可通过暗河与后海相通，西河与土山相依，河上架有石桥。南湖南岸建有一座南楼，与戏台、濠梁乐趣、畅襟斋形成一条连贯的中轴线。南楼之东为箑亭，平面成扇面形，造型非常特别（图3-2）；南楼西侧的假山上建有一座听雨屋，平面为曲尺形。一条蜿蜒曲折的长廊跨过南湖，将南楼和戏台连接在一起，廊子中央修建了一座六角亭，名叫恩波亭。这个亭子建于成王府时期，用以纪念当年朝廷的恩赐，从后海直接引水入园。

图3-2　醇王府园箑亭，亭前是溥仪的弟弟溥杰。喜龙仁摄

醇王府花园是北京现存造园水平最高的大型园林之一，气魄宏大，四周以墙、山、水形成三重围合，墙与山丘隔绝了尘嚣，四面的

水面清澈明净，倒影纵横，在一定程度上加大了视觉距离，让人产生身在山林幽涧之中的沉静之感。假山主要以土堆成，局部点缀山石，有些山石上还带有题字。

园中建筑数量不多，中央的两进院落较为严整，而扇面亭、听雨屋的造型则比较别致，形成对比效果。曲折的游廊在山水楼台之间盘旋穿插，使得布局更加灵活。假山主要以土堆成，只在局部点缀一些石头，质朴而自然。水面的形状也不算曲折，四面浑然一体，与土山和建筑密切配合，相得益彰。

园中的植物以柳树、槐树和榆树为主，大多沿水边和山脚种植，郁郁成林。其中有一株古槐树冠庞大，枝叶一直垂到地面，宛如凤凰展翅，因此被称为“凤凰槐”；南楼之前还有两株卫矛，又名“明开夜合”，也是多年前的古木。

综合而言，醇王府园虽然位于城市核心位置，但所在的后海一带素来以幽静而著称，夏天水面上有大片荷花，堪比杭州西湖。登上园中南楼，即可俯瞰后海风光，还能隐约眺望西郊的远山，有很好的借景条件。醇王府园在山水围合之中修建厅堂院落和楼、亭、长廊，空间疏朗，意境清幽，手法大气而不落俗套，令人赞叹。

第二节　恭王府花园

恭王府园位于北京什刹海前海地区的柳荫街，是清末恭亲王奕䜣的府邸花园，其前身是乾隆年间大学士和珅的宅园旧址。

和珅（1750—1799年）字致斋，钮祜禄氏，满洲正红旗人，乾隆五十一年（1786年）任文华殿大学士，其子丰绅殷德娶和孝公主为妻，门第显赫，荣宠无比。嘉庆四年（1799年）乾隆帝去世后，和珅被嘉庆帝赐死，宅园没收改赐乾隆帝第十七子庆王永璘，成为庆王府。

咸丰二年（1852年），此府被改赐恭亲王奕䜣。奕䜣（1832—1898年）为道光帝第六子，咸丰末年起负责总理各国事务衙门，同治年间加封议政王，一度执掌朝政大权，是晚清重要的政治人物。奕䜣获赐王府的时候，府邸部分尚保持完整，但府后花园已经完全废弃，只剩下一座西洋式的园门以及一些土山、青石和水井。奕䜣于同治五年（1866年）对花园进行重建，形成了今天的格局。此园最初与恭亲王的西郊赐园同名，都叫“朗润园”，后来改称“萃锦园”，因奕䜣本人的诗集《萃锦吟》而得名。

奕䜣去世后，府园由其孙溥伟继承，民国时期出售给天主教会，用作辅仁大学校舍。20世纪80年代，恭王府花园整修开放，成为北京最著名的古典园林游览胜地之一。

花园位于府邸之北，占地面积接近50亩（图3-3），中央设有一座砖砌园门，造型和装饰都带有明显的西洋风格，外侧刻有匾额“静含太古”，里侧刻“秀挹恒春”；东南角假山之间辟有小径，也可入园；西南设有一座城关，名叫“榆关”，形似一段城墙，据说有隐喻山海关之意，墙下开拱门。园门与府邸后罩楼之间设有夹道，其中还建了一座单间的龙王庙，庙前挖有水井。

全园分成东、中、西三路，四周均有假山围合，脉络相连，形成内敛的气氛。从中央的园门进入，道路两侧均为青石假山，东为垂青

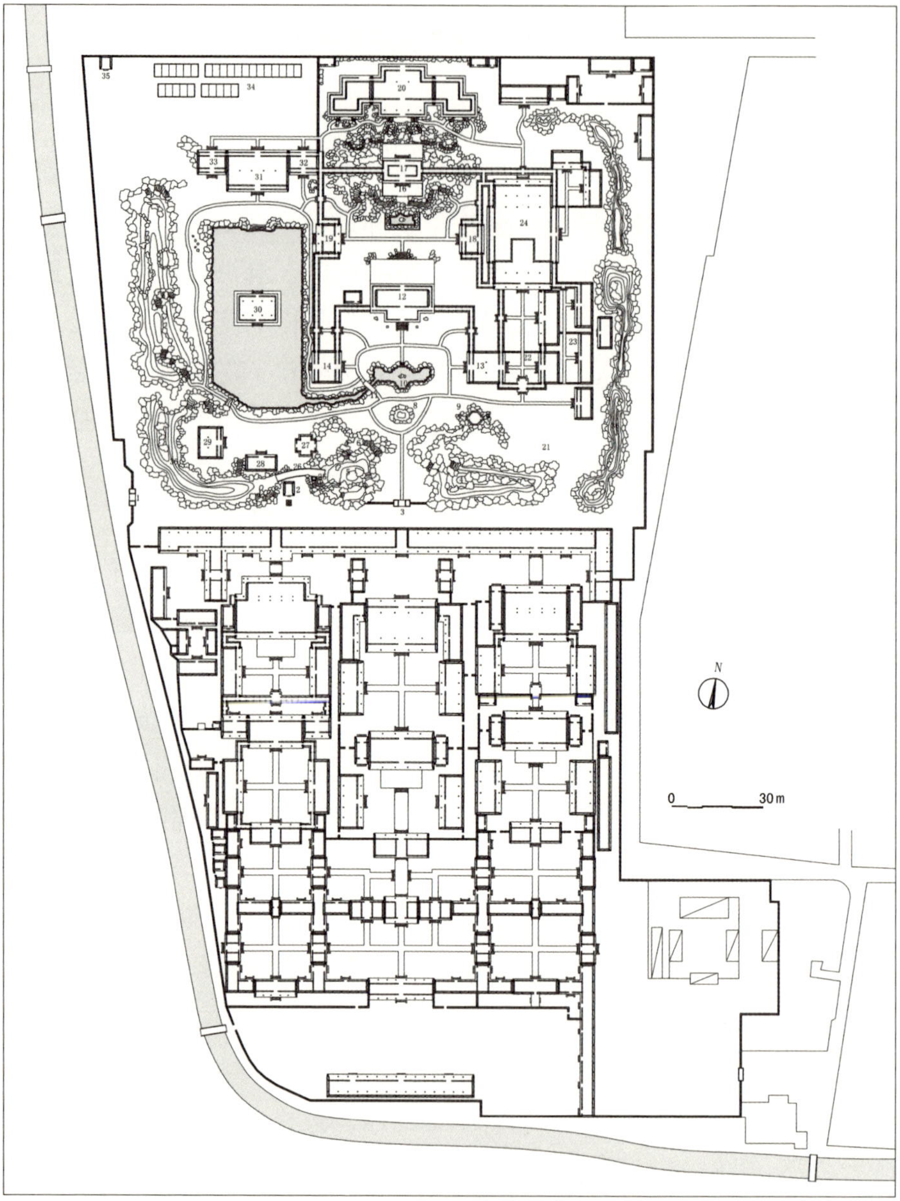

图 3-3　同治年间恭王府园复原平面图。自绘

1 西门　2 龙王庙　3 西洋式园门　4 垂青樾　5 翠云岭　6 樵香径　7 怡春坞　8 独乐峰　9 沁秋亭（流杯亭）　10 蝠池　11 渡鹤桥　12 安善堂　13 明道斋　14 棣华轩　15 滴翠岩　16 邀月台　17 绿天小隐　18 退一步斋　19 韵花簃　20 蝠厅（正谊书屋）　21 蓺蔬圃　22 香雪坞　23 吟香醉月　24 大戏楼（怡神所）　25 山神庙　26 榆关　27 妙香亭（般若庵）　28 秋水山房　29 养云精舍　30 诗画舫　31 澄怀撷秀　32 宝朴斋　33 韬华馆　34 花洞　35 花神庙　36 土山

樾，西为翠云岭，两山之间凌空搭了一块横石，成为第二道门洞。洞北设有一座花台，四周用小块石头围成一圈，中间竖立了一块高约5米的大太湖石，峰顶刻“独乐峰”三字。

垂青樾以东另有一座小型假山怡春坞，山北建了一座六角形的沁秋亭，亭内台基上凿出曲折的石渠，用来举行“曲水流觞”的仪式。独乐峰之北是一片蝙蝠形的水池，名叫“蝠池”，西侧有小溪与西路的大水池相通，溪上用石块垒了一座小桥，名叫“渡鹤桥”，因为当年园中所养的鹤经常站在桥头。蝠池的北边建有正厅安善堂，这是一座五开间周围廊歇山顶建筑，前面伸出三间抱厦，后面连接一个石台基，两侧用长廊串联东厢房明道斋和西厢房棣华轩。

安善堂北面是大型假山滴翠岩，全部用太湖石叠成，这样规模的湖石山在北京私家园林中非常难得。山里面藏着一个深洞，洞中保存着一座康熙帝御笔所题的“福”字石碑。山上曾经设有大水缸蓄水，水滴通过缸底的小洞沿着山壁潺潺而下，流入山前的方形水池。山上建有绿天小隐，是一座三开间的歇山敞厅，厅前用汉白玉栏杆围着一方月台，名叫“邀月台”，夜间可在此静坐望月。敞厅两侧是很长的爬山游廊，从山脚一直升到山顶。滴翠岩东西各有一座平顶厢房，分别叫“退一步斋”和“韵花簃”。

中路最北的大厅名叫“正谊书屋”，平面很复杂，形似一只蝙蝠，因此俗称“蝠厅”。此厅柱子原本不刷油漆，保持木材本色，现被加上一层竹子彩绘图案。

东路垂青樾假山以北辟有一座小菜圃，名叫“蓺蔬圃”。从菜圃北侧可入一个垂花门，里面是两进香雪坞院落，前院种了不少竹子，掩映着隔墙上的月洞门；后院东侧为三间厢房，西侧建十间长廊，并不对称；北面一座五开间的硬山建筑，屋檐前面搭了一个藤架。香雪坞的东面是吟香醉月小院，形状狭长。东路最北是大戏楼，由北部的前厅、中部的观戏厅和南部的戏台组成，装饰得富丽堂皇，门上悬挂康熙所题的“怡神所”匾额。当年恭王府中专门养了一个戏班子，这里正是主人观看表演和举行宴会的场所。

西路榆关之北有一座秋水山房，其西为养云精舍，分别与水池、假山相依。秋水山房的东侧建有一座造型独特的两层小楼，底层平面为“十”字形，称“般若庵”，是一处祭祀场所；上层平面呈海棠花形，悬“妙香亭”匾额；榆关南侧假山上另有一座小小的山神庙，纯用砖砌成，与妙香亭相对。西路的中央位置是一片长方形的大水池，中央建三间水榭，名诗画舫（图3-4），俗称钓鱼台。大池北侧的花厅是一座两卷五间建筑，名“澄怀撷秀”，东耳房为宝朴斋，西耳房为韬华馆，现西耳房已经不存。西路的最北端原为4座花房和一座花神庙，民国年间被拆除，其旧址上另建了一座仿古风格的司铎书院大楼，现用作天主教爱国会办公楼。

图3-4　恭王府园诗画舫。喜龙仁摄

恭王府花园格局严谨，气魄宏大，其东、中、西三路各有特点，东路以大体量的戏楼为主，西路以水池、假山和水榭为主景，中路则以厅堂建筑与假山、水池交错布置。院落虽然规整，但游览路径穿插于山石之间，因此空间并不显得呆板。

园中建筑造型丰富，尺度偏大，以雕梁画栋为主，突显豪门贵气。假山分青石、湖石、土山三类，或险峻，或秀丽，或平缓，形态万千。园西墙外原有河流与前海相通，20世纪50年代填为柳荫街，园中另设五口大水井，均可提供活水水源。园中植物根据不同景区的主题做了精心的配植，例如垂青樾假山上主要种老槐和各种花草，形成宜于夏季纳凉的大片绿荫；南侧假山附近种丁香和桃花；大水池周边种垂柳；北岸主要种海棠，相互映衬，美不胜收。

民间一度传说恭王府花园为《红楼梦》中大观园的原型，著名红学家周汝昌先生为此写过专著加以考证。事实上，一座同治年间重建的园林不可能被写入乾隆年间的小说，但此园作为北京目前保存最完整的王府花园，确实与大观园有某些相似之处，值得细细品味。

第三节　涛贝勒府园

涛贝勒府园位于西城什刹海地区的龙头井（今柳荫街）三转桥以西位置，其前身为康熙帝第十五子愉郡王允禑的王府，同治三年（1864年）转赐钟郡王奕詥。奕詥身后无子，由贝勒载滢承袭，但载滢又因为犯事而被削去爵位，府邸也被收回，另赐贝勒载涛，成为涛贝勒府。

载涛（1888—1970年）为醇亲王奕譞第七子，也是光绪皇帝和摄政王载沣的七弟，光绪二十八年（1902年）袭封贝勒，在宣统年间出任军咨府大臣、禁卫军统领大臣。新中国成立后曾经担任中国人民政治协商会议委员、中国人民解放军总后勤部马政局顾问，是清末皇室中罕见的新派开明人物。

这座花园清末以前的情况不详。载涛于光绪末年重新做了全面的修整，其景致具有明显的近代色彩。民国时期府园被辅仁大学收购，并于1930年在花园南侧的马号旧址上建造了一座中国古典风格的辅仁大学教学楼。新中国成立后辅仁大学并入北京师范大学，目前涛贝勒府的花园为北师大化学系所有，主要建筑仍然得到保存。

花园位于府邸南侧，占地面积接近20亩，穿过府邸东路最南端的过厅或夹道都可以入园。整个花园建筑数量不多，基本上沿着四周布置，格局规整（图3–5）。

最北侧是一座三开间的小轩，以弧形长廊与东侧的一座两卷三间的别馆连接在一起。游廊再以圆弧形转向南侧，通往一座假山，山上建八柱圆亭一座（图3–6），与爬山游廊相接，亭柱间设有美人靠坐凳。假山北侧辟有一个圆形的小水池，当年曾经在池中安置了一块秀丽的湖石，石头顶上还特意竖立一座青铜所雕的丘比特雕像，可以吐水，类似西式喷泉。可惜现在这个水池已经改变形状，原有的雕塑和湖石都丢失了。

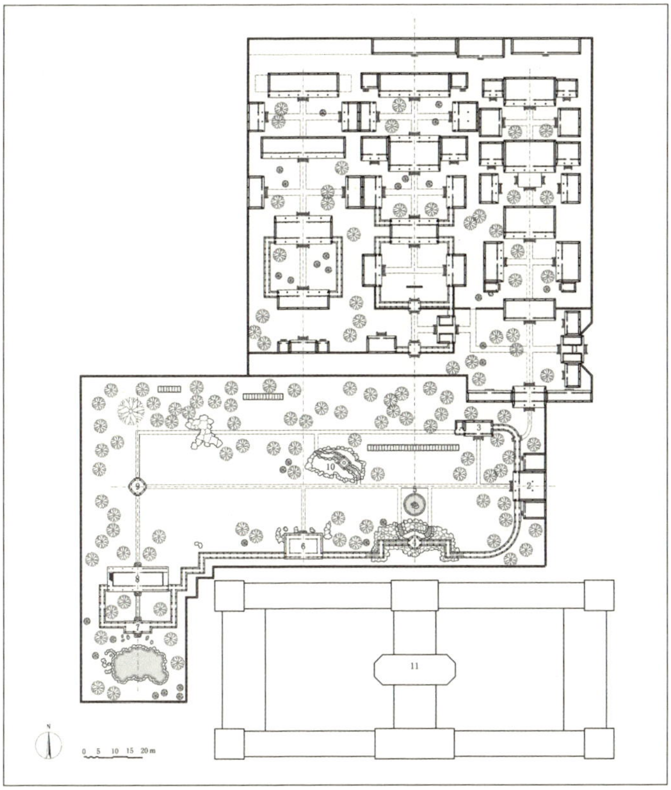

图 3-5　民国时期涛贝勒府园复原平面图。自绘

1 府门　2 东馆　3 北轩　4 圆亭　5 圆形喷泉水池　6 正堂　7 平顶敞轩　8 西楼　9 八角亭　10 方亭　11 辅仁大学校舍大楼

图 3-6　涛贝勒府园假山圆亭。喜龙仁摄

从圆亭沿着游廊向西，来到一座三开间歇山顶的厅堂，坐南面北，四面都设有隔扇门窗，另在台基的四个角部各放一块湖石以作点缀，厅前种有茂盛的海棠树。

从厅堂折向西南，可见一个游廊环绕的独立院落。院子北面是一座五间周围廊歇山顶的楼阁建筑，南面原有一座三开间平顶敞厅，敞厅的屋顶设栏杆，兼作平台，以供登临。院内散布着一些精美的湖石和石笋，还种了不少花木。敞厅以南另外辟有水池，四周以叠石形成驳岸，富有自然情趣。现在敞厅已毁，水池也被填平了。

楼阁之北建有一座八角亭，其南立面与楼阁形成轴线，东立面与园东的轩馆遥遥相对。花园西北有一座青石所叠的小假山，其东为平缓土坡，坡上构筑方亭，目前只余台基。

这座园林一共拥有90多间游廊，蜿蜒回折，上下错落，将北、东、南三面的楼、堂、亭、馆、轩等不同建筑串联为整体。全园共设三座小亭，平面分别为方形、圆形和八角形，形成鼎足之势。南楼造型端庄，敞厅采用朴实的平顶，使院落轮廓出现一定的变化。园中所有建筑的柱子均饰以绿漆，门窗、楣子、坐凳等外檐装修部分基本采用木材原色，颇为清雅。此外，廊下的吊挂楣子和坐凳均采用特制的花纹图案，与其他府宅花园不同。

园内假山主要位于东南部，平面形态很像蝙蝠，大概有“纳福”的寓意，其手法与恭王府园蝠池、蝠厅相似。特别之处在于假山的北侧全用湖石叠成，玲珑剔透，上面点缀两三株石笋，里面还隐藏了两处山洞；南部则全用青石垒成，峥嵘奇崛，与北面形成鲜明的对比。西北角的小假山以青石构筑云洞，其东的山丘以土为主，辅以青石作为铺垫，而厅堂和楼阁前均以姿态上佳的石景作点缀，因此全园用石虽不多，但主次分明，错落有致，手法不俗。

涛贝勒府园最大的特色在于明显受到欧洲园林的影响，在整体布局、建筑装修以及水池喷泉三个方面吸取了不少西式手法，并与中国传统造园形式巧妙地融合在一起。

全园强调轴线关系，道路基本都是直线或圆弧形，东部游廊的南北两端平面采用弧形，构图比较几何化。园中厅堂楼阁多采用玻璃窗，其中北面小轩南部的三面窗户采用木板嵌玻璃的样式，玻璃上部还是半圆形，类似西洋建筑常见的拱形窗。原有的室内陈设采用了很多西式的家具和隔断，充分反映了园主对西式生活趣味的向往。东南假山之前的水池完全采用圆形平面，四围用石头砌筑整齐光滑的边沿，其中既点缀湖石，又安置丘比特雕像喷泉，属于中西合璧的水景。

清代中叶以来，北京私家园林经常受到洋风的影响，一些权贵的花园中特意构筑西式洋楼，体量较大，与传统的园林风貌并不协调。相比而言，涛贝勒府园对西式手法的吸纳比较高明，全园在采用轴线控制、西式装修和西式喷泉的同时，仍按照中国传统手法来营造其中的建筑物、培植花木、堆叠假山，使得中西方不同的造园元素彼此兼容，避免了几何式布局所带来的过分严谨之感，堪称富有新意的近代杰作。

第四节　棍贝子府园

棍贝子府园位于北京西城区蒋家房胡同以北、什刹海西海南岸，清末时期为贝子棍布扎布的府邸花园。

这座园林的前身最早可以追溯到明代定国公的太师圃。定国公徐氏是明朝开国功臣、名将徐达的后代，长期定居北京，其府邸建于西海岸边，旁设花园，园门上悬挂“太师圃”匾额。根据《帝京景物略》《燕都游览志》等明代文献记载，此园格局疏朗旷达，入门即为一堂，堂后是一片大水池，池中荷花盛开，岸边槐柳垂荫；池北有水榭和高台，可以临瞰墙外的西海风光，整体风格犹如荒山野塘，被誉为什刹海沿岸第一名园。

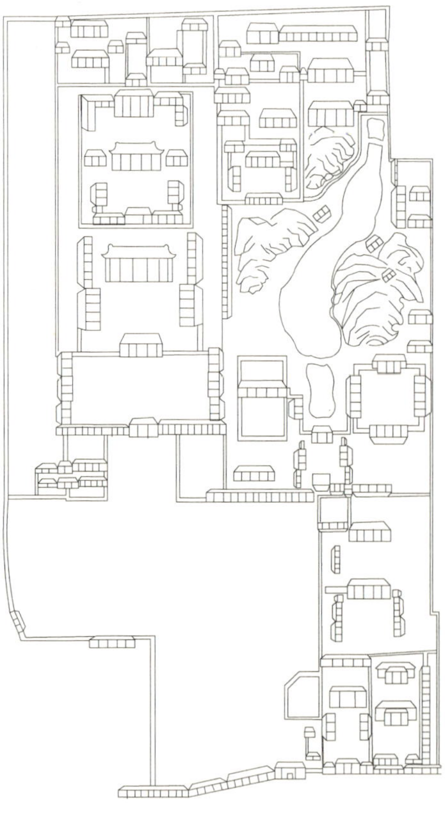

图3-7　乾隆《京城全图》中的固山贝子弘暻府园全图。引自《加摹乾隆京城全图》

清朝雍正年间，此处成为诚亲王允祉的新王府，不久诚亲王被夺爵圈禁，府邸由其第七子贝子弘暻继承。乾隆年间《京城全图》上绘有府邸和花园的详细平面图（图3-7）。

嘉庆年间，府园传至弘暻的曾孙辅国公奕果，被朝廷收回并转赐嘉庆帝第四女庄静公主。庄静公主于嘉庆七年（1802年）下嫁蒙古土默特部贝子玛尼巴达喇，故此府改称土默特贝子府。光绪年间，府园传至庄静公主曾孙贝子棍布扎布，又称棍贝子府园。新中国成立后府园收归国有，1956年在此建立积水潭医院，花园大部尚存，被保留为医院的休闲场所，近年还做了全面整修。

花园位于府邸的东部，鼎盛时期面积有40多亩。园门位于南侧，入门跨过一丘土山即来到一座三开间的歇山花厅之前，花厅西侧是一片纵贯南北的长河形水池，水池两岸都堆叠土山，形成两山夹一水的主体格局。东岸假山规模很大，向西凸出，宛如半岛，山上有一条曲径通向山顶的一座方亭。近年在山侧增设了一处瀑布小景。

西岸土山分为两部分，体量较小，山脚水际建有两座两层的小楼，与东岸的方亭形成对景。园北部地势渐次升高，水池北端出现上下两层台地，下层临水建一座悬山水榭，上层建一座七开间的硬山轩馆，二者前后错落，看上去好像是叠在一起的楼阁。花园的东西两侧都曾经分布若干独立的院落和房屋，现在只有东部还剩下一些旧建筑。新中国成立后水池得到改造，向东延伸出去一段，形状由原来的“I”形变成“L”形。

棍贝子府园是北京内城中唯一一座仍保持明代风格的私家园林，其中建筑数量很少，形式简单、体量不大、布局分散，彼此未以长廊串联，遥相呼应。中央部分以水池和假山为主景，水池长度超过150米，北段与西海相通，可引活水入园；假山以土为主，上面种植树木，局部点缀青石和湖石，具有浑朴自然的效果。园中没有特别珍贵的花木品种，主要以高大的槐、柳、杨树分布于水岸和假山上，当年曾经吸引很多山鹊在此穿梭飞翔。全园表现出溪山深秀、野趣盎然的意境，令人仿佛身处宋元山水画之中。

第五节　礼王园

苏州狮子林是一座以叠石假山著称于世的江南私家园林，而北京的礼王园同样以峥嵘奇丽的叠石见长，足以与狮子林南北呼应，并称名园。

礼王园位于北京西郊海淀镇西南，是清代礼亲王府的郊外花园。礼亲王是清太祖努尔哈赤次子代善的后裔，为八大铁帽子王之首，地位尊崇。这座花园的始建情况不详，根据文献推断，很可能由第八代礼亲王昭梿建于嘉庆年间，原名十笏山房。

光绪年间，清廷重修颐和园，末代礼亲王世铎也随之大兴土木，连续花费4年的时间对此园进行重修、扩建，形成今天的面貌。民国初年，此园被售予著名的中药世家同仁堂乐家，改名为乐家花园。新中国成立后归北京市八一中学，近年得到大规模重修，目前作为一家古典风格的高级餐馆对外开放。

整座礼王园位于苏州街西侧，包括宅院和花园两个部分（图3-8）。宅院位于东侧，原有四进院落，现仅存宅门和部分正房、厢房。花园位于西部，面积接近30亩，远远大于宅院部分。

大门位于东南角，坐西朝东，为三间硬山建筑，前出一间抱厦。门内左右各有传事房三间，入门即见一座假山迎面而立，宛如屏风，山前有一个很小的水池，从假山北侧的夹道可绕到倒座院中。

从倒座院东南侧的垂花门可以进入花园。第一进院落南侧建有一座七间厅堂，面北，前出三间抱厦，可作戏台之用。南厅东西两端各接出一段平顶游廊，东游廊旁依假山，可以沿着假山的石磴登上屋顶，俯瞰全园景色。院落之北为前后两卷五开间硬山正厅，高大宽敞，两侧各建五间贴山游廊，整体造型宛如歇山。东厢位置建有一座五开间歇山顶的轩馆，台基较高，前面伸出月台，月台前又以假山叠成石洞的形式。西厢位置筑有一座石台，四周以汉白玉石雕栏杆围合，台西侧叠有一组精美的山石。正厅与东轩、西台之间原有游廊串

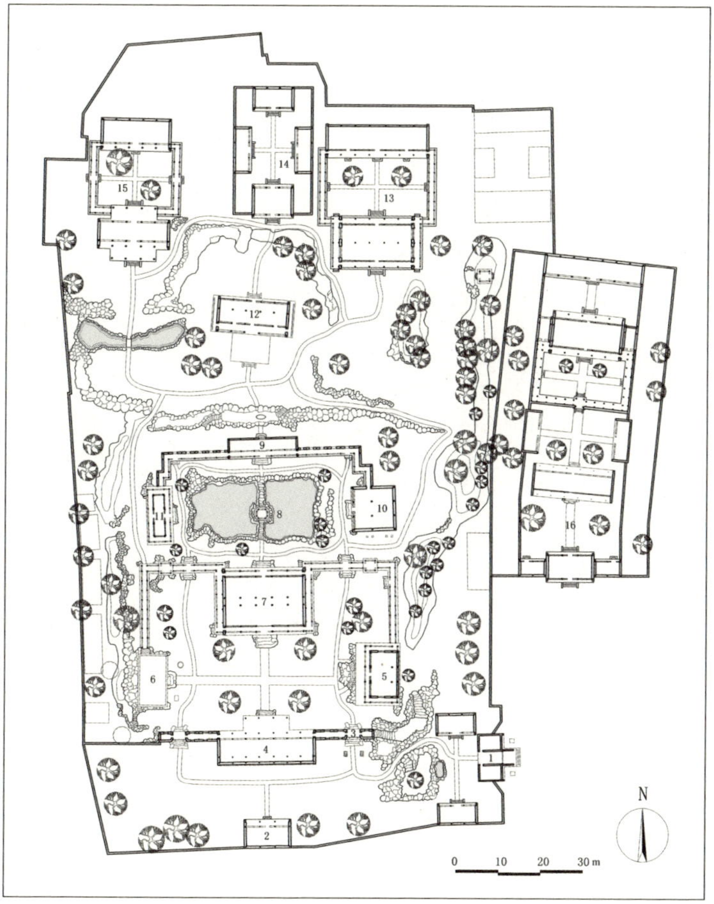

图 3-8　礼王园复原平面图。自绘

1 大门　2 观音堂　3 垂花门　4 南厅　5 东轩　6 石台　7 正堂　8 八角亭　9 花厅　10 别馆　11 水榭　12 玉兰富贵堂　13 海棠馆　14 中所　15 梅香院　16 住宅院落

联，左右廊间还各串联一座方亭，形成半围合的空间形态，可惜现游廊和方亭都已被毁，只剩下清晰可辨的台基和柱础。

第二进院落的尺度比前院略小，仍以平顶游廊三面环绕，北侧中央建有五间花厅，两侧游廊的后墙原带有花窗，可以隐约显现廊后连绵不绝的假山，现在游廊已被封砌为房间。院东侧为三间硬山房，前出平顶抱厦；西侧则是一座三开间的歇山顶水榭。院中辟有水池，驳岸曲折，池中心叠石为岛，小岛南北两侧又用石块垒成小桥，与池岸相通。岛上建了一座八角亭，成为景观中心（图3-9）。

图 3-9　礼王园水心八角亭。喜龙仁摄

花厅之北有大型假山横亘，穿过山洞向北，可见一座五开间厅堂，两侧也附设贴山游廊。此堂名为“玉兰富贵堂”，因堂前原有两株玉兰古树而得名，可惜如今树已枯死。现在堂前尚存三株白皮松，也是多年的古树。玉兰富贵堂四面环山，东南面的假山仿山谷深壑，西北面的假山峭茜峥嵘，颇有名山险峰之态。堂西辟有一泓狭窄的曲池，池上原有木桥一座。园东部的土山原来一直向北延续，颇具山林气象，今已基本荡平，山上原有的亭榭也已不存。

全园的最北部建有三个独立院落，东西两所格局相似，均为南房、北房加东西游廊串联的形式，不设厢房。传说原来东所种海棠，西所种蜡梅，分别称海棠馆和梅香院，但现在海棠和蜡梅都已不见踪迹。中所规模略大，除了南北房之外，东西两侧带有厢房。

礼王园的全园布局以横向的假山为界，可分为前、中、后三个部分：前部为主景所在，包括厅台轩馆等不同建筑以及中心水池；中部空间比较疏朗，在假山的四面围合中仅设一座厅堂；后部分设三座四合院，景致相对平淡。整体上呈现出严谨端整的特色，又通过假山、花木的分隔穿插和建筑形式的对比来取得一定的变化。

在北京现存的私家园林中，此园的叠石数量之多、规模之大，均堪称第一。全园假山脉络相连，呈现出负阴抱阳之势。假山的构筑多采用以土带石的形式，西部和北部的假山用石量较多，而东部假山用石较少，土山上多植高树。所用石块以北方的青石为主，斧劈刀斫，线条刚硬，具雄浑之气，表现出孤峰、险崖、平冈等不同形态，景致变化多端，同时兼有分隔空间之妙，显示出很高的艺术水准。局部湖石堆叠的假山形态也比较浑厚，较之江南园林秀丽的湖石假山风格别具趣味。

园中最精美的石景位于第一进院西侧石台之后，由三座石峰组成，中央一峰为湖石，玲珑奇巧，极有瘦皱透漏之态，两侧各立一座青石山峰，形成左右呼应的态势，周围又错落排列许多山石作为衬景，穿凿起伏，极尽变化之能事。玉兰富贵堂南北两侧的假山形成了深山峡谷之景，西北的一组假山则奇峰崛起，或正或斜，或挑或垂，参差进退，蜿蜒嶙峋，颇有“横看成岭侧成峰”的效果。园中还有几处地方都以片状青石垒成山洞的形状，富有趣味。此外还在台基下四处散置一些单块的石笋或湖石，成为恰当的点缀小品。

另外值得一提的是，礼王园的布局虽然大致对称，但并不呆板。中轴线上的建筑大多顺应地形，略做偏斜；第一进院的东轩与西台、第二进院的东馆和西榭、东部的土山和西部的石山，以及园后部的梅香院、海棠馆，彼此都东西相对，但具体的形态并不相同，于严谨中增加了一定的变化。其中的平顶游廊与假山配合，可兼作观景平台。

总体而言，礼王园以雄健大方的叠石和端庄严整的格局为特色，反映了清代王府花园的一些典型特征，不愧为现存北京古典园林之佳作。

第六节　熙春园

熙春园位于北京西郊海淀现清华大学校园内，是清代诚亲王允祉（1677—1732年）的赐园，始建于康熙四十六年（1707年）。允祉为康熙帝第三子，雍正帝之兄，是清初皇室中的著名学者，曾聚集陈梦雷等多位学者在熙春园编撰《古今图书集成》。但是他与雍正帝有尖锐矛盾，雍正八年（1730年）被夺爵、圈禁，此园随之被没收入官。

乾隆三十二年（1767年），熙春园被辟为皇家园林，变成圆明园的四座附园之一，又称东园。乾隆帝在园内增建观畴楼等建筑，经常来此游赏，并作有大量的御制诗。

道光二年（1822年），熙春园被分为两处，东面一区赐嘉庆帝第三子惇亲王绵恺，改名为“涵德园”；西面一区赐予嘉庆帝第四子瑞亲王绵忻，改名为“春泽园”，俗称“四爷园”（图3-10）。

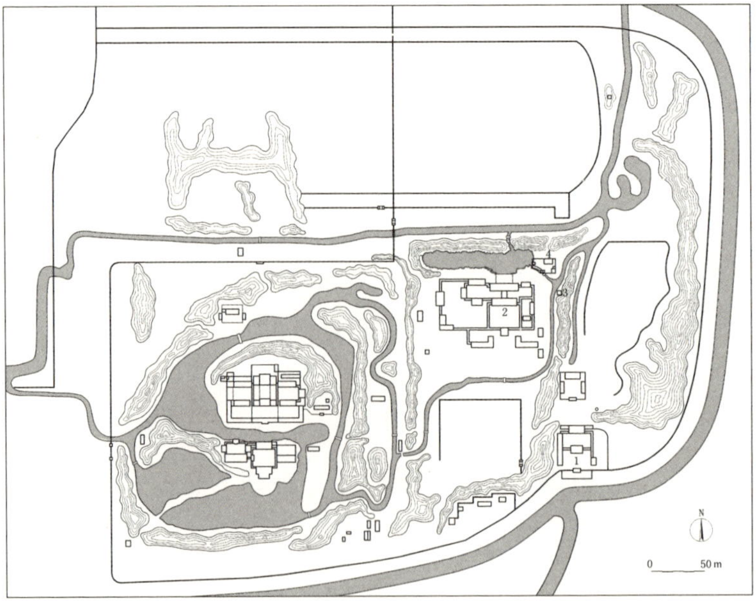

图3-10　道光二年熙春园平面图。根据样式雷图重新绘制

1 永恩寺　2 工字厅　3 迤东亭　4 观畴楼

绵恺身后无子，道光二十六年（1846年），道光帝把皇五子奕誴封为惇郡王，继承涵德园；咸丰帝即位后将此园改名为“清华园”，并亲笔题写匾额；奕誴后来晋升为惇亲王，民间又把清华园俗称为“小五爷园”。春泽园由绵忻子瑞郡王奕誌继承，道光三十年（1850年），奕誌去世后被内务府收回，咸丰十年（1860年）遭到英法联军焚掠，后改名近春园。同治年间，清廷又拆除其剩余建筑作为重修圆明园的建材，导致园景极为荒芜。而东侧的清华园则幸运地躲过大劫，主要建筑一直保存至今。

光绪三十四年（1908年），美国政府决定退还部分庚子赔款，由中国方面选定清华园旧址开办游美肄业馆，自宣统元年（1909年）开始兴建校舍，宣统三年（1911年）正式开学，取名清华学堂，1912年改名为清华学校，属于留美预备学校性质，后来又把相邻的近春园旧址扩入，校园面积增大。1925年设立大学部和国学研究所，1928年更名为国立清华大学。

熙春园的西部（即后来的春泽园、近春园）有土山环绕，中央辟有大池鉴湖，湖中堆南北两座岛屿，岛上各建有一些庭院，清末以后即已无存，只有部分古树和极少量的石雕残迹保留至今，因此人称“荒岛”。20世纪80年代，在徐伯安先生的主持下，于北岛的西南部重建了部分亭榭和游廊。岛屿周围种了很多柳树，水面上的荷花非常茂盛，当年奕誌有《泛舟》诗描写道：“荷花红四壁，杨柳绿千条。”现代著名作家朱自清先生所作散文名篇《荷塘月色》描写的也是此处风光。

熙春园的东部（即后来的涵德园、清华园）南侧建有大宫门和马圈，其东有一座独立的小寺院，名叫“永恩寺”，山门直接面对园墙外开设。偏北位置设有主体院落，分为东、中、西三所。渡过溪流上的石桥来到中所南侧的二宫门，门上有咸丰帝所书“清华园”匾额。中所第二进院的正堂是前后两座七间大厅，中间用廊串联，平面呈“工”字形，故名“工字厅”，院中有山石堆叠，松柏丁香等花木点缀，环境清幽。这组院落一直保存完好，先后用作清华大学的学务处、文化中心和教师宿舍。1924年，印度大诗人泰戈尔访华时曾经在此下榻，梁启超先生、吴宓先生也都在此住过。

西所之西有跨院，再西略偏南位置建有古月堂小院，为道光初年所建的书斋。院落南侧的垂花门原来位于东所，后来迁移到此。

工字厅北面屋檐下有“水木清华”匾额，并悬同治、光绪间礼部侍郎殷兆镛所书楹联曰“槛外山光，历春夏秋冬，万千变幻，都非凡境；窗中云影，任东西南北，去来澹荡，洵是仙居”。所谓“水木清华”典出东晋诗人谢琨的《游西池》诗句：“水木湛清华”，含有“水景清幽、树木华茂”的意思。厅北伸出一个月台，围以汉白玉栏杆。月台直接依临一湾曲池，池西北角有小瀑布注入池中。池北堆大土山，局部叠置青石，山上种了很多古树，颇有葱郁之气。

东所东侧溪流东岸曾经建有一座方亭，名“迤东亭”，现在已经迁建到水池东侧，改名“自清亭”。北侧还曾有观畴楼、土地庙等建筑，现已不存。熙春园的东部和北部都曾有大片空地，当年均辟为麦田。

熙春园工字厅后面的水池很有特色，春天可见水中林木倒影，夏天池里荷叶田田，秋天变为枯枝点缀，冬天则是一片冰湖，四季之景各有不同；又与长溪、瀑布相连，更增添了许多变化。池北假山则表现出山野气息，其间小径被称为“樵径”，宛如山间密林。

熙春园旧址保留了很多古树名木，如侧柏、国槐、垂柳、松树、枫树等，与水中荷花和散植的丁香相互呼应，生机盎然。新中国成立后，清华大学在旧园范围内又种植了很多新的花木品种，如银杏、紫荆等，使得“水木清华”的景象至今仍大有可观，充满了诗情画意。

第七节　朗润园

朗润园位于北京西郊海淀，原址在现北京大学校园内，原为乾隆帝第十七子、庆亲王永璘的赐园。咸丰初年，此园被赐予道光帝第六子、恭亲王奕䜣，做了全面的整修，咸丰帝御笔题为“朗润园”。光绪年间，因为较长时间无人居住，疏于维护，朗润园一度凋敝，奕䜣曾加以重修。

光绪二十四年（1898年）奕䜣去世后，朗润园被内务府收回，一度用作赴颐和园上朝的诸臣召开会议的场所。民国初年，溥仪将此园改赐予贝勒载涛，后归燕京大学所有。新中国成立后，燕京大学并入北京大学，朗润园日渐荒废。1995—1997年，校方对朗润园的部分建筑进行重修、重建，用作北京大学中国经济研究中心和中国古代史研究中心，与原有格局相比有一定变化（图3-11）。

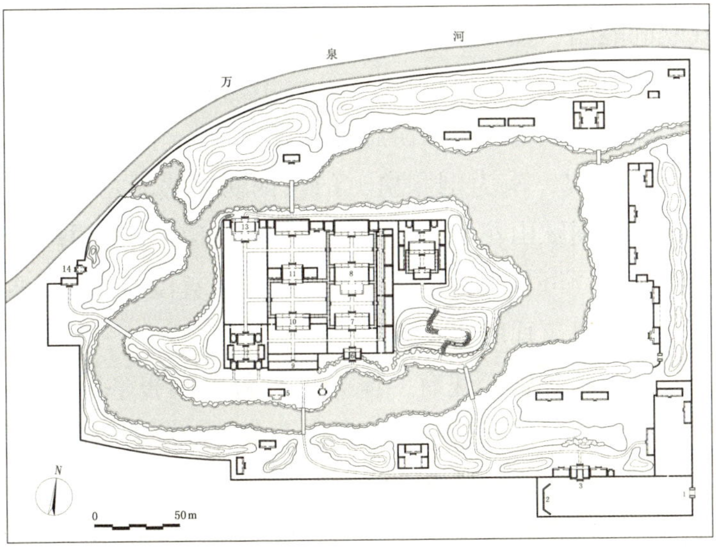

图3-11　清代咸丰同治时期朗润园平面图。自绘

1东门　2影壁　3宫门　4涵碧亭　5水榭　6东所大门　7恩辉余庆　8澄怀撷秀　9中所倒座厅　10中所前院正厅　11中所中院正厅　12西所　13歇山厅堂　14西门

为了顺应北侧万泉河的形状，朗润园的围墙西北边呈弧形，围墙下碱为虎皮石所砌，上身刷白粉。园东南角辟有东门，入门为倒座院，西设大影壁，院北为正式的宫门三间，门上曾悬“春和园”匾额，后改“朗润园”。进宫门后沿着土山之间的松荫小径逶迤西行，跨过溪流上的石桥，可来到全园的中心地带。其主体部分实际上是一个大岛，四周均为河流环绕，岛上建有三路并联的院落，分别称为东所、中所和西所。

东所分三进院落，最南设大门三间，门前左右用青石叠成“八”字形。一进院正房五间，原名“恩辉余庆”；二进院正房五间，前出三间抱厦，原名“澄怀撷秀”；再北为后罩房。现存东所全部是后来重建的仿古建筑，取消了宫门，但院外仍然布置着“八”字形的青石假山。

中所比东西两所要宽一些，分为四进院落，南侧原本不设大门，而是建了一排倒座厅，中央三间旧名“乐静堂”。倒座厅的后檐墙均刷成白粉墙，上面开设9个什锦漏窗。1997年重修朗润园时，取消倒座厅和其北的隔墙，在中路南侧建三间宫门，其北建了一座过厅，另在第三进院的北侧建五间硬山正厅，前出三间歇山抱厦，挂“致福轩”匾额。重修后的庭院仍以游廊环绕。

西所分三进院，南为倒座房，门在两侧。最后一进院子进深较大，其北建有三间歇山花厅，前出三间歇山抱厦，应为书房所在。花厅后檐直接临水，可从小桥行至北岸。西所一直没有重建，原址仅存一座五间硬山正房及耳房。

中所大门东南侧曾经建有一座方亭，名“涵碧亭”，亭西有三间水榭，另外在河南岸也有一座小榭，园北部曾经辟有竹林，其旁建三间平顶房一座。现在这些建筑都已经不存。

朗润园的位置很好，园北墙外即万泉河，与绮春园隔河相望，南侧紧邻镜春园，东距近春园不远，西近蔚秀园，四周都是园林胜景，河流萦绕，环境非常优美，既方便引水，又利于借景。

全园面积超过百亩，围墙之内四面堆山，山内再以一湾水流环绕中央的大岛，主体院落位于岛上，其幽静内敛的格局与内城的醇王府园很相似。园中以水景见长，园名“朗润”，正是形容其水景清朗润泽。水流自西北万泉河引入，蜿蜒盘绕之后自东北角流出，与两侧土山、垂柳、水榭相映照，还可以在其中划船游览。

园中建筑大多集中在中部，有明显的中轴线，显得稳重严谨。河上曾经架设了5座小桥，分别采用石板桥和木板桥的形式，给园景增添了情趣。假山以土山为主，局部点缀青石和湖石，脉络连绵。山石主要叠置在山脚处和东所门前，此外还散布着几块姿态秀丽的湖石。当年园内的植物也十分繁茂，包括荷花、竹子、松树、柳树、槐树、梧桐、桂花、芍药等，意境清幽。

第八节　承泽园

承泽园位于北京西郊海淀区挂甲屯，现为北京大学教工宿舍区。

此园的前身是嘉庆、道光年间大臣英和的别墅花园依绿园。英和（1771—1840年）字树琴、定圃，号煦斋，索绰络氏，满洲正白旗人，官至户部尚书、协办大学士、军机大臣，于道光初年构筑此园，以图邻近圆明园，上朝方便。道光八年（1828年），英和因为监修的孝穆皇后陵寝浸水而被免职，此园也随之没官。道光十七年（1837年）发还，改名“承晖园”；道光十九年（1839年）被再次没收，道光二十五年（1845年）加以改建并赐予寿恩固伦公主，改名“承泽园”。寿恩公主（1830—1859年）为道光帝第六女，在获得承泽园的当年下嫁工部尚书博启图之子景寿。

寿恩公主去世后，此园又被朝廷收回，于光绪中叶改赐庆亲王奕劻。奕劻（1838—1917年）为庆亲王永璘的后代，在光绪、宣统年间执掌大权，以贪渎豪富而著称。由于此园距离颐和园不远，一些王公大臣在赴御园见驾、办公之后，经常在承泽园中聚会宴饮。慈禧太后和光绪帝也曾临幸此园游览。奕劻还曾邀请德国亨利亲王和日本博恭亲王来园中做客。

民国年间，承泽园归大收藏家张伯驹先生所有，1953年，转售予北京大学，改为教职员工住宅区，陆续添建大量平房，但原有山水架构和大部分建筑得以保存。1998年，北大对此园西部进行了整修，其余部分则比较破败。

道光二十五年改建之前的承泽园只是一座大臣的别墅，平面形状比较狭长，东、北、西三面围墙环绕，南抵万泉河北岸为止；园内引入一条与万泉河平行的长河，横贯东西，局部加宽变为东西两个大水池。此园变成贵族赐园后，边界向南做了大幅拓展，直抵畅春园北墙，把万泉河一段河道完全纳入园中，又对北部东所院落进行改建，并在河南岸增建大宫门和若干辅助性用房，格局更为宽敞（图3-12）。

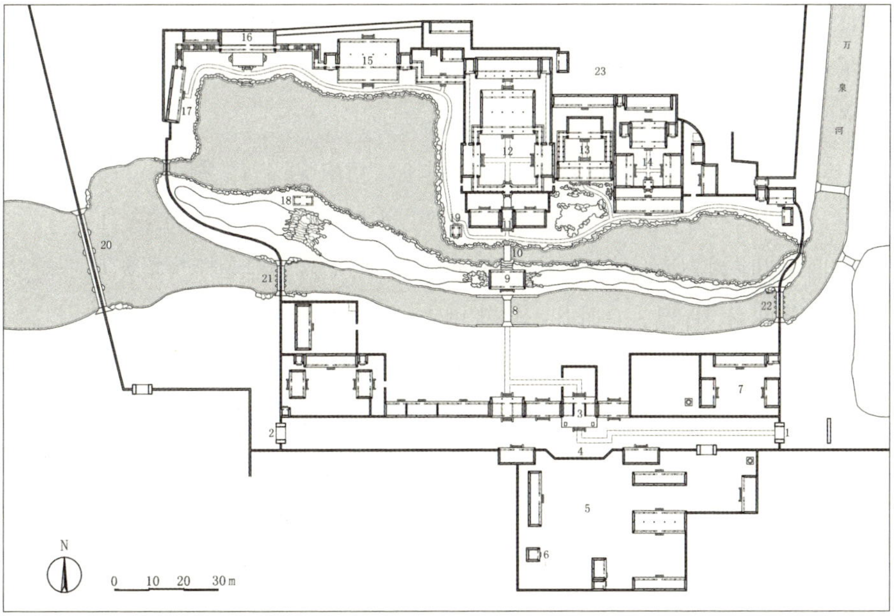

图 3-12 清末承泽园平面图。根据样式雷图重新绘制

1 东阿斯门 2 西阿斯门 3 大宫门 4 门前影壁 5 马圈 6 马神庙 7 厨房院 8 石平桥 9 二宫门 10 木桥 11 三宫门（西所大门） 12 西所 13 中所 14 东所 15 正堂迪吉轩 16 楼阁 17 西轩 18 歇山水榭 19 方亭 20 五孔水闸 21 进水闸 22 出水闸 23 观音庵位置

改建后的承泽园南侧设了一条夹道，夹道两端各筑一座阿斯门（满语为“翅膀”之意），夹道中间设大宫门三间，南对影壁。入园后，向北跨过万泉河上的一座石平桥可抵二宫门。二宫门为三间歇山建筑，夹于东西土山和南北长河之间，过二宫门再跨过河上的一座小桥可抵主体院落。

园林的主体院落分为东、中、西三所。西所是公主居所，入口正门又称“三宫门”，正对二宫门，院落北侧的两卷正房为公主寝室，其余厢房、倒座、后罩房等为太监、下人居室或库房。中所分为两进院落，也是居住空间。东所为三进院落，当年是额驸景寿居所，格局与西所近似但尺度较小。

园西部是景致中心，正堂位于水池北岸，是一座两卷五间勾连搭大厅，前出一卷抱厦，进深较大，挂“迪吉轩”匾额；堂西建有一座二层五间楼阁，前出月台，两侧以叠落的爬山游廊与其二楼相接，再西则有一座五间轩馆坐西朝东。水池南岸土山下曾经有一座方亭，清末改建为三间歇山水榭。

此园最大的特色在于水景。园内二河并列，南侧的万泉河宽11米多，北河河道则宽窄不一，其宽处形如湖泊，最窄处仅有4.8米。两河的东西两端都设有桥闸，以便于控制水位。全园被两条河一分为三，南北水岸相望，中间一段陆地与土山夹于两水之间，成为洲渚，小桥亭榭点缀河上山下，宛然江畔河干人家。

承泽园的布局也很有特色，从北到南形成建筑院落—水—洲渚—水—空地5个平行的层次，具有明显的高低变化和虚实对比。园东部的倒座房、石桥、二门、木桥、西所大门、垂花门、正寝、后罩房形成一条完整的中轴线，体现了贵族府园庄重、气派的特点。西部的正堂、楼阁、轩、亭、榭则表现出一定的灵活性，富有园林之趣。

园中假山主要集中在两水之间，以土山为主，局部点缀青石。园内曾经种植大量的梧桐、柏树、竹子、芍药，至今仍存有许多高大的柳树、槐树、榆树，河中曾经满植荷花，可惜今已基本干涸。

民国时期有位名叫白文贵的文人写了一本《闲话西郊》，书中赞美承泽园“特以水胜，池沼深广，可以泛舟，陂陀参差，花木繁茂，菡萏盛开，香闻园外”①。其艺术水准之高，由此可见一斑。

① 白文贵.闲话西郊.北京：治安总署，民国三十二年(1943年)铅印本.

第九节　退潜别墅

中国古代有些园主特意选择先人的坟茔或自己预先经营的墓地附近建造别墅园林，北京私家园林也常出现类似的情况，例如明代米万钟的勺园就依临米氏祖坟，又如清代的贝勒奕绘在北京南郊房山大南峪修建的南谷别业和醇亲王奕譞在西郊妙高峰修建的退潜别墅，都位于自己预营的陵墓一侧，生前在园中居住，死后葬在墓中。

退潜别墅所在的妙高峰是京西名胜，金代在此建有六大水院之一的香水院，明代建有法云寺。山坡上有两支泉流潺潺而下，另有几棵古松和两株古银杏树，姿态蟠然，风景绝佳。同治七年（1868年）夏日奕譞在西山响塘庙避暑期间，经太监王照禄指引，专门聘请一位李姓风水先生前往妙高峰探勘，选定了这块地段作为自己的“千年吉地”，并开始建造园寝和别墅。

别墅花园属于阳宅性质，坐西朝东，与南侧安放墓穴的阴宅并列而设（图3-13）。园南墙筑砖砌城关，在东南角开设拱门，门上有“隔尘入胜”题刻。门内为夹道，北侧主体分为5层台地，逐次升高。第一层是一个横长的院子，东设倒座房，南北两边各开一座边门。第二和第三层台地又分为平行的南北两路，南路四进院落以厅堂起居空间为主，北路三进院落则以各种亭榭山池景观为主。

南路设正门三间，高居于石台之上，两侧有台阶可登，门上曾悬“退潜别墅”匾额。门内是一个规整的四合院，西侧五间正堂为纳云堂，左右各设三间厢房，院内对称种植四株高大的油松，堂后辟有花池，种植珍奇的白牡丹；第三进院之西建有七间宗祠，院中还有一个长条形的水池。最西的院子尺度较小，设有后罩房。

北路从一个垂花门进入第一进院，尺度宽阔，四面堆叠青石假山，东南部山上筑有一座六角形的吟秋亭，亭西竖立了一根珍贵的木化石，假山东北侧有卧云山房。院落中央凿一湾曲池，池上架设曲桥，池西是一座三间歇山水榭，曾名“水镜堂”，后悬“邱壑前缘”

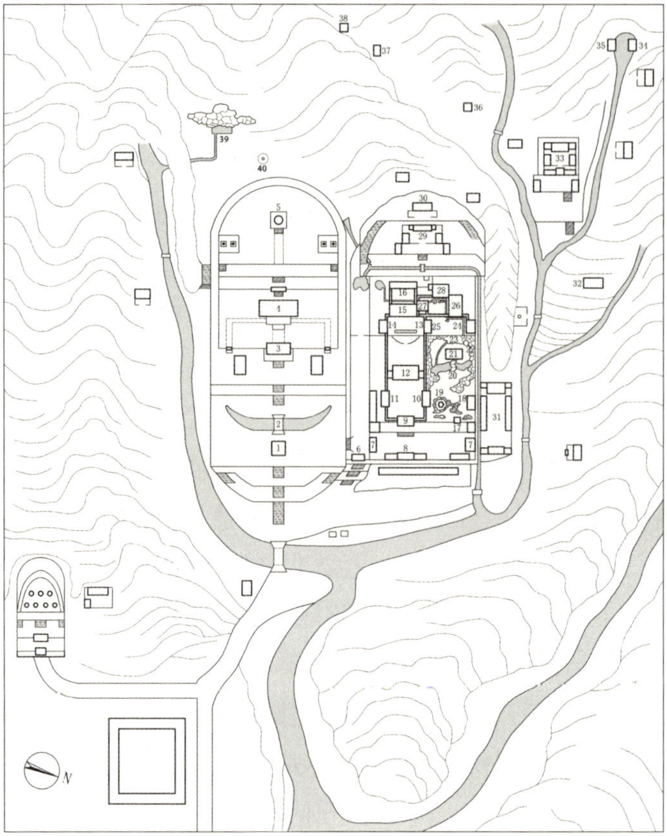

图 3-13　清代光绪年间醇亲王园寝与退潜别墅平面示意图。根据样式雷图重新绘制

1 碑亭　2 石拱桥　3 门殿　4 享殿　5 宝顶　6 隔尘入胜　7 边门　8 倒座房　9 正门　10 待月轩　11 抚松室　12 纳云堂　13 挹清芬　14 吟翠黛　15 宗祠　16 后罩房　17 垂花门　18 卧云山房　19 吟秋亭　20 曲桥　21 邱壑前缘　22 洗心　23 藏真石窟　24 会心楼　25 延春榭　26 味道轩　27 流杯亭　28 静因　29 澹远斋　30 攀丛山馆　31 马圈　32 缋秋草堂　33 暂安处　34 灵泉庵　35 栖云亭　36 香雪亭　37 小隐山房　38 留春亭　39 泉流发源处　40 古银杏

之额，不设门窗，四面开敞；西侧沿上层台地的边缘堆叠山洞，洞口上有“藏真石窟”题刻，偏北处为“寒湫”小池，其上引水作小瀑布，池边山石刻“洗心”二字。西部建筑较密，北侧有三间会心楼，与南侧的延春榭相对。榭西为流杯亭，背依宗祠北山墙，悬“逸少遗风”匾额，台基上凿出蜿蜒的水渠形状；其北为三卷建筑味道轩。各

层台地之间以爬山游廊串联，院墙上开设各种形状的漏窗。现在廊子大多损毁，坡道和院墙尚存。

往西跨过溪流上的小石桥，沿石阶来到第四层台地，中间位置设有一路独立的院落，东为砖砌门楼，西为五间正房澹远斋，南北建厢房各三间。再沿两侧的石阶可以登上最后一层台地，半圆形西院墙的围合之下竹木丛生，其中掩藏着三间攀丛山馆，站在这里可以远眺北京城。

醇亲王园寝与别墅的南、东、北三面环以河流，周围峰岭环布，山林葱郁，拥有很好的借景条件。除了主体院落之外，周围还建造了一些附属设施和点景建筑。园寝西南有金代香水院金鱼池的遗址，也是山泉的发源地，叠石林立。奕譞在山石上留下了很多题刻，并将泉水引入别墅，在亭榭山石间萦回，形成小溪、水渠、悬瀑、幽潭和池沼等不同形态的水景，饶有意趣。奕譞本人很喜欢这座园林，曾以“妙高峰主人”“退潜居士”为别号。

退潜别墅作为醇亲王墓的附属部分，至今仍保存着部分建筑和遗址，目前用作商务部机关服务局绿化基地的办公场所，已经被列为北京市文物保护单位。

第四章

私家宅园

北京作为金、元、明、清的帝都所在，不但皇家园林建设鼎盛，而且官僚贵族、文人学士、富商豪贾云集，朱邸雅宅遍布京城内外，私家园林的数量众多。这些园林在叠山、理水、建筑和花木配植方面形成了鲜明的自身特色，轩敞大气而又亲切宜人，尤其适合北京的地理气候条件和日常的居住生活，是地方文化的深刻体现，与江南、岭南等地的私家园林相比，各有所长。

上一章讨论的王公府园多属皇室勋戚，此外还有部分园主是生长在北京或留居北京的文官、艺术家，其中不乏米万钟、朱彝尊、纳兰性德等第一流的诗人画家。他们社会地位较高，文化修养深厚，对北京私家造园的风格形成有深刻影响。可惜的是许多私家名园都已不存。本章选择现存私家宅园中最具代表性的四座：可园、莲园、那家花园和马家花园，介绍北京私家宅园的园林布局和艺术特征。它们大多是清代以后的作品，年代较晚，不能反映历史上最高的造园水平，但依然拥有很高的艺术价值，其优美的景致足以让读者借以想象昔日北方私家造园的杰出成就。

第一节　可园

可园位于北京东城区帽儿胡同，是清代大学士文煜的宅园。文煜（？—1884年）字星岩，费莫氏，满洲正蓝旗人，曾经先后担任山东巡抚、直隶总督、福州将军、刑部尚书、总管内务府大臣，光绪年间授武英殿大学士。

可园建于咸丰十一年（1861年），当时文煜正在直隶总督任上，其侄志和特意写了一篇《可园记》记录造园的结果，并刻在石碑上。这座石碑至今仍保存在园中。光绪四年（1878年）清末名臣翁同龢曾经来此游览，并在日记中夸赞可园"树石皆可"，是"京城名园"。[①]

民国初年，文煜的后人将宅园售予北洋军阀冯国璋（1859—1919年），他曾任中华民国代总统。日伪统治时期，宅园又归伪军司令张兰峰。新中国成立后一度用作朝鲜驻华大使馆，后长期作为中央领导人住所，不对外开放。

整个宅园横跨五座院落，规模很大，花园即分为东西两路（图4-1）。东路南院堆有假山，山上建一座歇山敞轩，北部原有一座两卷五开间歇山大厅，后来被冯氏拆除，改建了一座二层洋楼。

可园西部是花园的主体部分，南北长约97米，东西宽约26米，面积约2600平方米，分为前后两院，前院以水池为中心，后院以假山为中心，各自独立，通过东部的长廊连为一体。

园门位于东南角，入门迎面即见假山，具有障景的作用。假山横亘东西，其间隐有山洞，洞口刻有"叩壁""通幽"两处题额。游人可沿着小径在洞穴间穿越，来到水池西侧的小石桥上，然后沿斜径步入前院（图4-2）。前院中央是一湾曲折的水池，北、南两端都有溪流延伸，北为源头，南为支流，一直穿过假山流到一座六角亭的阶下。

① ［清］翁同龢.翁同龢日记.北京：中华书局，1997，页1371.

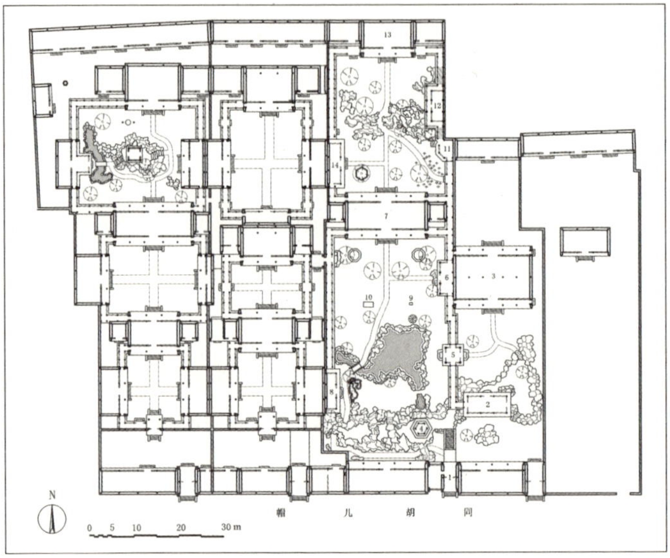

图 4-1 可园总平面图。自绘

1 可园园门 2 歇山敞轩 3 两卷歇山大厅 4 六角亭 5 方亭 6 前院东轩 7 前院正厅 8 前院西轩 9 日晷 10 石碑 11 半八角亭 12 歇山顶轩馆 13 后院正厅 14 后院西轩

图 4-2 可园前院。引自《中国园林艺术》

前院北侧建有一座五开间硬山正厅，体量较大，两侧带耳房和游廊，为当年主人待客宴饮的场所。厅前设置有石雕日晷和湖石小品，非常精雅。院东为长廊，偏南位置设有一座方亭，北为三间敞榭，院落的西南角另有一座小轩，彼此对应。

沿着游廊向北行进，可到达一座平面为半个八角形的亭子。这里是前后院交界之处，沿一条绿竹夹道的西北向斜径可行至院中。后院中部叠有大型湖石假山，中央为山洞。后院空间比前院略小，北侧正房是一座五开间硬山建筑，前出三间歇山抱厦，左右带耳房、游廊。在东部建有高台，台上是一座五开间的歇山顶轩馆，居于全园最高处，造型精巧，坐凳为美人靠形式，前临古槐，台基下以山石砌成浅壑，可以积雨水为小池。

可园是一座由四合院改建而来的典型的北京宅园，仍保留四合院的正厢形式，强调中轴线，其建筑均为正朝向，显得庄重有余而变化不足。好在前后两院的东西部都不对称，东密西疏，形成对比效果。

东部的游廊长达80米，连接四座外形各异的亭榭，从南向北依次是攒尖方亭、三开间悬山顶敞轩、八角攒尖亭和假山上的五开间歇山顶轩馆，彼此间距不一，高低起伏，错落有致。园中建筑均用灰色筒瓦，墙面以清水砖墙为主。檐下的吊挂楣子均为木雕，细致繁复，主题有松、竹、梅、荷花、葫芦等，共有几十种图案。

假山底部多为斧劈刀斫的青石，上部为玲珑剔透的湖石，兼具险峻和柔美的效果。院中还有两处单独设置的石峰小景，一处是在石碑上并列三峰，另一处为独立的湖石，上蒙薜荔。园中植株以松树居多，并植有竹、槐、桑、杜仲、丁香等，形态较为自然爽直。

总体而言，可园在狭小的空间范围内把水、石、树、桥、建筑和路径融为一体，营造出富有自然情趣的园景，亲切宜人，是北方城市宅园的杰出代表。

第二节　莲园

莲园位于北京东城区朝阳门内苦水井胡同（现改称红岩胡同），北面是新鲜胡同。这是一座建于清朝末年的小花园（图4–3），具体情况不详，只知道民国初年曾有一个英国银行家住在这里。1949年后成为某单位的宿舍区，逐渐沦为大杂院。

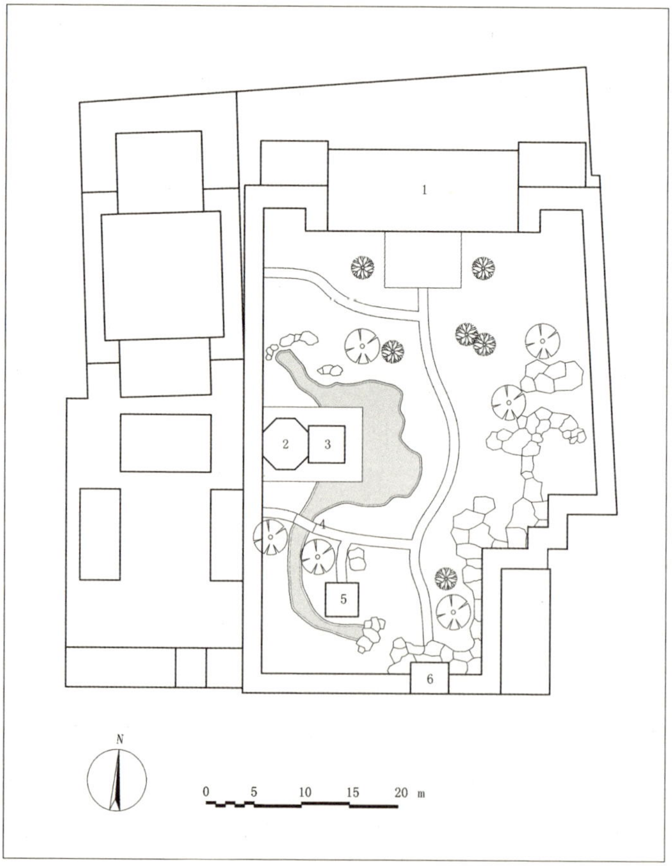

图4–3　莲园复原平面图。自绘

1正堂　2八角亭　3方亭　4石拱桥　5方亭　6方亭

花园的西侧是两进住宅院落，可以从后院东墙的随墙门进入园中，门上刻有“莲园”二字匾额。园内北侧建有正堂，为七间前后廊歇山建筑，前设平台，左右各带两间耳房，尺度宽阔。堂前对称种植了6株大槐树，此外园中还有丁香、海棠、核桃等花木。

全园东南西三面环绕着游廊，其中东南角的廊子比较曲折。南侧与正堂遥遥相对的位置建了一座方亭，西侧游廊之前有一座八角亭，东侧紧接一座方亭。庭院东部堆了一组大型假山，游廊在这里逐渐升高为爬山廊；西部辟有一汪曲池，从西北角的山石发源，蜿蜒辗转，流向东南，使得八角亭和方亭浮在水面之上，二者组合在一起，略有些画舫的意思。园以“莲”为名，想必水中曾经种有荷花。溪流南端跨着一座小石桥，桥南建了第三座方亭，旁边分布着几块零散的山石。

莲园基本上采用东山西水的格局，山水的形态都比较好，山以青石为主，多呈云片状，层层叠叠，另立几块竖直的峰石形成鲜明的对比，山石局部还设有雕花的汉白玉栏杆；水面曲折，富有变化，于紧凑之中凸显自然的趣味。不足之处是4座亭子有3座都是一模一样的方亭，显得雷同。

目前此园最南侧的方亭和西侧的石拱桥都已被毁，水池完全被填平，部分山石丢失，东部假山的脉络大体还在。园内私搭乱建很多，景致零乱。

第三节　那家花园

那家花园位于北京东城区金鱼胡同的路北，是清末大学士、军机大臣那桐的宅园，正式的名称叫"怡园"。

整个那宅是一座横向并联七跨院落的庞大宅第，在光绪、宣统年间逐渐扩充而成，占地总面积达25亩之多，鼎盛时期有300多间房屋，几乎占了半条胡同。自西向东，依次布置马号、西大院和两所宅院。宅院之东的两跨院子为花园，花园的东侧为东大院，院中有一座三卷五间的大厅，名叫乐真堂，堂中设有室内戏台，是那家举办各种庆典、堂会的主要场所。

花园修建于光绪末年，分为东西两个部分（图4-4）。西部格局比

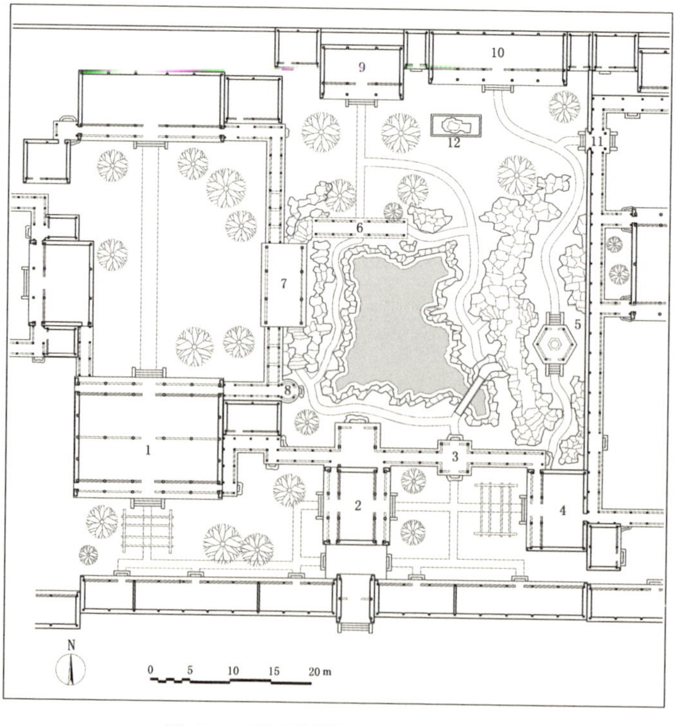

图4-4　那家花园复原平面图。自绘

1味兰斋　2吟秋馆　3翠籁亭　4筛月轩　5井亭　6水涯香界　7澄清榭　8圆妙亭　9双松精舍　10叶赫那拉氏宗祠　11垂花门　12巨石

较简单，南为倒座房，北为两卷五间书房味兰斋，院子里搭建了藤架和竹篱，还种有牡丹、芍药。

东部是花园的精华所在，在南墙偏西位置设园门，门北紧接着一座吟秋馆，北面的山墙外伸出一间抱厦，檐下挂着“空潭泻春”匾额，两侧抱柱上有一副对联：“有山可观水可听，于室得静亭得闲”，很好地描绘了园林的景观特色。从这里沿着游廊折而向西，可连通味兰斋的前廊。

花园的中心是一汪清池，形状曲折，岸边青石斑驳，主要的建筑物和假山均围绕水池布置。水池的东南角建了一座小木桥，通向东面的假山。院子的西南角建有一座圆妙亭，入亭后可沿着叠落的爬山廊登上澄清榭。澄清榭是一座三开间的悬山建筑（图4-5），高居假山之上，西侧设有坐凳，东侧设置铁花栏杆，栏杆的外面布置了一组剔透玲珑的湖石假山。夏天在榭中放上竹榻、竹椅，四面清风，是纳凉的好地方。

图 4-5　澄清榭。引自《那桐日记》

澄清榭的东北面是一条独立的五间敞廊，南面临水，北面种了一片牡丹，因此有一个别致的名字——“水涯香界”。水涯香界之北为三开间的双松精舍，平时用作家塾，门前种了两株松树。双松精舍的东面是叶赫那拉氏的宗祠，曾经悬有慈禧太后所赐的御笔匾额和对联。祠前种植了牡丹，还有一个长方形的石池，池中注水，安放了一尊巨石，形如老翁拱手，造型奇特。

水池的东面堆叠了一组蜿蜒的假山，以青石为主，山势峻峭，与西侧澄清榭前面的湖石形成鲜明的对比。山脚处有一株大榆树，山坡上设有石几、石凳，以供登临赏景。山谷中掩藏着一座平面六角形的井亭，夏天时从井中汲水贯入山石间，再流淌下来成为溪流，注入水池。井亭之南是平顶的筛月轩，平时供家塾的老师居住。从筛月轩沿游廊转西，是吟秋馆东面的翠籁亭，四方形平面，直对池上木桥。筛月轩西侧也搭有棚架，种了紫藤和牡丹，还摆放了各种盆景。

这座园林打破了北京私家园林最常见的一正两厢格局和中轴对称观念，布局灵活，主要院落和几个次要院落形态各异，形成了明显的疏密对比。地势高低起伏，建筑形式变化丰富，山水的形态也比较别致，因此一度享有大名。

《那桐日记》中多次记载那氏全家在此园游玩、赏花、赏月、赏雪、吃饭、饮酒、唱戏、放风筝等活动，极有情趣。民国时期那家花园经常出借举办各种大型社会活动，如新旧式婚礼、宴客、做寿、唱戏以及召开股东大会等。京剧艺术家谭鑫培、梅兰芳、杨小楼、余叔岩等都在此演过堂会。其中最著名的盛会当数1912年北京各界三次在此招待孙中山先生，中山先生还曾经在东大院的乐真堂上发表演说，称赞清廷的隆裕太后同意让宣统帝退位，可算“女中尧舜”。

新中国成立后，那家花园归和平宾馆所有，一度被辟作高级客房，颇受外宾欢迎。20世纪70—80年代，那家花园的绝大部分建筑被陆续拆除，另建新的大楼和客房。只有东南部的翠籁亭、六角井亭和部分假山等残迹幸存至今，但已凌乱不堪，难复旧观。

第四节　马家花园

清代北京的宫殿、坛庙、御苑等皇家建筑以及王府、衙署、寺观、城门等其他重要建筑主要由各大木厂来负责施工建造。晚清时期的京城木厂有“八大柜”和“四小柜”，其中有一家兴隆木厂，号称“八大柜”之首，曾经主持修建过颐和园、北海、东陵等大批重要工程。厂主马辉堂是清末民初著名的营造家，其家族有“哲匠世家”的美称。清朝灭亡后，马辉堂宣布退休，将兴隆木厂关闭，由其长子马增祺另开了一家恒茂木厂，依然是北京规模最大的木厂。

东城魏家胡同的南侧原来有一家戏园子，民国初年失火烧成白地。马辉堂把这块地买下来，利用当年承建颐和园时所余木料兴建了一座宅园，历时三年，于1915年落成。马家花园建成以后，不少政界要人造访，还经常被人借用举办喜庆典礼，慕名前来欣赏园景的客人更是络绎不绝，在当时北京的上层社会中享有盛名。

花园位于宅院西部，占地面积约7亩（图4-6），东侧有两跨四合院，是马氏家眷的居所，再东为一座四卷勾连搭大厅，用作戏楼，在此唱堂会、办庆典。

宅园北侧偏西处设入口大门，大门之西为五间门房，之东为账房，再东布置佛堂和库房等其他用房，形成了连绵30余间的北房，东西两端还各带一间汽车房。宅门内侧偏西位置种有一株楸树，枝叶繁茂，在北京宅园中相当难得。

花园的内部通过假山和游廊分隔为六七个大小不一的院落。入门即见一组石峰，好像一面屏风，挡住后面的主峰景观。转向东面，迎面墙上开有四扇屏门，可通宅院。再向南可穿过另一座屏门进入花园的主体院落。屏山的南侧堆叠了一座大型假山，以土为主，下垫青石，上立湖石，奇峰高峻，成为园景的第一个高潮。假山南坡上建有一座歇山顶的厅堂，主要用作马家的台球房。西坡有一座小小的财神庙，类似神龛，坐西面东，里面供奉财神赵公元帅，平时香火不绝。

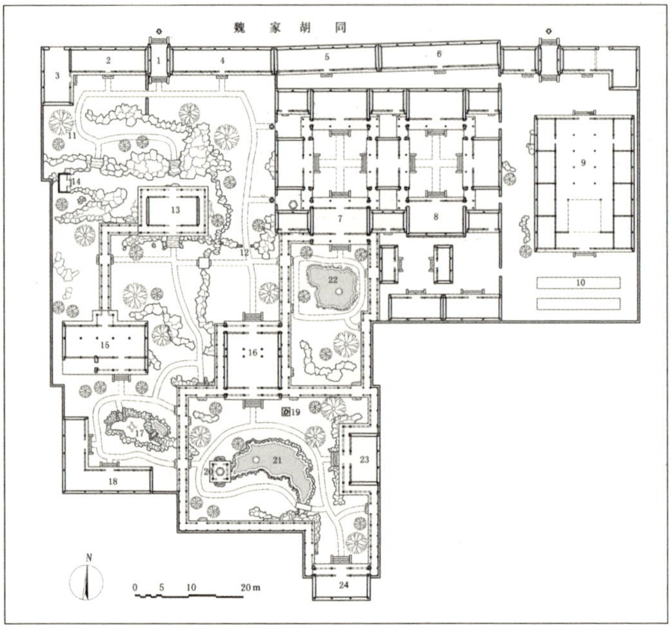

图 4-6　马家花园复原平面图。自绘

1 宅门　2 门房　3 汽车房　4 账房　5 佛堂　6 库房　7 内宅　8 内宅　9 戏楼　10 花洞　11 古楸　12 屏门　13 歇山厅　14 财神庙　15 三卷厅堂　16 两卷厅堂（惜阴轩）　17 假山与小水池　18 辅助用房　19 古木化石　20 井亭　21 月牙河　22 影池　23 南院敞厅　24 南书房

台球厅的西南角通过一条爬山游廊与南面的一座三卷五间大厅相连。马家平时简称此厅为“三卷”，用作马辉堂本人的卧室。大厅南面一卷的西部减去两间，把空出的位置留作平台，日常可以坐在这里晒太阳。三卷厅堂的东侧为两卷三间正堂惜阴轩，进深很大，简称“两卷”，马家经常在这里宴客。

惜阴轩两山均贴有游廊，东部的游廊通向东面的一个院子。院北有一个小水池，名叫“影池”，池中有一座猴子打伞的石雕，可以向上喷水。院南有一组山石，与水池隐隐呼应。三卷厅堂的南面院落中央，为全园的另一座假山，山势玲珑，形态曲折，有石级可登，山顶绿荫如盖，摆放着石桌、石凳，是小憩、品茗或者对弈的佳处。东北山脚下雕有龙头，下临一汪清池，龙头可以吐水。院南有一组平顶转角房，是日常杂务用房，中餐厨房也设在这里。

惜阴轩南侧的院落以游廊环绕，东面是一座五开间的敞厅，曾为马增祺先生的寝室，室内设有精美的雕花博古架和各式花罩。最南处还有一座三开间的南书房，坐南朝北，书房中供奉着木匠行业的祖师爷鲁班。院中央开辟了一座较大的水池，形如弯月，池中有一座麻姑献寿石雕，造型为提着花篮的仙女。西岸为一座方形井亭，亭内有一口水井，平时可汲水注入池中。另在惜阴轩阶前放置着一株珍贵的古木化石，给园景增添了古朴的气韵。

整座花园的空间分隔很巧妙，有“移步换景”的效果。建筑用料非常讲究，墙壁均为磨砖对缝，精致而密实。假山山石大多是从已经荒废的圆明园中运来的上好湖石和青石，有几块湖石上还带有乾隆的御笔题款，可惜1949年以后因为有关单位要修建某国宾馆而将大部分山石搬走。

20世纪50年代初，马辉堂之孙、古建筑专家马旭初以低价把宅园售予政府，所得款项用于购买国债。此后马家花园逐渐沦为大杂院，水池被填，搭建了不少简易房，景致遭到很大破坏，不过基本的脉络依然保存下来，尚有修复的可能。

第五章

寺观园林

寺观园林在中国古代一般附属于佛寺道观，除供僧侣道士日常使用之外，还向普通居民开放，是古代公共生活的重要载体，与皇家园林和私家园林相比具有更强的公共性，同时又具有特殊的宗教文化内涵。佛教于东汉从印度传入中国，道教是中国本土的宗教，也于东汉正式定型，因此佛寺和道观皆出现在东汉时期，从城市延伸及近郊，进而遍及远离城市的山野地带。随着寺观的大量兴建，相应地出现了寺观园林，它们在体现宗教教义和精神的同时，也追求赏心悦目、畅情舒怀之美。寺观园林既将佛道的宗教精神带入到园林中来，又促进了原始山林的开发和建设，通常兼具宗教和公共游赏两种功能。按照园林与寺观的位置关系，寺观园林可分为三类：一是位于寺观内部的庭院绿化或小型庭园；二是毗邻寺观单独建置的园林；三是寺观园林化的外围环境，可以概括为庭园、附园和寺观风景区。

第一节 佛寺园林

佛寺园林伴随着佛教在中国的传播而逐步发展，分布甚广，以人口密集的首都及周边地区最为鼎盛。始建于西晋的嘉福寺，即今天的潭柘寺，被认为是北京地区最早的佛寺，民间有“先有潭柘寺，后有幽州城”的俗谚。从辽代建南京开始，北京地区长期作为中国的政治、经济和文化中心，建有大量佛寺。这些佛寺注重园林景观建设，在造园理景方面受到佛教思想的影响，体现出佛教文化的内涵。同时佛寺作为古代公共生活的载体之一，其园林部分与世俗生活的衔接极为紧密，具有同一区域内的皇家园林和私家园林所不具备的公共性。北京的公共风景区主要有三处，什刹海、长河与西山，各处皆有许多佛寺，景致优美。什刹海将在第七章“公共风景区”讨论，本节主要介绍位于长河与西山一带，也即北京西郊的佛寺园林[①]。

一、五塔寺

长河是西直门外的一条古河道，自辽代以来便成为向北京城市供水的主要水道，当时称作高梁河，金代称皂河，元代称金水河，明代称玉河，清代开始称长河。这条河道东起高梁桥，西抵颐和园外长河闸，沿岸分布着高梁桥、五塔寺、广源闸、码头、龙王庙、万寿寺、麦钟桥等众多古迹，为明、清两代的繁华之地。长河沿线现存最重要的佛寺园林是五塔寺和万寿寺。

五塔寺位于西直门外白石桥以东的长河北岸，始建于明代永乐年间，原名真觉寺，后为避雍正皇帝胤禛名讳，改称正觉寺。此寺因其内的金刚宝座塔著称，俗称五塔寺，今为北京石刻艺术博物馆。

清乾隆朝为五塔寺最兴盛的时期，占地70余亩，有东、中、西

① 王曦晨的博士论文《明清时期北京西郊佛寺理景与游赏体系研究》，对北京西郊佛寺园林做了全面的梳理和总结，为本节提供了重要的参考资料。

三路建筑。中路沿中轴线，自南向北布置牌楼、山门、天王殿、心珠朗莹殿、金刚宝座塔、昆灵殿和后罩殿；西路为明宪宗衣冠塔及配殿，东路为乾隆行宫。

五塔寺有庭院理景，明清诗文中提到寺内有松、竹、银杏等植物景观，但它成为佛寺园林，更重要的是作为长河沿岸的佛教风景名胜。从这一角度看，五塔寺具有两种景观功能：一是从长河欣赏五塔寺，二是登上金刚宝座塔，欣赏长河沿岸甚至北京周边的风景。

就第一种而言，金刚宝座塔是长河沿岸重要的名胜古迹，具有印度风格的异域风情。明代《帝京景物略》详细描述了这座佛塔："诏寺准中印度式，建宝座，累石台五丈，藏级于壁，左右蜗旋而上，顶平为台，列塔五，各二丈。塔刻梵像、梵字、梵宝、梵华，中塔刻两足迹。他迹陷下廓摹耳。此隆起，纹螺相抵蹲，是由趾着迹涌，步着莲生。灯灯焰就，月满露升，法界藏身，斯不诬焉。"这样一座宝塔，自然成为人们去西郊游览时的热门景点，如欧大任《两游西山记》称："同过真觉寺，观金刚宝座"，童佩《游西山记》称："过真觉寺，有五塔列台上，余首从林落望得之，塔与台上下皆刻西方文。"

就第二种而言，金刚宝座塔还是一座重要的观景建筑（图5-1）。长河沿岸有不少观景楼阁，如极乐寺牡丹楼、万寿寺华严钟楼等。相比之下，金刚宝座塔的上部是一处开敞的平台，因而具有更广阔的观景视野，更适合凭临远眺。如明代王衡《缑山集》称，到西郊游览时路过真觉寺，寺内"浮图高五六丈许，而上为塔五，方陟其顶，山林城市之胜收焉"；孙国敉《燕都游览志》提到从金刚宝座塔的暗梯登入，"蜗旋以跻于颠，为平台。台上涌小塔五座，内藏如来金身"，站在台上眺望，"前临桥，桥临大道，夹道长杨，绿阴如幕，清流映带，尤可取也"。作为理想的远眺之所，五塔寺还是进行重阳登高等民俗活动的重要场所，如清代英廉《日下旧闻考》记载："九日，集无定所，而阜成门外真觉寺金刚宝座游人为多。"从中可见金刚宝座塔受欢迎的程度，兼具被观与观景两种风景功能。

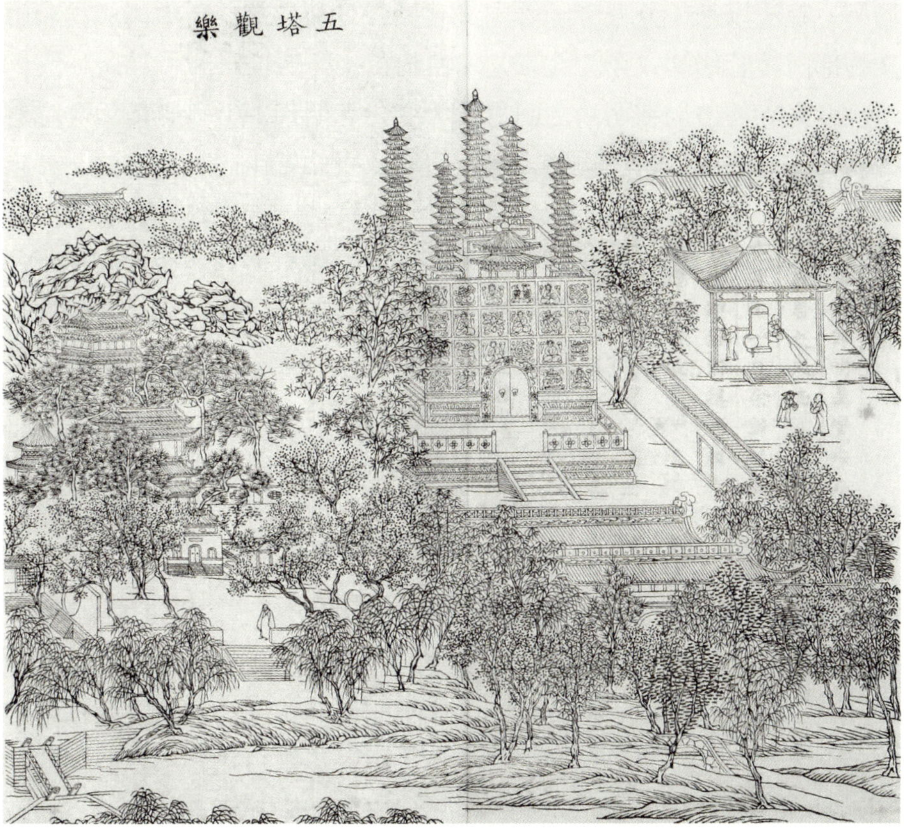

图 5-1　清代“五塔观乐图”。引自麟庆《鸿雪因缘图记》

二、万寿寺

长河沿岸的第二座重要寺庙是万寿寺，位于苏州街南，始建于明万历五年（1577年），由万历皇帝的生母李太后出资，太监冯保督建，时任内阁首辅张居正撰写碑文。万历十六年（1588年），皇帝驾幸万寿寺，曾在寺内假山上的亭子里进膳，万历三十五年（1607年）将永乐年间铸造的华严经大钟移到寺内安放，可见此寺与明代皇室的密切关系。清顺治二年（1645年），皇帝御赐“敕建护国万寿寺”匾额，即今寺门前所悬匾额。顺治十六年（1659年）寺院遭遇火灾，康熙年间重修扩建，增加了行宫建筑，填平了部分水池，形成今日的格局。乾隆年间，万寿寺成为皇室成员前往西郊皇家园林途中换乘和休息的场所。晚清以来，万寿寺随着国势衰微，日渐没落，新中国成立后由文物部门接管修缮，今为北京艺术博物馆。

万寿寺的格局在明清之间有较大变化。明代的万寿寺前为寺院后为园林。寺院部分西为主路，自南向北依次布置山门、天王殿、大延寿殿、宁安阁和方丈；东为辅路，有华严钟楼、药王殿和药房等。后部花园由水池、假山和山上的佛殿组成。张居正《敕建万寿寺碑文》记载："后为石山，山之上为观音像，下为禅堂、文殊殿、普贤殿，山前为池三，后为亭池各一。最后果园一顷，标以杂树，琪株璇果旁启，外环以护寺地四顷有奇。"《帝京景物略》记载："方丈后，辇石出土为山，所取土处，为三池。"综合可知，园内取土堆山，在山前挖出三座水池；山上供奉观音像，山下建造禅堂、文殊殿和普贤殿；山后又有一池一亭，周围是大片的果园，多达一顷。

清代康熙、乾隆、光绪三朝，多次重修万寿寺，建筑大为增加，寺院和园林都发生了很大变化（图5-2）。清代的万寿寺，中路仍保持了明代的格局，东路在明代基础上进一步规整化，包括南部的厨房、大斋堂和北部的法堂、药师坛两处庭院；增建了西路的寿膳房、寿茶房和行宫。清代万寿寺更大的变化在园林部分，主要保留下明代的假山和山间的三座佛殿，山下开凿了地藏洞，山北增建了乾隆御碑亭。环绕着假山的果园改建为建筑群，有无量寿佛殿、万佛楼、大悲殿和方丈等。

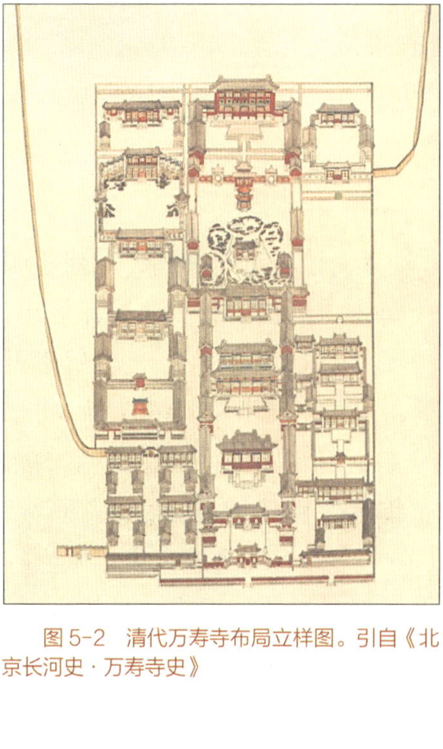

图5-2　清代万寿寺布局立样图。引自《北京长河史·万寿寺史》

由明到清，万寿寺的布局越来越严谨，建筑越来越密集。明代的园林部分位于寺院北侧，空间开阔，与大片的果园融合在一起，假山与水池、园亭构成较为完整的山水园格局。假山包括三座，每座布置一座大士殿，形成浓郁的宗教氛围。清代填平了水池，拆除了园亭，北、东、西三面都添加了建筑，缩小了园林的空间；但将假山保留下来，并在山下开凿地藏洞，从而将佛教四大名山的四位菩萨都融进假山中（普陀山观音菩萨、清凉山文殊菩萨、峨眉山普贤菩萨、九华山地藏菩萨）。清代的万寿寺园林缩小为一处以假山为主的庭园理景，虽然较为逼仄，在空间体验方面有所不足，但在突出宗教象征性方面，则可谓相当成功。

三、潭柘寺

西山是北京西郊群山的总称，有百花山、灵山、妙峰山、香山、翠微山、卢师山、玉泉山等，山间既有静明园和静宜园等皇家御苑，又有潭柘寺、碧云寺、卧佛寺和八大处等名寺古刹，从而成为京西的郊游胜地。

潭柘寺位于北京西郊门头沟区潭柘山的山腰，是北京地区最早的佛寺。前身为始建于西晋时期的嘉福寺，规模不大，毁于北周灭佛。唐代武则天时期，华严和尚于废址重建佛寺，改名龙泉寺，成为一座华严宗佛寺，后毁于武宗会昌灭佛。五代后唐时期，此寺在从实禅师主持下改奉禅宗，逐渐兴盛。潭柘寺的名称见于从实禅师碑记："潭柘山怀有古刹，俗呼潭柘寺，随山而名之也。其址本青龙潭，所谓海眼，华严师时潭龙听法，师欲开山，龙即让宅，一夕大风雷雨，青龙避去，潭则平地，两鸱吻涌出，今殿角鸱也。开创于晋，时谓之嘉福寺，肇兴于唐朝，名曰龙泉寺。"可知潭柘寺因山得名，山名又得自周围的龙潭与柘树，其后此寺屡易其名，但民间习称潭柘寺。

此寺在辽金时期得到进一步发展。金熙宗皇统元年（1141年），皇帝到寺中礼佛，改寺名为大万寿寺。元代忽必烈之女妙严公主在此寺出家，元末寺庙毁于兵燹。明初重建，多位皇室成员出资赞助，先后赐名龙泉寺、嘉福寺。清代康熙皇帝将此寺收为皇家佛寺，并于康熙三十一年（1692年）重修，御书"敕赐潭柘山岫云寺"匾额，所奉宗派也由禅宗改为律宗。雍正、乾隆年间陆续增修，尤其是乾隆年间恒实和尚主持修建了安乐堂、延寿堂，乾隆皇帝增建了东北部的行宫，基本呈现为现存的布局。潭柘寺在发展过程中，与周边的自然资源结合，成为以寺院为核心的佛寺园林风景区。

潭柘寺自然环境极佳，四周群峰围绕，溪泉环流，林木繁茂，景致清幽。麟庆《鸿雪因缘图记》“潭柘寻秋图”描绘了潭柘寺及其周边的山水环境（图5-3）。佛寺依山势而建，坐北朝南，分为中、东、西三路。中路为主要宗教活动空间，自南而北沿中轴线依次有牌楼、山门、天王殿、大雄宝殿、三圣殿和毗卢阁，天王殿左右为钟鼓楼，大雄宝殿左右为伽蓝殿和祖师殿。东路为方丈院，方丈室北侧是喇嘛塔形制的金刚延寿塔，塔两侧为圆通殿和地藏殿。方丈院向东为乾隆

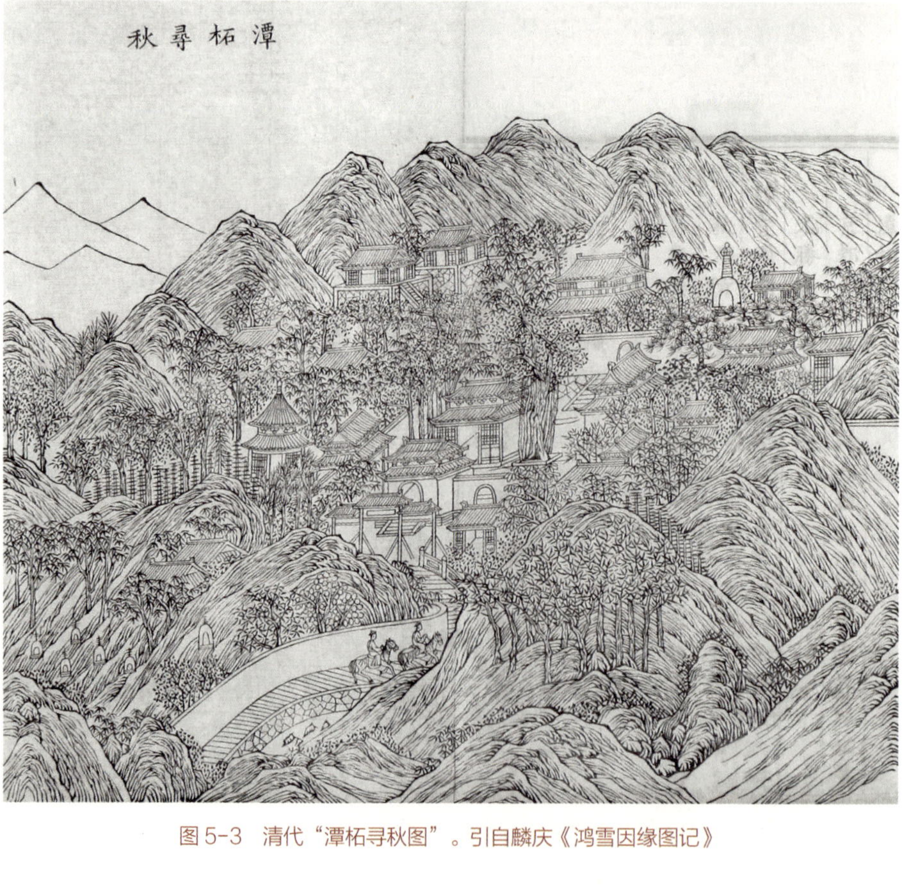

图5-3　清代“潭柘寻秋图”。引自麟庆《鸿雪因缘图记》

行宫，布置有供人曲水流觞的流杯亭。西路自南而北布置梨树院、楞严坛、戒坛和观音殿，并点缀孔雀殿、大悲殿、药师殿、文殊殿、普贤殿、龙王殿、大悲坛等。以上构成潭柘寺的主体部分，布局严谨对称，周围由天然呈玉带状的水系环绕。水系以外，东北建有少师静室，东侧建有紫竹禅院、财神殿、东观音洞，东南建有安乐延寿堂，西侧建有西观音洞和老虎洞，布局相对自由，与周围环境结合，形成尺度宜人的园林空间。

值得一提的是潭柘寺的植物景观。寺内外有许多数百年甚至千年以上的古树。如中路轴线上牌楼两侧对植的柘树，山门前的四株迎客松，大雄宝殿北侧对植的娑罗树和三圣殿前的两株古银杏，通过对植的形式，强化了庄严肃穆的中轴空间。此外，山门外东南角的安乐延寿堂孤植白皮松，乾隆行宫丛植龙须竹，毗卢阁西侧植柏树和柿子树，寓有“百事如意”的吉祥寓意，东侧种二乔玉兰、探春等，则点缀了庭院空间，并起到荫蔽、美化的作用。

潭柘寺作为北京地区历史最为悠久的名刹，得到皇室贵胄、文士百姓各个群体的喜爱，尤其是清代以来随着进香古道的修复，发展成为京西重要的佛寺风景区，游人络绎不绝。朱自清先生的散文名篇《潭柘寺戒台寺》，描写了探访古寺的幽情胜景，引人回味：“寺里殿很多，层层折折高上去，走起来已经不平凡，每殿大小又不一样，塑像摆设也各出心裁。看完了，还觉得无穷无尽似的。正殿下延清阁是待客的地方，远处群山像屏障似的。屋子结构甚巧，穿来穿去，不知有多少间，好像一所大宅子。……寺门前一道深沟，上有石桥；那时没有水，若是现在去，倚在桥上听潺潺的水声，倒也可以忘我忘世。过桥四株马尾松，枝枝覆盖，叶叶交通，另成一个境界。西边小山上有个古观音洞。洞无可看，但上去时在山坡上看潭柘的侧面，宛如仇十洲的《仙山楼阁图》；往下看是陡峭的沟岸，越显得深深无极，潭柘简直有海上蓬莱的意味了……”

四、卧佛寺

卧佛寺位于北京西郊寿安山麓，今北京植物园内。此寺始建于唐代，原名兜率寺。元代重建，改名寿安山寺，又先后更名为大昭孝寺、洪庆寺。明宣德、正统年间重建，更名为寿安禅林；成化年间增修延寿舍利塔（清代拆除），崇祯年间更名为永安寺。清雍正十二年（1734年）赐名十方普觉寺。因寺内供奉有体量巨大的铜铸释迦牟尼涅槃像，民间习称“卧佛寺”。

卧佛寺建在山脚下，地势相对平缓，兼具宗教和园林两重特性。佛寺坐北朝南，有东、中、西三路，中路南端为木牌坊，其北为相对种植的长排柏树，形成柏径（图5-4）。穿过柏径，空间放宽，正北立琉璃牌坊，位于明代舍利塔旧址上，东西两侧各有院门，通向东西

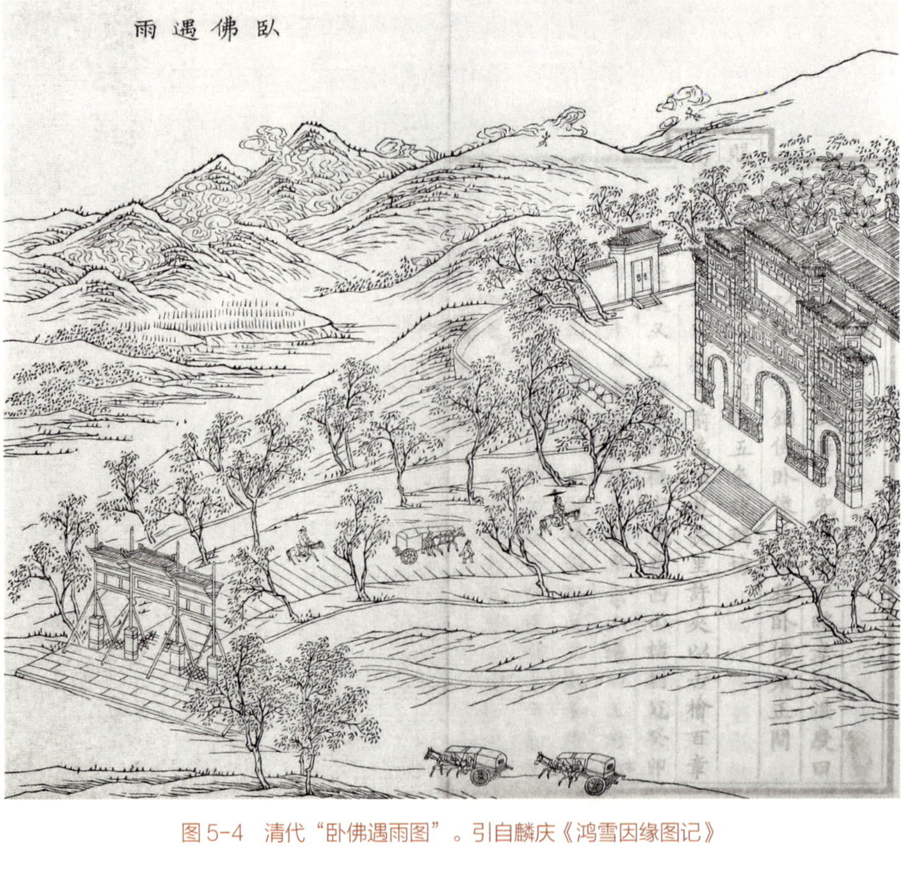

图5-4　清代“卧佛遇雨图”。引自麟庆《鸿雪因缘图记》

两路。穿过琉璃牌坊为半圆形的放生池，上跨石桥，池北对称布置钟楼和鼓楼。向北穿过山门，沿中轴线依次为天王殿、三世佛殿和卧佛殿，最北侧是藏经楼。东路自南而北依次布置斋堂、禅堂、霁月轩、清凉馆和祖堂；西路是乾隆年间增建的行宫，自南而北有宫门、假山、水池、垂花门、穿堂殿、假山、含清斋、莲池和古意轩。在行宫北侧，还有始建于明代的观音阁，周围环绕着山水景致。

卧佛寺选址于山林深处，寺前有长长的柏径，周围林木丰茂，环境幽邃。寺内中路有放生池和娑罗树、银杏。天王殿前对植的两株娑罗树早在明代就见于黄汝亨《游西山记》的记载："寺内有娑罗大树二株，可数围。"《帝京景物略》将卧佛寺的娑罗树与韦公寺内的海棠、苹婆、柰树，天坛的榆树，显灵宫的折枝柏，报国寺的矬松，并称为"京师七奇树"，可见此树之独具特色。佛寺西路为乾隆行宫，有较多的景致营造，第一进院落筑有假山并开凿水池，第二进院落也有假山，最后一进院落有巨大的方形莲池；形态方面相对规整，意趣略逊。

卧佛寺最具特色的园林理景在行宫北部的观音阁处。据《帝京景物略》记载："池后一片石，凝然沉碧，木石动定，影交池中。石上观音阁如屋，复台层阁，后复壁斧刃侧削，高十仞，广百堵。循壁西去，三四里皆泉、石也。"这座观音阁的旧址在今万松亭北部，阁已毁，改建为方亭，下有高数米的石台。石台周围的泉池尚存，基本保留了早期的风貌。

作为西山一带的重要佛寺，卧佛寺为聚宝山、樱桃沟风景区的核心，与位于香山的香山寺、碧云寺相互呼应。清初静宜园完工后，香山被划入皇家领地成为禁区，附近的卧佛寺作为民众出游的主要场所，活动频繁，成为北京居民游览西山的主要目的地。

五、八大处

八大处又称西山八大处，位于西直门向西15公里左右，这里群峰连绵，有翠微山、卢师山和虎头山三座山峰，向北与香山相连，东南连接西郊的平原地区。这一带分布着多座佛寺，其中八座保存较好，名气较高，合称“八大处”。

这些佛寺中建造最早的是证果寺，始建于隋代；其次是始建于唐代的香界寺与灵光寺；此外三山庵始建于金，大悲寺始建于元，龙泉庵与长安寺始建于明，时间最晚的是宝珠洞，建于清乾隆年间。

这八座佛寺可分为四组。第一组是建在山脚的一处长安寺，这里地势平缓，寺院布局坐西朝东，与其他各寺距离较远。第二组位于翠微山东坡的山腰，包括二处灵光寺、三处三山庵、四处大悲寺和五处龙泉庵，是八大处景区的核心景致。这四座佛寺虽集中于一处，但选

图5-5　清代“香界重游图”。引自麟庆《鸿雪因缘图记》

址布局各具特色。其中灵光寺位置最低，布局坐北朝南，处在入山口的交通要地。三山庵因位于翠微山、卢师山、虎头山三山交汇处而得名，布局坐西南向东北，与卢师山形成对景。大悲寺布局坐西北向东南，依靠翠微山而建，基本与等高线垂直。龙泉庵位置较为隐蔽，布局坐北朝南，基本与等高线平行。四座佛寺的不同布局塑造出这片区域丰富的景致形态，富有野趣。第三组位于翠微山东坡的高处，包括六处香界寺（图5-5）和七处宝珠洞。明清时期香界寺是八大处最重要的佛寺，三山庵和宝珠洞都曾归其管辖。今天香界寺的格局形成于清乾隆年间，依山而建，布局谨严，中路依次布置山门、天王殿、大雄宝殿和精舍等；东路为乾隆行宫。宝珠洞在明代是一处自然风景名胜，清乾隆年间在此建寺。第四组是位于卢师山的八处证果寺，寺旁有龙潭、密摩崖等景致，为卢师山风景最优美之处。

八大处属于典型的园林化佛寺，众多寺庙分布在优美的自然山水之间，同时也不乏精巧的庭园理景。不同的佛寺之间有明显的理景差异，各具特色，构成对比。明代八大处的游赏活动并不突出，多与游览香山结合在一起。乾隆年间在香山建成静宜园后，八大处开始成为一处重要的民众游览胜地。

第二节 道观园林

中国道教的兴起与道观的建设始于东汉，北京地区出现道观的时间相对较晚，较早的一座是始建于唐代的天长观，即今天的白云观。白云观的发展历程，基本可以代表北京道观的演变史，观中所附园林堪称最具代表性的北京道观园林。

白云观位于北京西便门外的白云路，其源头可追溯到唐代天长观。据《中都十方天长观重修碑》记载，金正隆年间（1156—1161年）天长观遭遇火灾，大定七年（1167年）开始修复，大定十四年（1174年）落成。金章宗泰和二年（1202年）天长观又被大火烧毁，次年重建后改称“太极宫”。金亡后太极宫随之衰落，元正大元年（1224年）全真教掌教丘处机应邀来到燕京主持此观，正大四年（1227年）成吉思汗下诏将观名改为“长春宫”，请丘处机掌管天下道教，此观由此成为全真教“第一丛林”。次年丘处机弟子尹志平于长春宫东侧建造“白云观”，为长春宫附属观宇。元末明初长春宫被毁，仅留白云观。明成祖朱棣迁都北京以后，重点修缮白云观，以处顺堂为前殿，并修建了后殿和廊庑厨库，从此白云观代替长春宫，成为北方的道教中心。清康熙四十五年（1706年）重修白云观，有玉皇殿、三清殿、长春殿、七真殿、灵官殿、四御殿等，奠定了今日的格局。

白云观包括前观后园两部分，前观又分为东、中、西三路。中路自南向北依次为照壁、牌楼、山门、窝风桥、灵官殿、玉皇殿、老律堂、丘祖殿，其北为三清阁、四御殿和戒台构成的复合建筑；东西两侧对称布置旗杆，云水堂和十方堂，钟楼和鼓楼，三官殿和财神殿，养真堂和渤和堂，救苦殿和药王殿，东客堂和西客堂，藏经楼和朝天楼，格局谨严。东路自南向北有三星殿、慈航殿、真武殿和雷祖殿等。西路自南向北有白云观道医馆、元君殿、八仙殿、文昌殿、吕祖殿和元辰殿等。后园位于北部，称云集园，又称小蓬莱，也分为三路。中路主体建筑为云集山房，南对戒台，北叠假山。东部主体建筑为南边的云华仙馆，其北庭院也叠有假山，山上建友鹤亭。西路主体建筑为退居楼，院内假山上建有妙香亭。

白云观的道观园林特色体现在观内的植物配置和后园的假山亭廊中。道观前部以规则种植的国槐营造出前导空间，体现了宗教的庄严与秩序。其北的庭院多用常绿的松柏类树种，营造静谧神圣之感。其中灵官殿后面为对植的白皮松，玉皇殿前为两株桧柏，后为四株油松，丘祖殿前为两株油松，吕祖殿前为两株侧柏，财神殿前为两株龙爪槐，这些常绿树木对称种植，显得庄严肃穆。后部花园着重营造仙境之感，三处庭院中建筑的名称为云华仙馆、云集山房、退居楼，皆与仙人有关；同时，三处庭院中各叠一座假山，象征道教的三神山，点明白云观的宗教精神。

第六章

会馆园林

明、清两代首都北京作为全国的政治、经济、文化中心，外来人口很多，从永乐年间开始，就在城内修建了大量的会馆。明代沈德符《万历野获编》卷二十四记载："京师五方所聚，其乡各有会馆，为初至居停，相沿甚便。"[①]刘侗、于奕正《帝京景物略》卷四记载："尝考会馆之设于都中，古未有也，始嘉（靖）、隆（庆）间。盖都中流寓十土著，四方日至，不可以户编而数凡之也。用建会馆，士绅是主，凡入出都门者，籍有稽，游有业，困有归也。"[②]这些会馆大多由同省或同府、同县人筹资建造，供同乡人借宿、集会、庆典之用，以联络乡谊，并成为本地举子进京赶考的主要住宿地或同籍官员的在京活动场所。还有一些会馆属于行帮商业会馆性质，由从事某种工商业的同行集资修建，用于议事、聚会、宴饮。清代是北京会馆建设最鼎盛的时期，总数超过400座，大多集中于外城西部宣武门以南地区，许多名人曾经在此寓居、活动，具有重要的历史意义。

会馆作为一种特殊的建筑群，规模大小不一，一般采用庭院式布局，含有厅堂、馆舍、祠宇等主体建筑以及厨房、浴室等辅助房屋，可满足宴会、团拜、住宿、祭神等不同功能，少数大型会馆设有戏楼，是重要的观剧娱乐场所。还有一些会馆修建了专门的花园，使会馆园林成为皇家园林、私家园林、寺观园林、衙署园林和公共风景区园林之外的一种独立园林类型。会馆园林是北京古典园林体系的重要组成部分，可惜至今无一完整保存。本章通过文献考证和实地踏勘，拟对北京会馆园林做较为全面的记

---

① ［明］沈德符著，杨万里点校．万历野获编．上海：上海古籍出版社，2012，页510.

② ［明］刘侗，于奕正．帝京景物略．北京：北京古籍出版社，1980，页180.

述，进而分析其造园特色和文化内涵。

清代北京会馆按性质可分为同乡会馆和行帮会馆两大类，按级别可分为省馆、府馆和县馆，其中设有花园者只占很少的一部分，而且以规模较大的省馆园林为代表（图6-1）。兹将文献记载较为明确者梳理如下。

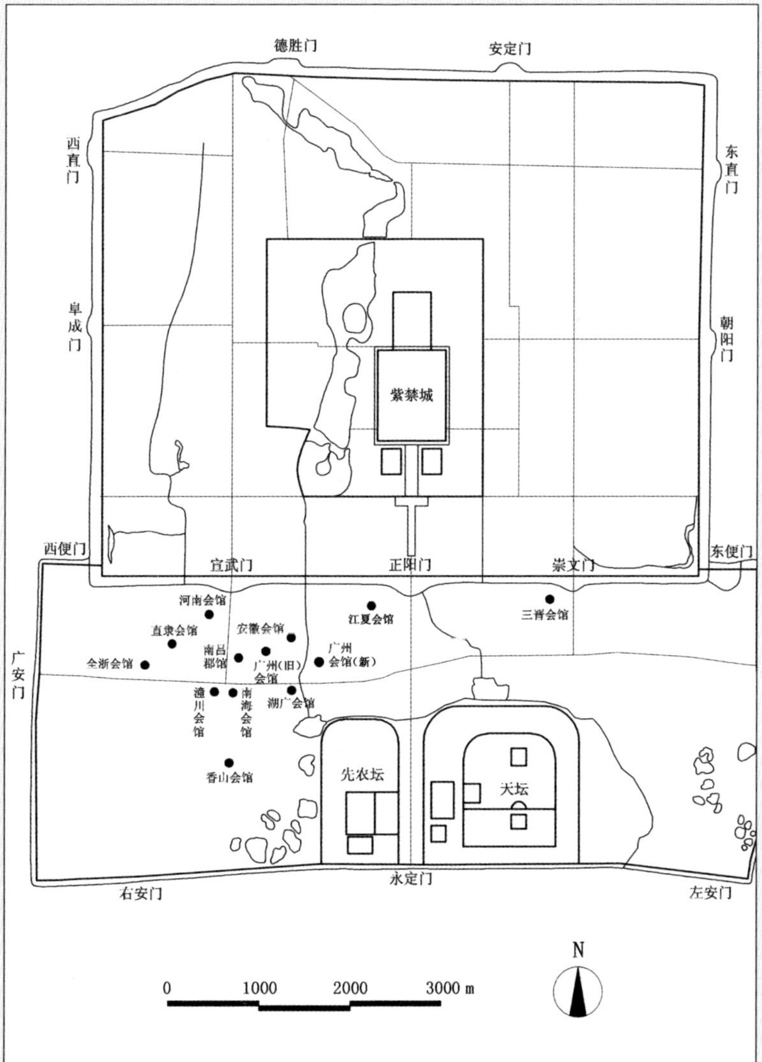

图6-1　清代北京部分会馆园林分布示意图。自绘

一、河南会馆

北京先后建有多处河南会馆，其中位于达智桥胡同之北、上斜街之南的河南会馆又名“嵩云草堂”。清初名臣汤斌于康熙十年（1671年）在此建造厅堂、庭院，作为上斜街北侧的中州东馆的附属部分，主要用于酬酢雅集，奠定了花园的最初雏形。咸丰十一年（1861年），户部侍郎毛树棠扩建为会馆，此后又经历了几次拓展，形成一组大型建筑群。

会馆分为中、东、西三路，西路北半部辟为花园（图6-2），分前后三进院落，第一进院内有一个月牙形的水池，池中叠石并畜养游鱼，池南岸建听雨楼和嵩云亭，东西相对，传说袁世凯曾经题写匾额；北岸的正厅池北精舍宽敞华丽，是整个会馆最大的一座厅堂；第二进院主要种植丁香，称“丁香院”，北房为听涛山馆；最

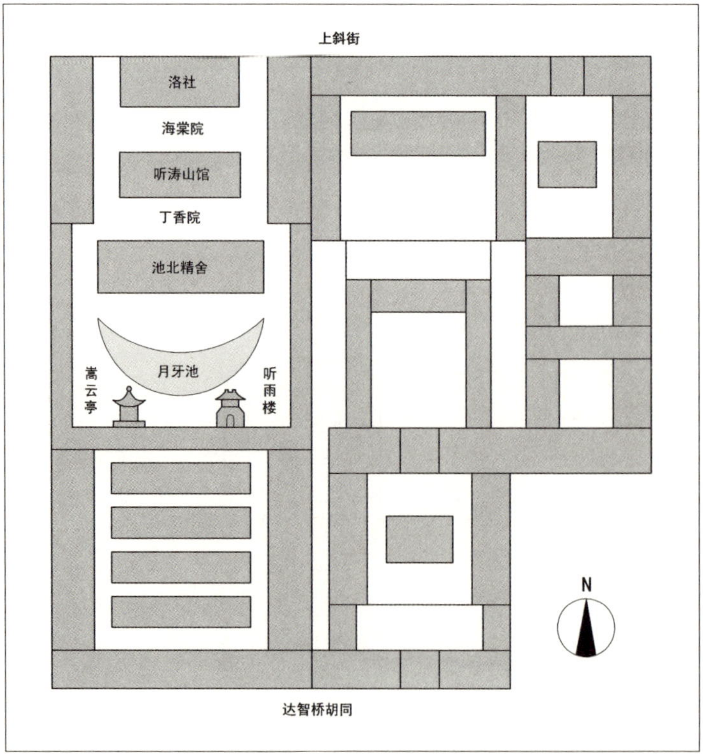

图6-2 河南会馆平面示意图。根据《北京宣南会馆拾遗》插图改绘

后一进院种植海棠，称“海棠院”，北侧为始建于康熙年间的洛社大厅。

晚清李慈铭曾作诗吟咏在河南会馆花园中池北精舍宴集的场景：“胜地招邀萃羽觞，丽楼阑槛带虚堂。清池水影先浮磴，高柳秋声欲满廊。云物略存嵩少意，钟鱼犹接梵龛香。双藤宰相风流歇，尚有寒松翠过墙。”[①]诗中描绘园内有楼阁、厅堂、水池、柳树、藤萝、松树，景色清幽。

光绪年间，豫籍文士宋庚荫、陈铭鉴等在河南会馆海棠院东厢房组织海棠诗社。维新变法时期，河南会馆成为强学会和保国会的重要活动场所，维新人士在池北精舍集会宣讲政治主张。民国初年南北和谈期间，南方代表之一的汪精卫也曾经两次下榻于池北精舍[②]。

光绪三十年（1904年），袁世凯、张仁黻等在此创办河南公立豫学堂，1912年改为豫学校，又改旅京豫人私立法政学校，1915年失火全部被毁，后来复建。现为宣武区青少年科技馆所在地，花园不存。

二、三晋会馆

山西是晋商的发源地，在京会馆众多。康熙年间大臣贾汉复曾将自己位于外城东部的一所大宅园捐作曲沃会馆，又称乔山书院，后将其南半部改为三晋会馆。《京师坊巷志稿》引陈廷敬《三晋会馆记》云：“尚书贾公治第崇文门外东偏，作客舍以馆曲沃人，曰乔山书院，又割宅南为三晋会馆。”[③]当时与贾汉复有交往的江南著名文人李渔赠有一联：“未闻安石弃东山，公能不有斯园，贤于古人远矣；漫说少

---

① ［清］李慈铭．闰秋饮集嵩云草堂池北精舍（河南士大夫新筑宴赏处也）．见：徐世昌编．晚晴簃诗汇．北京：中国书店，1989，卷173．

② 黄心一．嵩云草堂摭轶．见：北京市政协文史资料委员会选编．府园名址．北京：北京出版社，2000，页274～281．

③ ［清］朱一新．京师坊巷志稿．北京：北京古籍出版社，1983，页208．

陵开广厦，彼仅空存此愿，较之今日何如。”李渔另有《赠贾胶侯大中丞》序文曰：“公以绝大园亭弃而不有，公诸乡人，凡山右名贤之客都门者，皆得而居焉。”①此园景致不详，所在地旧名贾家花园，现为同乐胡同，会馆早已不存。

三、全浙会馆

清代康熙朝大臣赵吉士（字恒夫）宅园名叫“寄园”，位于菜市口西南教子胡同，曾经是名士游览胜地，后捐为全浙会馆，对此《藤阴杂记》有载：“寄园为高阳李文勤公别墅，其西墅又名李园。……其后归赵恒夫给谏吉士，改名寄园。……恒夫休宁人，子占浙籍中式，被某劾之，谪官助教，久住京师，以园捐作全浙会馆。”②此园具体景致不详。

光绪三十二年（1906年），钱训能等在此创办浙学堂，后改称浙江中学堂。1955年，在其旧址建宣武医院，原建筑全部不存。

四、湖广会馆

湖广会馆位于虎坊桥，北邻骡马市大街，嘉庆十二年（1807年）由协办大学士刘权之、侍郎李钧简等倡议集资创建，作为湖北、湖南两省的合属会馆，道光至民国时期先后经历4次大规模重修，其中道光二十九年（1849年）八月至十月的重修工程由时任礼部右侍郎的曾国藩主持，《曾文正公年谱》记载：“旋又修湖广会馆，位置亭榭，有纡余卓荦之观。”③会馆中的花园格局自此奠定。

会馆规模很大，分为中、东、西三路，花园主要设于中部后院和西路（图6-3）。中路后院之北建有五间宝善堂，东西两侧环以爬山游廊，通向南侧高台上的风雨怀人馆。此馆为三间悬山建筑，北向，背

---

① ［清］李渔．李渔全集．第1卷．笠翁一家言文集．杭州：浙江古籍出版社，1992，页257．

② ［清］戴璐．藤阴杂记．北京：北京古籍出版社，1982，页66～67．

③ 佚名纂．曾文正公年谱．大连：大连图书供应社，1935，页10．

依先贤祠，在此可登高远眺。院内堆叠假山，传说其中有太湖石源自纪昀的阅微草堂。西院建有一座前后两卷三间的楚畹堂，内壁镶嵌名人手迹石刻，前后庭院中花草竹木茂盛。

石荣暲《北平湖广会馆志略》记载了园中景物[①]：

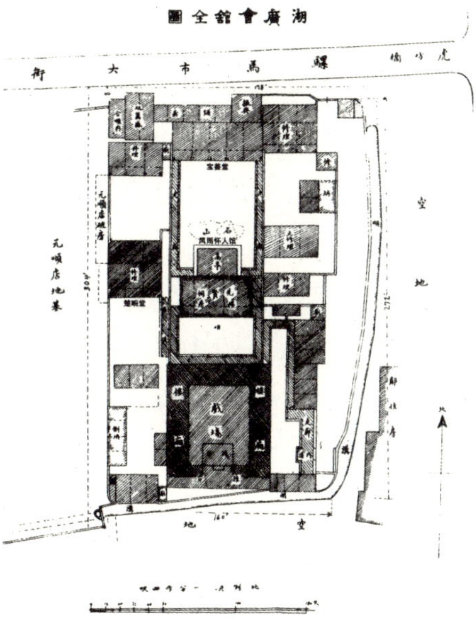

图 6-3　1927 年湖广会馆平面图。引自《北京湖广会馆志稿》

> 宝善堂：后院中堂，五楹，南向，题曰“宝善堂”。东西翼以长廊，院南堆有假山，堂高宏敞。民国后乡人开会，每集于此。
>
> 楚畹堂：堂在西院，前后各三楹，堂中装修雅洁，四壁嵌有名人手迹石刻。园中竹木浓荫，花草繁植，春秋佳日，益多情趣。前清时名流学士每于此宴会唱酬。今则堂庑朽败，石刻多遗。回忆前尘，曷胜感喟。
>
> 风雨怀人馆：假山后有楼焉，爽垲清华，阑楯周接，足供凭眺。传为曾文正公所布置，久无名称。以叶润臣观察寓此，时有《风雨怀人馆图册》，广征题咏，或即在此，亦未可知。

清末民初铁路专家袁德宣《续修湖广会馆募捐序》称赞此园景致佳美：“卅十六湾明月照彻宣南，七十二岫行云飞来冀北。楚香畹畔依然兰芝披芬，宝善堂前犹是桑梓雅集。自此云连楼阁，与天心奥

① 北京市对外文化交流协会，北京市宣武区地方志编纂委员会编.北京湖广会馆志稿.北京：北京燕山出版社，1994，页132，附北平湖广会馆志略正编，卷1.

略俱新；从兹日映亭台，较岳墅精庐更美。”[①]将园中建筑与长沙天心阁、武昌奥略楼以及北京的岳云别业、楚学精庐作比。1944年湖广会馆董事长、法政专家吴家驹所作《北平湖广会馆志略序》也称赞湖广会馆“楼阁之崇闳，轮奂之华美，官爵匾额，煊赫一时。山石亭林，点缀幽致”[②]。

1949年以后，因为拓宽骡马市大街，会馆北部的宝善堂被拆除，两侧爬山游廊、假山、花木均失。1984年湖广会馆被列为北京市文物保护单位，1994—1996年进行大规模重修，楚畹堂、风雨怀人馆得到修缮保留，另在偏南位置复建宝善堂。

五、安徽会馆

安徽会馆位于北京外城后孙公园胡同，其前身相传是明末清初著名学者孙承泽所居之孙公园的一部分。同治年间，以李鸿章兄弟为首的皖籍官员、士绅集资在此修建安徽会馆，同治十年（1871年）八月正式建成，光绪十五年（1889年）遭遇火灾大半被毁，次年（1890年）重修完成，此后历经沧桑，大部幸存至今，2006年被列为第六批全国重点文物保护单位。

安徽会馆在筹建之初，分别购买司氏、李张氏及王氏宅院为基址，其中司氏旧宅包含一座花园，内有大小灰瓦房23间以及山石树木，李张氏宅院中也有一些山石和树木[③]，成为会馆修建新花园的重要基础。整个会馆分为中、东、西三路，格局宏伟，花园位于中路和西路之北，平面轮廓呈曲尺形，南北长10丈3尺5寸（合33.12米），东西宽13丈6尺（43.52米），占地面积约1335平方米，合2亩左右

① 北京市对外文化交流协会，北京市宣武区地方志编纂委员会编.北京湖广会馆志稿.北京：北京燕山出版社，1994，页240，附北平湖广会馆志略正编，卷4.

② 北京市对外文化交流协会，北京市宣武区地方志编纂委员会编.北京湖广会馆志稿.北京：北京燕山出版社，1994，页165，附北平湖广会馆志略序.

③ 王灿炽纂.北京安徽会馆志稿.北京：北京燕山出版社，2001，页78～80，引京师安徽会馆存册·省馆房契存底.

（图6-4）。

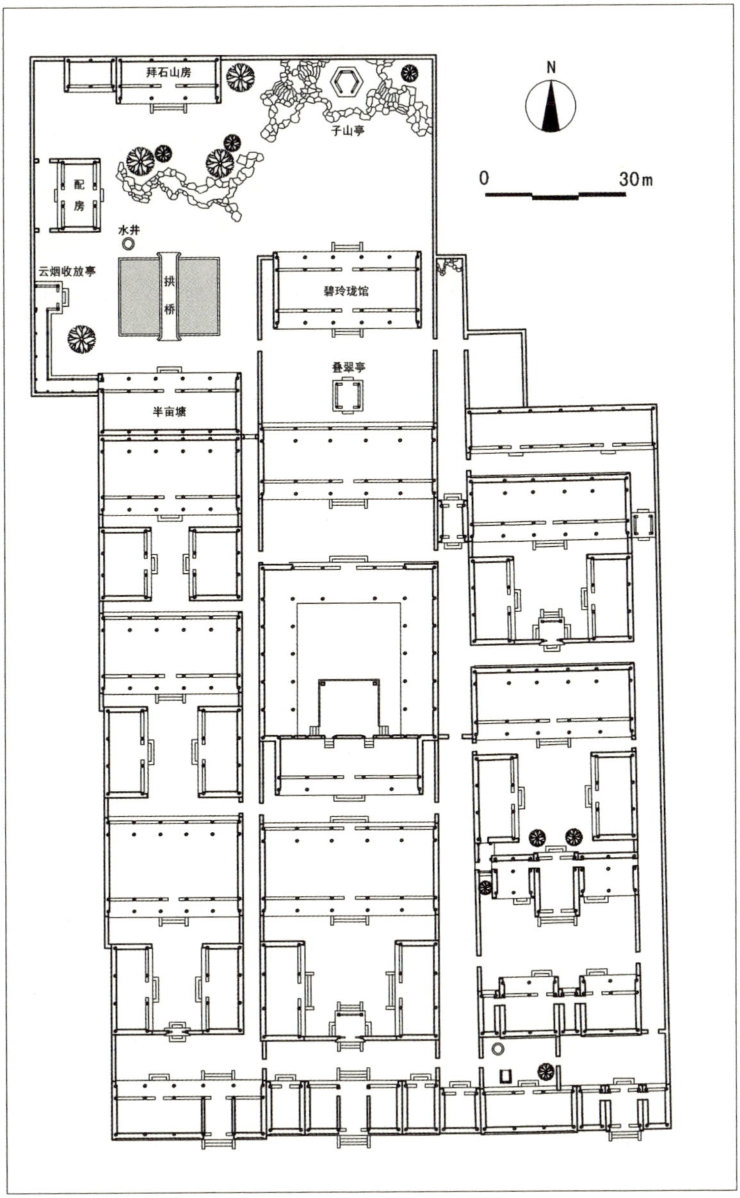

图6-4　清代光绪十二年安徽会馆平面复原图。自绘

李鸿章所撰的《新建安徽会馆记》称："迤北有园，广数亩，叠

石为山，捎沟为池，花竹扶疏，嘉树延荫，亭馆廊榭，位置帖妥。”[1]会馆西路第四进院可以看作花园的外围部分，院中建五间碧玲珑馆，南面正对着叠翠亭，北面即为花园的东部，在围墙内堆叠假山，向西蜿蜒延亘，山上建了一座六角形的子山亭，与碧玲珑馆相对；花园西部最南侧建五间敞厅，北檐悬“半亩塘”之额，其北辟一汪方池，池上架设石拱桥，过桥有假山隔障，西侧设水井；最北为三间拜石山房，其地位相当于园中正堂，室内的墙壁上镶嵌着朱熹诗文刻石，西侧另设两间套房，室外搭建罩棚；西厢位置面东设三间配房，西面以院墙隔出小院，其南为方形的云烟收放亭。此外东路与中路之间的夹道北侧设有一座名为“仙苑”的小轩，再北的夹道尽头堆叠山石，略成小景，可算是一个独立的微缩园林。

晚清李慈铭《桃花圣解庵日记》曾记载自己与友人在安徽会馆宴饮和游赏园林的经历：“冒夫、琴岩来，偕至广和居小饮，午后同冒夫诣安徽会馆宴请朝鲜使臣杜瓛卿，荇丈、麟伯、香涛、味秋、廉生、清卿皆至。饮于碧玲珑馆，颇有竹石，清池曲阑，垂杨映之，为最佳处。”[2]文中提及花园内有山石、竹子、垂杨、水池以及曲折的栏杆，景致佳美。

目前安徽会馆主体部分尚存，但花园已经全部被毁，山石、树木不见踪影，其旧址上修建房屋，面貌迥异。

六、直隶会馆

清代直隶省拱卫京师，地位显赫，在京城内建有数处省馆。清末重臣张之洞于光绪四年（1878年）将自己位于下斜街路东的宅园捐出，营建“畿辅先贤祠”，用于供奉本省历史上的贤良忠义之士，如伯夷、叔齐、董仲舒、韩愈、杨继盛、史可法等，同时设有供住宿的馆舍和供聚会的厅堂、楼阁，兼具会馆功能，亦称“直隶会馆”。光

① ［清］李鸿章．新建安徽会馆记．清代同治十一年（1872年）碑刻．

② 陈宗蕃．燕都丛考．北京：北京出版社，1991，页526，引桃花圣解庵日记．

绪三十二年（1906年），北京外城巡警右厅《会馆调查表》将之明确列为会馆之一，并登记其管理人为法部郎中袁廷彦[1]。

这座会馆规模庞大，正门面西，分为东西二区（图6-5）。东区完全辟为园林，大半地段为水池所占，岸边垂柳掩映，中央位置设有一座水榭，称“泉亭”，东西两侧以桥与池岸相连。南岸筑有石平台，北岸堆叠假山，形成障景，其北建三间正厅，左右各设耳房，厅前对称

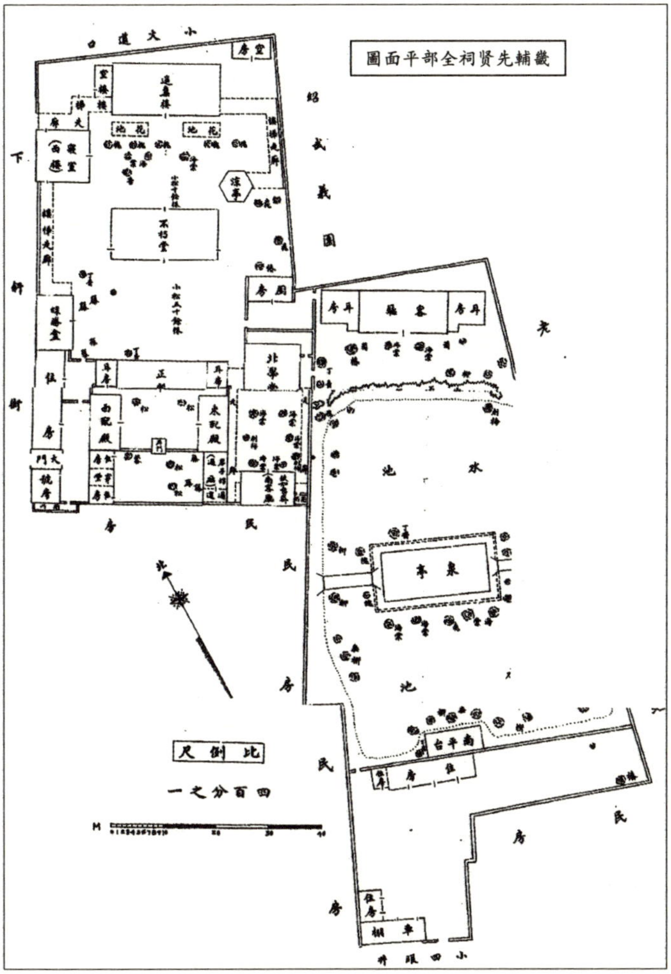

图6-5　民国时期直隶会馆（畿辅先贤祠）平面图。清华大学建筑学院提供

① 北京市档案馆编.北京会馆档案史料.北京：北京出版社，1997，页809.

种植两株海棠，还有椿树、槐树、丁香等花木，秋日则遍地菊花盛开。

西区南部设有祠堂正殿、配殿。其东为独立的花厅小院，西为住房，北面又设一座花园，中央筑正厅不朽堂，堂前植小松树50余株，其北为遥集楼，楼前对称设有花池，种槐树、海棠、杏树，左右两侧设爬山游廊，分别通向东侧的六角形平面的凉亭和西侧的小楼、绿胜龛。龛前设藤架，种丁香，檐下悬有张之洞所撰楹联："河朔人才葛禄记，斜街花事竹坨诗"。

1928年，在畿辅先贤祠内设燕冀中学，新中国成立后改为北京市第十四中学，连同花园在内的旧建筑逐渐被拆除，其中不朽堂被迁建至平谷金海湖。

七、江夏会馆

江夏会馆是清代湖北武昌府同乡会馆，位于排子胡同，由乾隆年间曾任闽浙总督、漕运总督、刑部尚书、左都御史的崔应阶捐资修建。会馆中曾设有花园，园内建造了一座石亭，并堆叠假山，具体格局不详。现会馆已沦为大杂院，花园不存。

八、潼川会馆

光绪十五年（1889年）来京赶考的四川文人丁治棠在其《往留录》中记载："又过铜川馆看杨肯堂，此馆为严东楼旧第，国朝归盐商查某，至嘉道间，卖作公地，中甃假山，皆太湖石，螺旋蚁曲，数步易观，为严旧物，势家出千金购其石，未售也。就坳处立二亭，可琴可酒。山腹穿穴，如龙蛇窟，宛转过之，一花轩塞其口，射洪尹某寓焉。是山萃全馆精华，布置委曲，惜作公寓，不甚爱惜，石鳞驳落，崖角崩摧，一片荒残景象。严氏豪华，而今安在？不似召棠孔柏，异代犹加保护也。"[①]铜川为陕西中部县名，清代名为"同官县"，隶属西安府，1946年始改称"铜川"。清代无"铜川"地名，北京亦

① ［清］丁治棠．丁治棠纪行四种．成都：四川人民出版社，1984：113～114.

无铜川会馆，因此推断此处应为“潼川会馆”之误。

潼川会馆位于北半截胡同东侧，其地传说原为明代嘉靖间奸相严嵩（字分宜）之子严世蕃（1513—1565年，号东楼）宅园，《藤阴杂记》载：“（外城宣武门南）北半截胡同有听雨楼，相传为严分宜东楼，前后即其故第。”[①]《往留录》亦称此馆为“严东楼旧第”，清代归盐商查氏，嘉庆、道光年间成为四川省潼川地区同乡会馆。另一说是同治十年（1871年）由旧四川省潼川府所属中江县人李鸿裔捐建。

会馆由横向并列的三座院落组成，其中设有花园，园内曾以太湖石堆叠假山，内藏洞穴，变化多端，至晚清时期已沦于残破。新中国成立后，假山以及一座八角亭尚存，另有一株高大的古槐树。据说，此园假山于20世纪50年代被迁至北京中山公园，包括花园在内的会馆原有建筑则于2000年被全部拆毁。

九、广州会馆

明清时期北京的广州府同乡会馆至少有两处。一处位于西草厂街，创建于明代天启四年（1624年），据康熙十二年（1673年）程可则《重修广州会馆记》记载，其格局为：“馆三层，堂室廊庑毕具，……而后座则番禺山人陈道居之，从后门而入凡一座五间，旁购小亭，曰痦轩，杂莳花竹，有容膝之乐。”[②]可见会馆第三进院辟有小园，设小亭、花竹之景。另一处广州会馆位于韩家潭，原为清初江南名士李渔（笠翁）来京时期所居之芥子园，清朝中叶改为广州会馆。《宸垣识略》载：“芥子园在韩家潭，康熙初年，钱唐李笠翁渔寓居，今为广东会馆。”[③]《道咸以来朝野杂记》载：“南城韩家潭芥子园，初甚有名，亦李笠翁所造者。后归广东公产。……看其布置，殊无足助，盖屡经改筑，全失当年邱壑，不过敞厅数楹，东南隅略有假山小屋

① ［清］戴璐.藤阴杂记.北京：北京古籍出版社，1982，页89.

② ［清］程可则.重修广州会馆记.见：北京市档案馆编.北京会馆档案史料.北京：北京出版社，1997，页1367.

③ ［清］吴长元.宸垣识略.北京：北京古籍出版社，1983，页184.

而已。”①

此园至清末已经颓败，民国时期在此设戏园，1957年在此建北京市第九十五中学。现为西城区教委中小学卫生保健所，园林已经不存。

十、香山会馆

香山会馆东临珠朝街，西临官菜园胡同，北临南横街，所在地原为一块义地。嘉庆年间，广东香山县同乡在此集资修建会馆，光绪二十一年（1895年），唐绍仪出资扩建。1925年孙中山先生逝世后，香山县更名为中山县，此会馆也改称中山会馆。

整座会馆分为几组庭院，其西部为花园（图6-6），北设歇山正厅，南设三间花厅，中央建一座攒尖顶方亭，西侧布置了一排

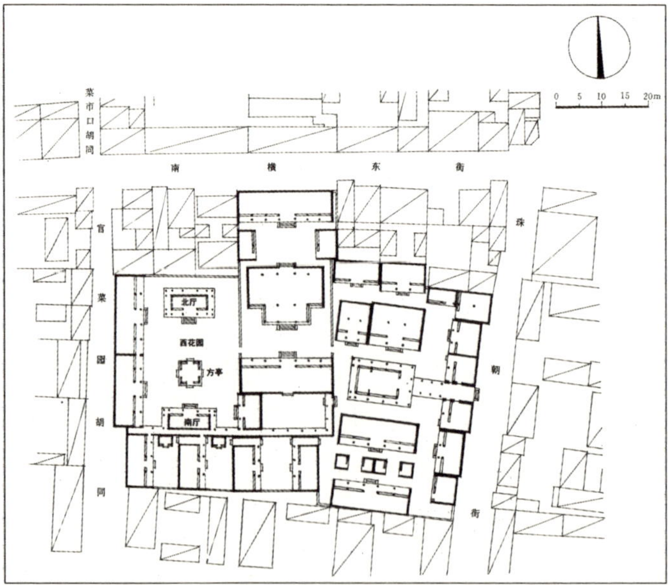

图6-6　香山会馆（中山会馆）20世纪90年代平面图。引自《宣南鸿雪图志》

---

① 崇彝.道咸以来朝野杂记.北京：北京古籍出版社，1982，页96.

厢房。园内原来堆叠了一座假山，并辟有水池，池上架小石桥，山石上长满爬山虎，四周种植了桃树、牡丹、藤萝等花木[①]，现均已不存。

十一、南海会馆

南海会馆位于米市胡同，其旧址原为董邦达宅园，道光四年（1824年）至五年（1825年）建为广东省南海县同乡会馆。道光十五年（1835年）吴荣光《新建广东南海县会馆碑记》载："购宣武门外米市胡同董文恪公邦达故第，仍其式廓，略加修治，始于甲申之冬，讫于乙酉之冬。……形势安恬，堂庑爽垲，花木竞秀，邱壑多姿。"[②]说明当时会馆中已经设有花园，并堆叠假山，种植花木。

后来会馆历经扩建，规模不断扩大，光绪年间已经拥有从南至北并列的四路院落。其最北一路第二进院辟为小园，西侧正房为七树堂，据说因院内有七棵树而得名，康有为曾在此居住，并将北面一座形似旱船的轩馆定名为"汗漫舫"。园内原有游廊，并堆叠湖石假山（图6-7），高树垂荫，现已被改建，游廊、山石、树木均不存，七树堂和汗漫舫也面貌大变（图6-8）。

图6-7　南海会馆七树堂庭院山石小景。引自《北京会馆档案史料》

---

① 吴哲征.会馆.见：北京市政协文史资料委员会选编.府园名址.北京：北京出版社，2000，页219.

② ［清］吴荣光.新建广东南海县会馆碑记.见：北京市档案馆编.北京会馆档案史料.北京：北京出版社，1997，页1378.

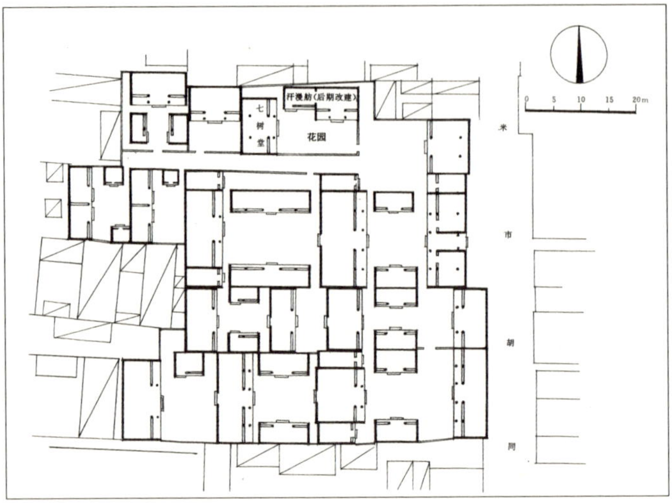

图 6-8　南海会馆 20 世纪 90 年代平面图。引自《宣南鸿雪图志》

十二、南昌郡馆

南昌郡馆位于宣武门外大街路东，始建于雍正二年（1724 年），坐东面西，分为中、南、北三路。清末江南提督张勋出资将中路改建为花园，名为“端园”。此园宽度有限，分为前后两进院落，前院西设园门，东为三间正厅，北设方亭。后院东建三间正房，南北两侧设游廊与前院正厅相连。园内曾经堆叠假山。2000 年，南昌郡馆被全部拆除，花园自难幸免，所幸《宣南鸿雪图志》中留存了一张平面测绘图，尚可窥见其大致格局（图 6-9）。

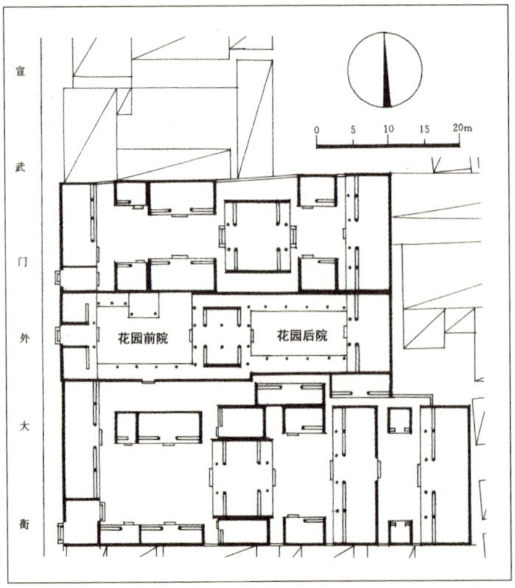

图 6-9　南昌郡馆 20 世纪 90 年代平面图。引自《宣南鸿雪图志》

十三、其他会馆

另外值得一提的是，达智桥胡同南侧的松筠庵原址为明代忠臣杨继盛（号椒山）故居，清代乾隆年间改为杨椒山祠，道光年间在祠西南部建花园，设有谏草堂、八角亭、游廊，堆造假山。这里曾经是清末文人士大夫聚会议论国事的场所，也是光绪二十一年（1895年）“公车上书”的策源地。清末民初在此设河北同乡会馆，但在清代其性质主要是一座祠庙，故本书未列入会馆园林之列。

除了上述实例之外，北京还有一些会馆建在旧宅园的基址之上，如达智桥胡同的直隶同乡会馆所在地相传为明代奸臣严嵩宅园，南横街的粤东新馆所在地曾是清初大学士王熙怡园之一隅，海北寺街（今海柏胡同）的顺德邑馆曾是清初学者朱彝尊宅园。但这些会馆建造之时旧园早已倾颓，彼此之间并无明确的继承关系，文献也没有记载后来的会馆中是否建造花园，因此不再详述。

北京另有许多会馆虽然没有设置独立的园林，但常在一些庭院中做园林化处理，适当点缀花木、山石、小品，略有景致可赏，对一些房屋也做富于诗意的匾额题名，如山会邑馆（民国初年改称绍兴会馆）中设有藤花馆、补书书屋，鲁迅先生曾经寓居。不过这些庭院尚不能算是严格意义上的园林，因此也不再赘述。

十四、造园意匠

会馆本身属于同乡或行帮的公产，非私人所有，因此会馆园林作为会馆的附属部分，也具有半公共的性质，与纯粹的私家园林不同。会馆园林的营造和维护费用主要来自集资或捐款，数目有限，其使用者不能永远占据并传之后代，由此这些园林的规模不会很大，精致程度很难达到上层社会府宅花园的水准，总体成就不算太高，但在造园意匠上仍具有一定的特色，非其他园林类型所能替代。

通过以上实例可以发现，由于一些北京会馆园林直接由私家宅园改建而来，因而在布局模式上与私园趋同，庭院空间均为四合院的变体，大多格局方整端庄，拥有明确的中轴线和正厢观念。清代会馆集中于外城，外城住宅的庭院尺度往往明显小于内城住宅，导致会馆园林的多数院落宽度偏窄，比较紧凑。

会馆园林的建筑形式以厅堂、亭、轩为主，偶尔出现楼台、水榭，种类比其他类型园林要少，造型变化也不大。虽然各会馆的建造者来自全国各地，但包括园林在内的建筑样式仍为典型的北京官式建筑，与地方建筑风格迥异。由于会馆园林中经常需要举行聚会、宴饮活动，因此对宽敞的厅堂建筑最为重视，而亭类建筑一般以方亭最为常见。

会馆均建于稠密的市井坊巷之中，没有直接引水的条件，因此园中的水景大多非常简单，以方池和月牙池为主。唯有直隶会馆因为兼有畿辅先贤祠的性质，花园规模较大，有条件开凿大面积的荷塘，景致疏朗，是罕见的特例。

假山是多数会馆园林的主要景观，但尺度不会很大，多叠置青石，少数园林可见湖石，一些庭院中陈立单块湖石以作点缀，潼川会馆花园中太湖石假山号称严世蕃宅园旧物，非常罕见。安徽会馆花园中的假山横亘东西，直隶会馆东园假山延展于荷塘北岸，都有增加空间层次的作用。广州会馆花园原为芥子园，传说其假山为李渔手笔，必有可观，可惜未能留存。

北京会馆园林中的花木以常见的槐、柳、杨、椿、松、杏以及海棠、丁香、藤萝为主，一般没有特别名贵的品种，相对易于维护。高大的乔木和繁茂的花灌木往往对称种植在庭院中，手法略显单调。直隶会馆中的菊花颇有名气，是精心栽培的成果。

以往的会馆园林多设匾额、楹联，有的还设有碑刻，可惜流传下来的很少。这些匾联均出自著名文人或官僚之手，措辞佳妙，如安徽会馆中“碧玲珑馆”的“碧玲珑”三字用来形容碧色灵巧的假山石；“云烟收放”典出宋代杨无咎《朝天子》词：“千奇万状，见云烟收放”；“叠翠亭”之“叠翠”二字形容层叠苍翠的山色；“拜石山房”借用宋代书法家米芾拜石的故事；“半亩塘”典出朱熹诗作《观书有感》：“半亩方塘一鉴开，天光云影共徘徊。问渠那得清如许，为有源头活水来。”湖广会馆“楚畹堂”典出屈原《离骚》“余既滋兰之九畹兮，又树蕙之百畮”，后世常以“楚畹”泛指兰圃。河南会馆“嵩云亭”指中岳嵩山的云雾，唐代李商隐曾有诗曰“嵩云秦树久离居”；“听雨楼”“听涛山馆”强调通过听觉来感受雨声、水声，“池北精舍”暗示厅堂所处的位置；“洛社”原指北宋元丰年间太尉文彦博留守洛阳所组织的文人雅集“耆英会”，以此作为厅堂之名，含有追慕先贤之意。直隶会馆的“遥集楼”典出汉代扬雄《剧秦美新》：“遥集乎文雅之囿，翱翔乎礼乐之场”，暗示这里是四方文士聚会之所。

一些会馆园林也会含蓄地反映其故乡的历史文化。如安徽会馆在园中辟方形水池，悬“半亩塘”之额，又在拜石山房内陈设朱熹手迹石刻，从多个角度呈现这位本地儒家圣贤的文化精神；湖广会馆以楚畹堂纪念楚地大诗人屈原；河南会馆的洛社和嵩云亭也同样都是本省历史和景物的反映。另有专家认为中山会馆的庭园在一些方面带有岭南园林的气象。所有这些特征都赋予北京会馆园林更丰富的文化内涵。

从造园艺术的角度看，北京会馆园林的成就不高，只能算园林史上相对次要的一脉支流，但因为其特殊的历史地位，曾经留下很多名人印迹，自有不可忽视的价值。

清朝灭亡后，京城的老会馆逐渐衰败，会馆园林更趋于荒落。新中国成立以来，北京南城地区的旧城改造工程此起彼伏，原有的园林痕迹几乎难以寻觅，这种本应在历史上占有一席之地的园林类型在京华大地上基本消失，实在令人痛心。

第七章

公共风景区

中国古代不少城市与山水相依，或以大面积的河湖为依托，经过历史积淀，形成景色绝佳的风景区，如唐长安之曲江池、杭州之西湖、扬州之瘦西湖、昆明之翠湖、济南之大明湖等，皆为享誉天下的著名胜景。

古代北京的公共风景区主要有三处，从城内到郊野依次为什刹海、长河与西山。此外南城陶然亭、西郊玉渊潭也是重要的游赏区。长河与西山的名山古刹已在第五章“寺观园林”讨论，本章主要介绍什刹海。什刹海是北京三处风景区里最著名的一处，这里景致优美、历史悠久、文化底蕴深厚，足以与西安曲江池、杭州西湖、扬州瘦西湖、昆明翠湖、济南大明湖相提并论而毫不逊色。

什刹海由前海、后海和西海三部分组成，彼此脉络相连，是京城内除了西苑三海之外最重要的一片水面，元代称“海子”，明清时期统称“什刹海”，又称“后三海”，总面积约3450亩。其中西海临近德胜门水关，又称积水潭或净业湖。

此三海虽位于城中，却颇似计成《园冶》所说的“江湖地”，正所谓“江干湖畔，深柳疏芦之际，略成小筑，足徵大观也”①。明代沈德符《万历野获编》也称赞，“惟城西净业寺侧有前后两湖，最宜于开径”②。因此这里常被视为在内城修筑园林的首选佳地，元、明、清三代以来湖畔的府园、宅园和寺庙园林均曾盛极一时，并成为一处重要的公共园林区，如明代李东阳诗中所描绘：“豪客园池非旧业，梵家宫殿有高台。林花苑柳如相识，又是一度春风来。”③

什刹海地区的府宅园林包括王公府园和私家宅园两类，前者有明代的定国公园、英国公新园及清代的庆王府园、恭王府园、醇王府园、阿拉善王府园、涛贝勒府园、棍贝子府园等，后者有明代的漫园、镜园、刘茂才园、湜园、杨园，清代的诗龛、蒋溥宅园、张之洞宅园、麟魁宅园，民国时期的婺园、泊园等，鳞次栉比，各有佳妙。

什刹海地区寺庙极多，其中颇多内外环境俱佳的园林景致；同时这一区域一直是文人墨客集会、市民阶层游憩的重要场所，形成了若干公共园林空间，历代诗词歌咏，记载不绝，在旧京的生活史上占有重要地位。府宅园林大多封闭内向，仅是少数人享受的天地，而寺庙园林和公共园林则是公众游赏的开放空间，对于广大市民和整个城市具有更大的意义。

什刹海地区的寺观祠庙十分繁杂，其性质分别属于佛教寺院、道教建筑和各种杂祀祠宇，鼎盛时期接近百座之多，规模不一，风格各异，其中有很多属于寺庙园林的范畴。究其景观类型，大致可分为

① ［明］计成著，陈植注释.《园冶》注释.北京：中国建筑工业出版社，1981，页61.

② ［明］沈德符.万历野获编.北京：中华书局，1959，页609.

③ ［明］李东阳著，周寅宾点校.李东阳集.长沙：岳麓书社，1984，第一卷，页530，雪后经西涯.

两类：

第一类是拥有相对独立的小园和楼阁亭台，往往内敛幽静，同时又有良好的对外借景条件，风格类似私家园林。如明代后海北岸曾有一座三圣庵，背依水田，于庵之西部辟园区，陈设豆棚瓜架，筑造亭台，以作观景。《帝京景物略》载："三圣庵，背水田庵焉。门前古木四，为近水也，柯如青铜亭亭。台，庵之西。台下亩，方广如庵，豆有棚，瓜有架，绿且黄也。外与稻杨同候，台上亭曰'观稻'，观不直稻也。畦陇之方方，林木之行行，梵宇之厂厂，雉堞之凸凸，皆观之。"从《乾隆京城全图》上可见此庵规模很小，分为两院，东院为庵堂，西院为小园，观稻亭在其北端。又如护国寺，亦称崇国寺，位于三海南部的胡同坊巷中，距离水面较远，规模宏大，格局严整，其中曾辟有葡萄园，于僧房一带竹木交荫，自成天地，明代袁宗道诗曰："老僧爱竹石，点缀似山家。""数亩葡萄林，浓条青若若。以藤为幡幢，以叶为帷幕。以蔓为宝网，以实为缨络。蜩蝉递代响，虽聒胜俗乐。"①

第二类是虽无独立的园亭之设，但整个寺观祠观的内外环境都做了园林化的处理，大多数实例都属于这一类，如海印寺、净业寺、太平庵、汇通祠、普济寺、瑞应寺、兴隆寺、莲花庵、金刚寺、火神庙等。

《元史·河渠志》载："海子岸上接龙王堂，以石甃其四周。"②可见早在元代，海子岸边就筑有龙王堂，四周砌石，与水面充分结合，具有一定的景观效果。

明代海印寺位于万宁桥以北，后改称慈恩寺，临湖建高楼台殿，名"镜光阁"，寺内多植名花佳木，为什刹海一大名胜，可惜至清代已废。明人有诗句称赏，曰："海子桥西寺，高楼御苑花。中流自日月，平地有烟霞。""湖景澄珠阁，云虹度石梁。行攀双树杪，坐对

---

① ［明］刘侗，于奕正.帝京景物略.北京：北京古籍出版社，1980，页35，引袁宗道诗.

② ［明］宋濂等撰.元史.见：二十五史.上海：上海古籍出版社，1986.

九华觞。”“禅刹凌空出，山门近水开。院寻祇树底，斜过禁城隈。”[①]从中可想象寺内景致。

明代净业寺位于西海北，寺门以东构轩二楹，以观荷花垂柳，《明水轩日记》载：“净业寺门临水岸，去水止尺许。其东有轩，坐荫高柳，荷香袭人，江南云水之胜无以过此。”[②]明代诗人多有题咏，如孙如《游净业寺》诗：“禅堂入暮可曾关，马逐飞花向此间。钟界朝昏应自急，水流深阔正如闲。苍然野岸灯初过，迥尔疏林月始弯。风定湖光分半翠，不知是影是真山。”[③]民国初年朱文炳《涵碧登高集》记载净业寺“庭中花木杂错，掩映有致。西偏有楼三楹，环以竹篱，足资临眺，即涵碧楼也”[④]。寺中涵碧楼为登临赏湖之处，曾经是京师文人聚会的场所，保存至今。

净业寺之西旧有太平庵，《五城寺院册》载：“庵背城临湖，可数顷许。每秋夏之间，接天莲叶，向日荷花，四顾送青，满波轮绿。”[⑤]由《乾隆京城全图》观之，庵门南向临湖，院落平面不规则，内仅一殿，似湖边别墅。

汇通祠旧名镇水观音庵，始建于明代，清乾隆二十六年（1761年）改建，易名汇通祠，位于西海北岸以南的小岛上，紧邻水关，四面环水。祠宇高居水上，周围叠有多座奇石和不同的石雕。《燕京访古录》记载：“积水潭上汇通祠，四周乱石参差，若蹬然，石下雕一石螭，长八尺，肩宽二尺二寸。北岸即水关。寺后立石一，层叠如云，相传为陨星所化，高六尺五寸，下承以石座。石之阳有天然一鸡

① ［清］于敏中等编撰.日下旧闻考.北京：北京古籍出版社，1985，页854，引何景明慈恩寺，页875，引李时勉春日游海印寺.

② ［清］于敏中等编撰.日下旧闻考.北京：北京古籍出版社，1985，页856，引明水轩日记.

③ ［明］刘侗，于奕正.帝京景物略.北京：北京古籍出版社，1980，页21～22，引游净业寺诗.

④ 文安主编.古刹寻踪.北京：中国文史出版社，2005，页109.

⑤ ［清］于敏中等编撰.日下旧闻考.北京：北京古籍出版社，1985，页857，引五城寺院册.

一狮，鸡左向右走式，狮右向下伏式，石顶高处，另有镌刻一大鸡一大狮，鸡大四寸，居左向右走式，狮大七寸，居右向左卧式，此二鸡狮亦系天生形貌，后有镌刻家加以摹刻，愈觉形象逼真，堪称奇石，俗呼鸡狮石。”①乾隆帝有御制诗题咏：“一座湖亭倚大堤，两边水自别高低。片时济胜浮烟舫，春树人家望转迷。”《天咫偶闻》亦述其景象：“北面雉堞环周，如映如带。西北土山忽起，杂树成帏。石蹬高盘，寺门半露，汇通祠也……从祠上望湖，正见其缥缈。”20世纪70年代因营建地铁，汇通祠被拆除，后于1988年重建，辟作郭守敬纪念馆，设山门、前殿、后楼，建碑亭摆放乾隆帝御制诗碑，并仿制了原有的石鸡石狮以及石螭。

普济寺位于西海南沿，俗称高庙。寺坐西面东，其后罩楼高耸于湖之南岸，被誉为“日下第一楼”。《天咫偶闻》载：“南岸危楼蹇嵼，有如高士枕流，美人临镜，高庙之日下第一楼也。”

瑞应寺位于后海北岸，明代时称龙华寺。明人有诗赞曰：“湖际先朝寺，幽栖验物情。声声松下静，鸟语竹间清。”“湖边远远湿朝暾，细写秋光上寺门。花木欲深香色聚，稻田全覆绿云屯。”②清初重建，改称瑞应寺，广廷植木，花果繁盛。

兴隆寺原名兴德寺，位于西海以南的抄手胡同，其中“右傍多僧舍，修篁绿箨，丛木青柯，相望楚楚。后有平台，大可亩许，解带临风，开襟敌水，固不减在濠濮间也”③。寺西北有莲花庵，“疏临朗樾，含吐余清。后一台，瞰湖阳诸寺，若列眉案。邻有火神庙，可眺远”④。

明代的金刚寺又名般若庵，也位于抄手胡同。《帝京景物略》描绘其景色为：“背湖水，面曲巷，盖舍弃光景，调心坊肆。……旧有

---

① 陈宗蕃.燕都丛考.北京：北京古籍出版社，1991，页415～416，引燕京访古录.

② [明]刘侗，于奕正.帝京景物略.北京：北京古籍出版社，1980，页38，引冯有经、王应翼龙华寺诗.

③ 陈宗蕃.燕都丛考.北京：北京古籍出版社，1991，页413，引顺天府志.

④ 陈宗蕃.燕都丛考.北京：北京古籍出版社，1991，页414，引燕都游览志.

竹数丛，小屋一区，曲如径在村，寂若山藏寺。”[①]《燕都游览志》也称其“前小阁，后静室，纸窗棐几，殊有幽趣”[②]。其中小园曲径，俨然世外佳境，后于万历中“改创大殿高阁，左右翼楼数十楹”，反失旧韵，“往昔清凉幽趣之致，尽化于沙砾间矣”。

火神庙又称火德真君庙，位于地安门大街，其中曾建有水竹轩，明代黄元功有诗曰“地静烟云满，开轩水上栖”[③]。

以上寺庙遍布在三海沿岸，如繁星之点缀银河，刹宇梵宫，钟鼓相闻，形成什刹海公共风景的重要节点。

作为北京城内最重要的公共游赏地，什刹海还逐渐形成了若干公共景区。民间曾将其中的“银锭观山”“西涯晚景”“谯楼夜鼓”“响闸烟云”“柳堤春晓”“湖心赏月”等风景列入不同版本的“燕京小八景”。这些公共园林大多临近水面，沿湖岸展开，具有外向、开敞的空间特色，大致分为三种情况：

第一种是三海间的某些特殊地段，风景特美，成为游人集中之处，自然形成公共园林景区，如后海西沿以及前海西南岸一带。自西海南端至前海西南部之间原有长河勾连，三海水系于交界处往往建有石桥，典型者如万宁桥、金锭桥、银锭桥、德胜桥、李广桥、清水桥、三座桥等。各桥周围地段也多为优美的小景区。什刹海的桥梁多为三孔或单孔石拱桥，规模和复杂程度不及杭州西湖断桥和扬州瘦西湖五亭桥，更像是水面上一种精致的点缀和驻足赏景点。

万宁桥位于前海东端、鼓楼南侧，始建于元代，称“海子桥”。此桥位处北京中轴线上，是什刹海水域由湖变河的闸口。桥西曾设澄清闸，为通惠河重要枢纽。其位置恰好扼于长河广湖与通衢大道的交会处，柳色荷影、闹市崇楼均在眼前，因此历来是游人密集处。

银锭桥位于前后海交界处，一湾带水，视野开阔，四面皆景，

---

① ［明］刘侗，于奕正.帝京景物略.北京：北京古籍出版社，1980，页30.

② 陈宗蕃.燕都丛考.北京：北京古籍出版社，1991，页412，引燕都游览志.

③ ［明］刘侗，于奕正.帝京景物略.北京：北京古籍出版社，1980，页42，引黄元功集李炼师水竹轩.

“银锭观山”乃成为什刹海一处著名的景致。《燕都游览志》描绘其风光云：“银锭桥在北安门海子三座桥之北，此城中水际看西山第一绝胜处也。桥东西皆水，荷芰菰蒲，不掩沦漪之色。南望宫阙，北望琳宫碧落，西望城外千万峰，远体毕露，不似净业湖之迫且障也。”①清代宋荦有诗云：“鼓楼西接后湖湾，银锭桥横夕照间；不尽沧波连太液，依旧晴翠送遥山。”②

后海南沿李广桥一带北有明湖，南有清流，湖岸边曾建有水榭回廊，景致疏朗。《京尘杂录》载：“后门外李广桥一带明湖滉漾，大似江南水国，每过其地，辄令人起秋风莼鲈之思。有庆龙堂，水槛、回廊，轩窗四敞，盛夏入其中，一望芰荷芦荻，间与凫鹥鸥鹭，上下浮沉，薰风媵凉，心清香妙，恍如置身海上三仙山。”③

前海西南岸一带旧称“西涯”，明代著名文人李东阳曾经在此居住，作《西涯十二咏》，除其自家宅园外，咏及海子、西山、杨柳湾、稻田、响闸、钟鼓楼、慈恩寺、广福观等，皆为周遭景物，被后人称为“西涯晚景”。其中响闸位于三座桥下，此桥又称月桥、越桥、三转桥，水流过闸，轰然作响，“响闸烟云”亦成名景。由前海一带隔水面可遥看钟鼓楼（图7-1），遥闻钟鼓声，视景声境俱全，有“谯楼夜鼓”之韵。

图 7-1 从前海远观钟鼓楼。自摄

第二种以某座近水的楼阁或亭台建筑为核心，形成独特的园林景观，如元代丞相燕帖木儿所建的望湖楼以及鼓楼斜街之西的

① ［清］于敏中等编撰.日下旧闻考.北京：北京古籍出版社，1985，页879，引燕都游览志.

② 陈宗蕃.燕都丛考.北京：北京古籍出版社，1991，页402，引西陂类稿·过银锭桥旧居诗.

③ 陈宗蕃.燕都丛考.北京：北京古籍出版社，1991，页408，引京尘杂录.

望湖亭、钟楼街西北的飞宇楼，明代的阮公亭、莲花社和虾菜亭等。元《析津志》载：“望湖亭在斜街之西，最为游赏胜处。”[①]清代法式善有诗咏虾菜亭曰：“水光绿半城，花景红一埭。徜徉此亭中，何必买虾菜。”[②]此外，德胜桥附近曾经建有水轩、湖心亭，也成为公共游憩之地。这些园林本身并无围墙，格局简单，大多与湖水紧密相连，以登高观景为主旨。

第三种与酒楼、茶馆相结合，形同闹市，却又有美景可赏。其中前海北岸和西岸一带尤其繁盛，《天咫偶闻》描写其景况曰：“玻璃十顷，卷浪溶溶。菡萏一枝，飘香冉冉。想唐代曲江，不过如是。昔有好事于北岸开望苏楼酒肆，肴馔皆仿南烹，点心尤精。小楼二楹，面对湖水。新荷当户，高柳摇窗。二三知己，命酒呼茶，大有西湖楼外楼风致。”[③]前海南沿白米斜街有清末名臣张之洞故居，张家的家厨在张之洞去世后利用临水的宅园之半开设会贤堂饭庄，后迁至北岸，位置更佳。饭庄二楼设绿油栏杆外廊，风景极好，客人至此，赏景之乐甚至大于品肴。清夏仁虎《旧京琐记》载：“堤北有会贤堂，为宴集之所，凭栏散暑，消受荷风，士流乐之。”著名作家邓云乡先生也描写道：“‘会贤堂’的风景是独一无二的，当时在北京找不出第二家。面对着什刹海的水面，往北方向望去，是鼓楼、钟楼的嵯峨气势衬着缥缈的蓝天；往东南方向望去，是绿树葱郁的景山衬着黄琉璃瓦的佛亭。近处是粼粼的水面，依依的柳浪，郁郁的翠盖，冉冉的荷香。从柳浪的缝隙中望过去，是斜跨前海那条大堤上荷花市场中的熙熙攘攘的人群。”邓先生也认为这里的景致足可媲美杭州西湖孤山下的太和园、楼外楼。

会贤堂南侧水面后来筑有长堤，罗列茶馆百戏，更为热闹。《骨董琐记》载：“宅南有文襄庖人所设会贤堂，嗣会贤迁于北岸，筑堤

---

① ［元］熊梦祥著，北京图书馆善本组辑.析津志辑佚.北京：北京古籍出版社，1983，页104.

② ［清］麟庆.鸿雪因缘图记.北京：北京古籍出版社，1984，“诗龛叙烟”引法式善诗.

③ 震钧.天咫偶闻.北京：北京古籍出版社，1982.

通湖南，沿堤植柳，高入云霄，堤上设茶肆及诸傩戏。”[①]如今此处重建了荷花市场，酒吧林立，情境略有相似，但喧闹似乎过之。

《骨董琐记》又载：“湖东北庆云楼在烟袋斜街，昔亦诗酒留连之地。”[②]朱家溍先生《什刹海梦忆录》回忆称，“后楼隔扇外面是一座有栏杆的平台。夏天吃过饭，在这平台上，正是‘荷净纳凉时’”[③]。庆云楼附近还有一座集贤居，号称“临河第一楼”。萨兆沩先生《净业觅踪》描绘道：“集贤居里，环境清幽，窗明几净。远望栏杆外，春夏秋冬四季景色不同。春雾萌绿，岸柳初黄，湖冰乍裂，一片迷蒙，在这里浅杯慢酌，似闻春天在漫步走来。夏日荷开，碧莲如盖，柳荫鸣蝉，小船摇曳，躲在楼台蔽阴消暑，咏赋饮酒赏荷诗句。秋日天阔，西风萧瑟，败荷衰柳，转目西山，引得食客们感怀伤思，借饮酒以消除心中块垒。冬日观雪，远近漫白，寒鸦暮归，落日衔山，知心朋友相聚，更不能不一醉方休了。”[④]以上几座酒楼饭庄的格局大体类似，皆强调观景视线，其楼宇成为公共园林的一部分。

除此之外，这一地区几乎所有的寺庙园林都兼有公共园林的功能，而有些园林虽为私人所建，但向外界全面开放，性质也接近公共园林，例如元代的万春园即当时进士及第后重要的聚会之所，宛若唐长安之曲江宴。对此《渌水亭杂识》记载：“元时海子岸有万春园，进士登第恩荣宴后，会同年于此，宋显夫诗所云：‘临水亭台似曲江也’。”

什刹海地区地形平坦，附近四周没有像杭州西湖那样的群山环绕，但三海水面北临德胜门，南近地安门，襟带相连，水岸长堤蜿蜒曲折，自成如画景色，层次十分丰富。其周围的胡同街巷也大多随宜铺陈，弯曲自然，不像京城其他地区那样呈方整规则的棋盘形式。水上植物以荷花为主，另有水稻、芦苇，常有飞禽栖息翱翔，更添生

① 陈宗蕃.燕都丛考.北京：北京古籍出版社，1991，页400，引骨董琐记.

② 陈宗蕃.燕都丛考.北京：北京古籍出版社，1991，页400，引骨董琐记.

③ 朱家溍.故宫退食录.北京：北京出版社，1999，页727.

④ 萨兆沩.净业觅踪.北京：北京燕山出版社，2002，页676.

气。整个区域的园林风景并非有意统一规划而成，而是历代逐渐演变累积的结果，却又能彼此辉映，浑然一体。如《帝京景物略》所称："沿水而刹者、墅者、亭者，因水也，水亦因之。梵各钟磬，亭墅各歌声，而致乃在遥见遥闻，隔水相赏。"[①]民国时期叶楚伧《壬子宫驼记》也称赞："十刹海，杨柳四围，芙蕖十亩，萧然有江南村落致。"[②]

历代文献对什刹海景色的描写极多。如《稗说》称："若城内得胜门之水关，后宰门北湖，其间园圃相望，踞水为胜，率皆勋戚巨珰别墅，稻畦千陇，藕花弥目。西山爽气，日夕眉宇，又俨然西子湖。"明郑友玄《北湖歌》亦咏曰："四十里外城西山，青过城中照湖绿。湖水绿也到青山，水荷岸柳相连属。几家亭馆系无船，亦不河房栈高足。"[③]

对比而言，三海中的市肆多集中于前海一带，相对显得热闹，而后海和西海相对幽静。对此《清稗类钞》总结称："京师之后海较前海为幽静，人迹罕至，水亦宽，树木丛杂，坡陀蜿蜒。两岸多古寺名园，骚人遗迹。"[④]清代时后海的水面一半是水稻，一半为荷湖，景色独特，其环境正如词人纳兰性德所称："云兴霞蔚，芙蓉映碧叶田田；鹤宿凫栖，杭稻动香风冉冉。"[⑤]颇具江南水乡之美，因此《京尘杂录》描绘后海风光时感叹"后门外李广桥一带明湖滉漾，大似江南水国，每过其地，辄令人起莼鲈之思"[⑥]。

西海水面相对集中，长堤四围，同样以幽静著称。《天咫偶闻》称"明代诸名园咸萃此地……野水弥漫，一碧十顷，掩映秋光。两岸

① [明]刘侗，于奕正.帝京景物略.北京：北京古籍出版社，1980，页19.

② 叶楚伧.壬子宫驼记.见：章伯锋，顾亚主编.近代稗海，第13辑，成都：四川人民出版社，1988，页285.

③ [明]刘侗，于奕正.帝京景物略.北京：北京古籍出版社，1980，页25.

④ 徐珂编撰.清稗类钞.北京：中华书局，1984，第一册，页132.

⑤ [清]纳兰性德.通志堂集.上海：上海古籍出版社，1979年(据清康熙刻本影印).

⑥ 陈宗蕃.燕都丛考.北京：北京古籍出版社，1991，页408，引京尘杂录.

多古树，多招提”[①]。李彰九《净业湖诗序》描绘西海水面景致，称：“净业湖在北京得胜门内，周广二里许，围以长堤。沿堤植柳，堤外有沟，狭而深。沟外万柳交阴，凭高下视，若三环相袭，而平置青铜镜面者也。”[②]

什刹海不但水岸曲折，而且位置独特，四周均可借景：东有钟楼、鼓楼巍峨，南瞻景山宫殿高耸，北近城门雉堞，西可远眺西山，近处则有湖水、稻田、荷花、堤柳、石桥，彼此相邻的寺观园亭乃至如织的游人皆可引入景框，如清人所描绘：“墙依绣堞，云影周遭；门俯银塘，烟波滉漾。蛟潭雾尽，晴分太液池光；鹤渚秋清，翠写景山峰色。”[③]因此这里的园林大多以借景为第一要义，寺庙园林和公共园林更是如此，往往于临湖处修筑楼阁、亭台、水榭、回廊，以获得理想的观景效果。

净业寺山门之前为极佳的观景地点，《帝京景物略》记述翔实：“立净业寺门，目存水南。坐太师圃、晾马厂、镜园、莲花庵、刘茂才园，目存水北。东望之，方园，宜夕。西望之，漫园、湜园、杨园、王园也；望西山，宜朝。深深之太平庵、虾菜亭、莲花社，远近之金刚寺、兴德寺，或辞远眺，或谢韦游矣。”[④]东南西北，景致朝夕变化。相邻的寺庙或因朝向不同，往往可以获得完全不同的借景效果，如《天咫偶闻》曾比较从西海北侧的汇通祠和南岸普济寺的后罩楼分别南望、东观湖面的效果，称“从祠上望湖，正见其缥缈；从楼上望湖，又觉其幽秀。神光离合，乍阴乍阳，妙无定态”。可以说正是什刹海多变的水面和沿岸丰富的园林景观，赋予其不同的视觉感受。

就布局而言，这一地区的寺庙园林虽有围墙，但大多不拘方向，

① 震钧.天咫偶闻.北京：北京古籍出版社，1982.

② 陈宗蕃.燕都丛考.北京：北京古籍出版社，1991，页415，引李彰九先生遗稿·净业湖诗序.

③ [清]纳兰性德.通志堂集.上海：上海古籍出版社，1979年(据清康熙刻本影印).

④ [明]刘侗，于奕正.帝京景物略.北京：北京古籍出版社，1980，页19.

灵活自由，山门掩藏于柳荫之中，颇能于闹处寻幽；或另以高台层楼凸起于墙上，以做远眺。也有如汇通祠那样崛起于湖面小岛之上，四面开敞，居高临下，宛如仙山神殿。公共园林则均不封闭，尽量与外围的大环境融为一体。

明清北京对于内城园林引水有严格的控制，一般需要得到皇家的特许；同时由于临近大面积湖面，并不缺乏水景可赏，因此什刹海地区的寺庙园林和公共园林一般不再独自营造水池，而是尽量以三海之水为背景，“纳千顷之汪洋”以为己用。同时，寺庙园林和公共园林的景致均较少雕琢，很少像府宅园林那样专门堆叠假山。

寺庙园林除殿宇之外，与公共园林一样，多重视楼阁和亭子的修建，除前面提及的普济寺后罩楼、净业寺涵碧楼外，海印寺、汇通祠均有高楼，火神庙建有玉皇阁、斗母阁，金刚寺（般若庵）也曾先后建有小阁和大殿高阁、翼楼。如此之多的寺庙楼阁与公共园林和府宅园林的楼阁相互辉映，使得三海岸边望楼林立，形成优美的轮廓线。

寺庙园林内外，常有名花异卉，古树嘉木，如普济寺以白海棠著称，《荃誓余斋诗注》载“庙中白海棠高数丈者五六株，花时繁珠缀玉，他处所无也”①。《燕京访古录》载什刹海西北隅净海寺有古槐一株，“其干南倾而枝北向，树心已空，叶犹茂盛，其势力蜿蜒，宛若龙蟠”②。此寺因此俗称“槐宝寺”。护国寺曾有数亩葡萄林；三圣庵门前有四株古木，树干如青铜；瑞应寺的文光果实曾结出并蒂骈颗，得到康熙帝的御制诗咏；兴隆寺、金刚寺均以竹取胜；广化寺殿前现存古槐，枯枝遒劲；双寺中至今尚存高大的古树一株。

公共园林主要以柳树取胜，兼看湖中荷花，体现开敞壮阔的气韵。

综合来说，历史上什刹海地区的公共园林和寺庙园林彼此分散但又能聚为整体，格局疏朗，景致自然清新，即便是公共景区中相对热

① 陈宗蕃.燕都丛考.北京：北京古籍出版社，1991，页413，引荃誓余斋诗注.

② 陈宗蕃.燕都丛考.北京：北京古籍出版社，1991，页411，引燕京访古录.

闹的商业建筑也能与大的环境氛围相协调。整个区域表现出一种类似江南水村的素雅风格，与京城其他地区庄严、规整的气质有明显区别，因而被著名作家刘心武先生称为“富于野趣的情调空间”。

什刹海地区的寺庙园林和公共园林均是雅俗共赏的游观之地，四季均有特色，尤其以夏季景色最胜，从而吸引了各阶层市民来此赏景、消闲、聚会、宴饮、娱乐、购物。历代诗文对什刹海的游乐之景多有描绘，极为生动。

自元代起，海子一带就是春游佳处，春季常有画船行乐于水上。元人有诗句吟道：“燕山三月风和柔，海子酒船如画船。”① “柳梢烟重滴春娇，傍天桥，住兰桡。”②明、清两代，文人游客初春时节多喜欢来什刹海一带的寺庙踏青访古，看柳青花红，如张弼诗曰：“花朝寻花不见花，行行直至梵王家。周遭金海波光合，远近翠楼烟景赊。”③

夏季游什刹海，仍以湖上泛舟最为赏心乐事。《骨董琐记》称赞夏天的西海“湖水澄净，夏无蚊蚋，荷盖掩映，枝条分披，实尘氛中一清凉胜地也”④。游人乘船，可从西北端的水关一直驶至前海东南岸，沿岸垂柳掩映，亭台寺观接踵，酒肆茶楼相望，湖上莲荷遍布，水闸石桥一一经过，画舫上常常陈列酒食并演奏乐曲，一路行来，极有趣味。明代高珩《水关竹枝词》描绘道：“酒家亭畔唤渔船，万顷玻璃万顷天。便欲过溪东渡去，笙歌直到鼓楼前。”《燕都游览志》载：“酒后一苇，山光水色，箫鼓中流，时复相遇，江以北来无此胜游。然泛必从小径，抵虾菜亭，乃尽幽深之至。”⑤夏季游客也常于湖边排列几席，坐而饮食，纳凉赏景，如《帝京景物略》所载：“岁盛

---

① ［清］于敏中等编撰.日下旧闻考.北京：北京古籍出版社，1985，页851.

② ［清］于敏中等编撰.日下旧闻考.北京：北京古籍出版社，1985，页852.

③ ［清］于敏中等编撰.日下旧闻考.北京：北京古籍出版社，1985，页875，引花朝游大慈恩寺.

④ 陈宗蕃.燕都丛考.北京：北京古籍出版社，1991，页415，引骨董琐记.

⑤ ［清］于敏中等编撰.日下旧闻考.北京：北京古籍出版社，1985，页850，引燕都游览志.

夏，莲始华，宴赏尽，园亭遂园亭，虽莲香所不至，亦席亦歌声。”[1]《天咫偶闻》亦载：“长夏夕阴，火伞初敛。柳荫水曲，团扇风前。几席纵横，茶瓜狼藉。”

秋天的游乐同样很盛，尤以七月十五中元节最为热闹，都人聚集，做水嬉、放河灯。《帝京景物略》载：“岁中元夜，盂兰盆会。寺寺僧集，放灯莲花中，谓灯花，谓花灯。酒人水嬉，缚烟火，作凫、雁、龟、鱼，水火激射，至萎花焦叶。是夕，梵呗鼓铙，与燕歌弦管，沉沉昧旦。”[2]

冬季什刹海湖面结冰，则有冰床之戏，为京城独有。《帝京景物略》载：“冬水急坚，一人挽小木兜，驱如衢，曰冰床。雪后，集十余床，炉分尊合，月在雪，雪在冰。西湖春，秦淮夏，洞庭秋，东南人自谢未曾有也。”[3]作者将什刹海冬季景象与西湖之春、秦淮之夏、洞庭之秋相提并论，并引以为豪。

什刹海不但四季景色不同，一日之中，清晨、白昼、傍晚的景色均有变化，同时还是夜游的好去处，“月夜泛舟”“湖心赏月”是久已有之的游乐项目，如明代顾起元有《秋集净业寺湖上》诗：“昨夜微霜下玉河，垂杨几叶著澄波。风传清磬双林近，月冷疏砧万户多。”[4]

什刹海地区还是北京民俗文化的重要载体，各种民间酒食、茶点乃至戏曲、杂技、管弦多云集岸边。京人来此游览，往往钟情于此。公共园林区段大多可作宴集场所，甚至某些寺庙园林附近也同样如此，如《燕都游览志》载：“（净业）寺前旧作厂棚，列席浮尊，宴饮殊适。”[5]除了前述之会贤堂、庆云楼、集贤居之外，萨兆沩先生

---

① ［明］刘侗，于奕正.帝京景物略.北京：北京古籍出版社，1980，页19.

② ［明］刘侗，于奕正.帝京景物略.北京：北京古籍出版社，1980，页19.

③ ［明］刘侗，于奕正.帝京景物略.北京：北京古籍出版社，1980，页19.

④ ［明］刘侗，于奕正.帝京景物略.北京：北京古籍出版社，1980，页22，引秋集净业寺湖上.

⑤ ［清］于敏中等编撰.日下旧闻考.北京：北京古籍出版社，1985，页856，引燕都游览志.

《净业觅踪》记述什刹海一带的饮食老店还有烤肉季、柳泉居、四合义、宝隆源、福兴居、和顺居、桂英斋等，至于各种小吃摊更是品种繁多，风味独特，难以尽数。除了前文提到的中元节盂兰盆会之外，《什刹海志》还详细记载这一地区历史上的其他民俗活动，如上元灯节、上巳春禊、四五月间城隍出巡、夏日洗象浴马、冬日冰床冰灯、护国寺庙会、堂会票房唱戏等。这些活动大多在水上或岸边举行，与三海的寺庙园林及公共园林密不可分。

随着历史的变迁，什刹海地区众多的园林景观不断遭到破坏。相比而言，目前部分府宅园林已经得到一定保护，公共园林的脉络也大体尚存，但多数的寺庙园林遭到比较严重的毁弃，十分遗憾。

今天什刹海地区已经被列为北京市的历史保护区，被誉为“老北京的最后图景”，依然承担着公共园林游览区的功能，是广大市民重要的游乐场所，对于北京的城市环境改善和居民生活具有极大的综合效益。近年已经复建了汇通祠，对一些现存的寺庙文物建筑进行重点保护和修复，并对一些重要的风景区段进行了整治，在前海沿岸一带修筑仿古风格的牌坊、栏杆，在不同地段设置茗苑茶座、潭苑水榭、望海楼（图7-2）、湖心亭、长廊等，同时整修临湖码头、步道，添植花木，营建“烟波柳渡”“屏山听瀑”等新景区，并在一定程度上使得“银锭观山”“湖心赏月”等盛景重新呈现。近期对后海北岸烟波柳渡景区的建设中，改造了与历史风格不协调的原有临湖步道，设置了青石板路和白卵石路，补充种植了丝兰、马蔺、西府海棠、雪松、牡丹、洋槐、醉鱼草、山荞麦、萱草、玉簪、二月蓝等多种这一地区常见的花草树木，取得了良好的效果。

图7-2　新修望海楼。自摄

历史上什刹海的园林一直保持着可贵的野趣和朴素之风，不过一些新建景观和新的游览方式也对此产生了一定冲击。如近年来什刹海地区持续开展的具有北京特色的“胡同游”“水上游”，吸引了海内外的大量游客；岸边陆续出现很多酒吧，成为一道独特的风景线。对此广大学者和市民褒贬不一，但应该承认这是什刹海公共风景区在新时代的一种延续和发展。至于如何更好地保护、恢复这一地区现存的珍贵的寺庙园林和公共园林，延续其原有的传统风貌，挖掘其深厚的历史文化内涵，让它们继续为市民和游客服务，并对一些新的游乐方式进行有效的管理，则是今后需要不断思考和解决的问题。

第八章

造园意匠

园林是一项综合性的艺术，其中有各类建筑，并堆叠假山、罗列峰石，开辟水池、溪流，培植草木花竹，悬挂匾额、楹联，所有的元素彼此呼应，融为统一的整体，呈现出美不胜收的景致和雅致深远的意境。北京园林的造园艺术取得了很高的成就，在各方面都形成了自身的特色，与江南、岭南的园林明显不同。本章结合历史文献和现存实例，对北京园林的选址、布局、建筑、叠山、理水和植物六个方面的意匠进行总结。

第一节　选址

选址是中国古代造园的首要环节，获得好的地段往往可以达到事半功倍的效果。历代北京造园都十分重视选址问题。不同时期北京城址和城墙位置的变化，对园林选址产生了一定的影响，但其总的原则并未改变，始终符合中国古代造园的传统要求和基本准则。明代计成《园冶》中辟有“相地”一节专述园林选址，有山林地、城市地、村庄地、郊野地、傍宅地、江湖地之分[①]，虽主要以江南园林为描述对象，但也可在北京园林选址中找到相应的例证。本节将以上六种选址约化为郊野山林和内外城区，讨论北京园林的选址特点。

一、郊野山林

《园冶·相地》开篇称：“园地惟山林最胜，有高有凹，有曲有深，有峻而悬，有平而坦，自成天然之趣，不烦人事之工。”[②]北京城内地势平衍，并无自然山丘，西北郊则有香山、寿安山、玉泉山、瓮山（万寿山）诸山，独具山林气象，故《天府广记》载：“京师之西，皆山也。旧记，太行山首始河内，北至幽州，第八陉在燕，强行钜势，争奇拥翠，云从星拱于皇都之右。”[③]又如《日下旧闻考》引《西迁注》称：“西山内接太行，外属诸边，磅礴数千里，林麓苍黝，溪涧镂错，其中物产甚饶，古称神皋隩区也。……其水皆藻绿异常，风日荡漾，水叶递映，倚阑流览，令人欣然有欲赋京都之意。”[④]

北京西山是构筑园亭的极好地段，自辽金以来，帝王的行宫御苑

① ［明］计成著，陈植注释．园冶注释．北京：中国建筑工业出版社，1981，页49～62．

② ［明］计成著，陈植注释．园冶注释．北京：中国建筑工业出版社，1981，页51．

③ ［清］孙承泽．天府广记．北京：北京古籍出版社，1984，页488．

④ ［清］于敏中等编撰．日下旧闻考．北京：北京古籍出版社，1985，页1673，引西迁注．

图 8-1　清代玉泉山静明园山野景致。喜龙仁摄

和寺庙园林大多位于这一带。如清代三山五园中的香山静宜园、玉泉山静明园（图 8-1）和万寿山清漪园（今颐和园），佛寺园林中的潭柘寺、碧云寺、卧佛寺和八大处，都是典型的山林园，充分利用山地特色，达到了极高的艺术成就。

西山的私家园林以往论述较少，也有几处值得一提。清初著名学者孙承泽曾建退谷别业于寿安山樱桃沟水源头峡谷中，园仅一亭一屋，但处于两山之间，峭壁深邃，山涧幽远，小径细长，谷中水泉潺潺，谷前有花竹之圃，周围又有古寺幽然，松木森森，正所谓"后有高岭障之，而卧佛寺及黑门诸刹环蔽其前，冈阜回合，竹树深蔚……两山相夹，小径如线，乱水淙淙"[①]，是山林园地的典范。民国时期政治活动家、书画家周肇祥于退谷别业旧址建鹿岩精舍，继承了这片优美的山林环境。清代贝勒奕绘在南郊房山大南峪中创建南谷别业，利用周围的山峰地形以及涧流、古树，形成独特的景致，也是山地造园的出色例证。

民国时期一度有不少官僚富商和外籍人士在香山、阳台山、妙峰山等处修建别墅，出现了一些独具特色的近代风格园林，如法籍医生贝熙业于20世纪20年代在阳台山东麓修建了一座贝家花园，以中西合璧的形式在不同高度的台地上构筑碉楼、厅堂、楼阁、喷泉、藤架，展现山地园林的特色；熊希龄的双清别墅地处香山东南部的山坳中，林行规的鹫峰山庄依托鹫峰山坡展开，也都充分利用了山林地段

① ［清］孙承泽．春明梦余录．清光绪七年孔氏三十三万卷堂版，卷68．

的特殊优势。

不在山地的北京园林，无论城郊与城内，选址都注重依傍河湖，力求好的水泉条件，故《帝京景物略》载："京城贵水泉而尊称之，里也，海之矣；顷也，湖之矣；亩也，河之矣。"[①]而城内缺水处则以相对幽静且具有良好借景条件的地点为上，元代郭守敬所主持修建的水系成为北京造园重要的依托。

北京历来认为城郊地区最好的园林区分别为西北郊的海淀和南郊的草桥、丰台地区，正是因为这些地区容易得水之故。

海淀地区可视为《园冶》中的"郊野地"，其情形正是"郊野择地，依乎平冈曲坞，叠陇乔林，水浚通源，桥横跨水，去城不数里，而往来可以任意，若为快也"[②]。清代宋起凤《稗说》载明代海淀园林时称："京师园囿之胜，无如李戚畹之海淀、米太仆友石之勺园二者为最。盖北地土脉深厚，悭于水泉，独两园居平则门外，擅有西山玉泉裂帛湖诸水，汪洋一方，而陂池渠沼，远近映带，林木得水，蓊然秀郁，四时风气，不异江南。"[③]《帝京景物略》载："水所聚曰淀。高梁桥西北十里，平地出泉焉……北曰北海淀，南曰南海淀。或曰：巴沟水也。水田龟坼，沟塍册册，远树绿以青青，远风无闻而有色。巴沟自青龙桥东南入于淀。"[④]查慎行《自怡园记》称："京师在《禹贡》冀州境内，地近西山，水泉喷涌。出阜成、德胜二门，演迤灏溔，泉之源不知其几也。玉泉最近，泉出山下，自裂帛湖东南流入丹稜沜。傍水之园，旧以数十，海淀最著。"[⑤]海淀地区拥有玉泉山水系和万泉河水系，其清洌爽洁，非他处所能及，不但易于成景，还宜于生活，如乾隆三年（1738年）正月十二日乾隆帝就曾有谕旨称："都城西郊

① ［明］刘侗，于奕正.帝京景物略.北京：北京古籍出版社，1980，页52.

② ［明］计成著，陈植注释.园冶注释.北京：中国建筑工业出版社，1981，页57.

③ ［清］宋起凤.稗说，卷4，引自谢国桢.明代社会经济史料选编.福州：福建人民出版社，1980，上册，页274.

④ ［明］刘侗，于奕正.帝京景物略.北京：北京古籍出版社，1980，页217.

⑤ ［清］查慎行著，聂世美选注.查慎行选集.上海：上海古籍出版社，1998，页520，自怡园记.

地境爽垲，水泉清洁，于颐养为宜。”[①]同时海淀地区又邻近西山，有峰峦远景可作园亭空间的拓展，也是造园的天然优越条件，因此历代皇家园林和私家园林有很多出于此处。尤其在清代康熙以后，海淀地区不但先后拥有畅春园、圆明园等大型皇家苑囿，同时也兴建了大量的王公赐园和私家别墅，形成了一个庞大的园林区。

南郊草桥、丰台一带，水土丰腴，村舍田园遍布，既有《园冶》中“团团篱落，处处桑麻”“门楼知稼，廊庑连芸”[②]的“村庄地”野趣之胜，又是京师重要的养花基地，景色不凡，元代以来就有不少郊园建在这里。《稗说》称：“右安门之外丰台、草桥两地，亦饶水，绿杨参天，蒹葭密不容迳，其地土脉卑湿，大类江南，凡都门一切南北四时花木，皆于此种植颇繁。”[③]《水曹清暇录》载：“草桥地势低洼，广有水田，且土润宜种植，故莳花者颇多。又近丰台，春时牡丹、芍药连畦接垅；复富莲塘，长夏荷香飘拂，策蹇巡行，颇似江南风景。”[④]《藤阴杂记》载：“丰台在宛平县西，草桥南，为近郊养花之所，元人园亭皆在此。今每逢春时，为都人游观之地。”[⑤]《宸垣识略》载：“草桥在右安门外十里，众水所归，种水田者，资以为利。土近泉宜花，居人以莳花为业，有莲池，香闻数里。牡丹芍药，栽如稻麻。……桥去丰台十里，中多亭馆。”[⑥]

此外，京城外西郊高梁桥、玉渊潭和东郊通惠河附近都曾经被视为较好的园区，也是水源丰富的原因。如明代袁宗道《游高梁桥记》述高梁桥环境风貌：“高梁桥在西直门外，京师最胜地也。两水夹堤，垂杨十余里，流急而清，鱼之沉水底者，鳞鬣皆见。精蓝棋置，丹楼

---

① 中国第一历史档案馆藏.清代起居注册（乾隆三年）.

② [明]计成著，陈植注释.园冶注释.北京：中国建筑工业出版社，1981，页55.

③ [清]宋起凤.稗说，卷4，引自谢国桢.明代社会经济史料选编.福州：福建人民出版社，1980，上册，页274.

④ [清]汪启淑.水曹清暇录.北京：北京古籍出版社，1998，页156.

⑤ [清]戴璐.藤阴杂记.北京：北京古籍出版社，1982，页107.

⑥ [清]吴长元.宸垣识略.北京：北京古籍出版社，1983，页258～259.

珠塔，窈窕绿树中，而西山之在几席者，朝夕设色，以娱游人。”①《日下旧闻考》引《明一统志》述玉渊潭附近景色：“玉渊潭在府西，元时郡人丁氏故池，柳堤环抱，景气萧爽，沙禽水鸟多翔集其间，为游赏佳丽之所。元人游此，赓和极一时之盛。”②《燕都名园录》引古籍描述通惠河上大通桥一带风光：“大通桥居东郊，为通惠河上名胜。《燕都游览志》：大通桥水从玉河中出，波流演迤，帆樯往来，可达通州。二三园亭，依涧临水，小舸从几案前过，林间桔槔相续，大类山庄。”③

西北郊和南郊地区同时还拥有大片水田，景致仿佛江南水乡，如《水曹清暇录》所载：“高梁桥至圆明园、香山，夹河两岸，近开水田已有二千余亩，并连康熙、雍正年间所开垦，为数更多。而丰台穿池筑塘，亦倍于昔，故鱼虾市中不断。菱藕肥嫩，宛似江南。”④另外，北京以东的远郊地区也曾经是一些文人隐士的别业所在，如《天咫偶闻》载：“都城东北田盘一带，为山水之胜区、名流之秘宅。国初至今，隐居者踵相接也。”⑤

二、内外城区

靠近城区内外的园林的选址，同样以近水为上，正如民国时期韩溪《燕都名园录》所称：“大抵园林丛萃之区，必多山水明媚之境，而明清两代皇城附近以逼近禁地，辄少园林。士大夫谋于稍远之地，另辟蹊径，于是湖泊河沼之侧，借景引流，乃成妙区，如金鱼池、泡子河、积水潭皆是。”⑥

城内最大的皇家园林是以北海、中海、南海为中心的西苑，占据了最佳的选址区域（图8-2）。对私人造园而言，元代以来，西城北

① ［明］袁宗道.袁中郎全集·袁中郎游记.上海：中央书店，1935，页48.

② ［清］于敏中等编撰.日下旧闻考.北京：北京古籍出版社，1985，页1594，引明一统志.

③ 韩溪.燕都名园录.首都图书馆藏民国二十七年（1938）抄本，页68.

④ ［清］汪启淑.水曹清暇录.北京：北京古籍出版社，1998，页60.

⑤ ［清］震钧.天咫偶闻.北京：北京古籍出版社，1982，页182.

⑥ 韩溪.燕都名园录.首都图书馆藏民国二十七年（1938）抄本，页5.

部的什刹海一直被公认为西苑之外城内最佳的选址区域。什刹海由前海、后海和西海三部分组成，总面积约3450亩，彼此脉络相连，与西苑三海相呼应，又称“后三海”。清《宸垣识略》载：“元时既开通惠河，运船直至积水潭。自明改筑京城，与运河截而为二，潭之宽广，已非旧观。今指近德胜者为积水潭，稍东南为十刹海，又东南为莲花泡子，其实一水也。”[①]其中积水潭、什刹海和莲花泡子即分别指西海、后海和前海，又可称净业湖和北湖。

图 8-2　北京内城西苑景致。喜龙仁摄

明代沈德符《万历野获编》称：“（京城）惟城西北净业寺侧有前后两湖，最宜开径。”[②]明代蒋一葵《长安客话》载：“（镇水观音庵）其南则晶淼千顷，草树菁葱，鸥凫上下，亭榭掩映，列刹相望，烟云水月，时出奇观，允都下第一胜区也。”[③]清初《稗说》称：“若城内德胜门之水关，后宰门北湖，其间园圃相望，踞水为胜，率皆勋

① ［清］吴长元.宸垣识略.北京：北京古籍出版社，1983，页150.

② ［明］沈德符.万历野获编.北京：中华书局，1959，页609.

③ ［明］蒋一葵.长安客话.北京：北京出版社，1960，页24.

戚巨珰别墅，稻畦千陇，藕花弥目。西山爽气，日夕眉宇，又俨然西子湖。”[①]明郑友玄《北湖歌》亦咏：“四十里外城西山，青过城中照湖绿。湖水绿也到青山，水荷岸柳相连属。几家亭馆系无船，亦不河房栈高足。楼厅端正接街衢，肯留余地生委曲。”[②]

这一带虽位于城中，却颇近似《园冶》中所说的“江湖地”，正所谓“江干湖畔，深柳疏芦之际，略成小筑，足徵大观也”[③]。因此这里常被视为内城修筑园林的首选佳地，佛寺祠庙林立，明清两代湖畔的府宅园亭均曾盛极一时，明李东阳有诗描绘此处：“豪客园池非旧业，梵家宫殿有高台。林花苑柳如相识，又是一度春风来。”[④]什刹海银锭桥一带，还可以远观西山诸峰，同样具有良好的借景条件。

相比而言，什刹海后海比前海更为幽静，尤宜于筑园。《清稗类钞》即称：“京师之后海较前海为幽静，人迹罕至，水亦宽，树木丛杂，坡陀蜿蜒。两岸多古寺名园，骚人遗迹。”[⑤]后海水面半是水稻，半为荷湖，景色独特，其环境正如清纳兰性德所称“云兴霞蔚，芙蓉映碧叶田田；雁宿凫栖，杭稻动香风冉冉”[⑥]。《京尘杂录》描绘后海风光，称：“后门外李广桥一带明湖滉漾，大似江南水国，每过其地，辄令人起秋风莼鲈之思。”[⑦]

西部的积水潭水面较小，同样以幽静而著称。明代蒋一葵《长安客话》载：“都城北隅旧有积水潭，周广数里，西山诸泉从高梁桥流入北水门汇此。内多植莲，因名莲花池。池上建有莲花庵、净业寺，及

---

① ［清］宋起凤.稗说，卷4，引自谢国桢.明代社会经济史料选编.福州：福建人民出版社，1980，上册，页275.

② ［明］刘侗，于奕正.帝京景物略.北京：北京古籍出版社，1980，页25.

③ ［明］计成著，陈植注释.园冶注释.北京：中国建筑工业出版社，1981，页61.

④ ［明］李东阳著，周寅宾点校.李东阳集.长沙：岳麓书社，1984，第1卷，页5300，雪后经西涯.

⑤ 徐珂编撰.清稗类钞.北京：中华书局，1984，第1册，页132.

⑥ ［清］纳兰性德.通志堂集.上海：上海古籍出版社，1979，卷13，渌水亭宴集诗序.

⑦ 陈宗蕃.燕都丛考.北京：北京古籍出版社，1991，页408，引京尘杂录.

王公贵人家水轩、水亭，最为幽胜。”[①]清代《天咫偶闻》描绘西海风光，则称“明代诸名园咸萃此地……野水弥漫，一碧十顷，白莲红蓼，掩映秋光。两岸多古树，多招提。北面雉堞环周，如映如带。西北土山忽起，杂树成帏。……神光离合，乍阴乍阳，妙无定态。士夫雅集，多在于此。”[②]清道光年间贝勒奕绘有诗吟咏积水潭风光：“一拳山势压长堤，蒲叶青青莲叶低。市井人烟滩外积，王侯甲第望中迷。”[③]

除什刹海以外，内城东南的泡子河一带在明代亦为园林荟萃之地。《稗说》称：“崇文门内东鄙之泡子河，亦引水关之水汇成池，更通地泉，其脉上瀵，如济南之趵突泉，水面滮滮若列星，故称泡子河。经行数里，由观象台吕公祠至城下，自水门石渠中出入于外城，河与会通桥水合，两河园林亦栉比，多都门卿士大夫小筑。”[④]《宸垣识略》载：“泡子河在崇文门之东城角，前有长溪，后有广淀，高堞环其东，天台峙其北。两岸多高槐垂柳，空水澄鲜，林木明秀，不独秋冬之际难为怀也。……水滨多颓园废圃，多置不葺。”[⑤]《天咫偶闻》记清末泡子河两岸旧园遗址景象，犹有可观：“每晨光未旭，步于河岸，见桃红初沐，柳翠乍翦，高墉左环，春波右泻，石桥宛转，欲拟垂虹，高台参差，半笼晓雾。河之两岸多园亭旧址，今无尺椽片瓦之存。然其景物澄扩，犹足留连忘返。”[⑥]可见此处自然条件确实很好。

不难发现，明清文人对这些好的造园地段所用的评语往往是“不异江南”“大类江南”“颇似江南风景”“宛似江南”“大似江南水国”“俨然西子湖”等，可见历史上北京园林选址的好坏经常以是否类似江南水乡作为一条很高的标准。

---

① ［明］蒋一葵.长安客话.北京：北京出版社，1960，页12.

② ［清］震钧.天咫偶闻.北京：北京古籍出版社，1982，页90.

③ ［清］奕绘.明善堂文集·流水编.清代抄本，卷5，过积水滩汇通祠敬和石刻高宗御制三绝句元韵.

④ ［清］宋起凤.稗说，卷4，引自谢国桢.明代社会经济史料选编.福州：福建人民出版社，1980，上册，页275.

⑤ ［清］吴长元.宸垣识略.北京：北京古籍出版社，1983，页90.

⑥ ［清］震钧.天咫偶闻.北京：北京古籍出版社，1982，页36.

还有一种是城市园。《园冶》中曾述："市井不可园也。如园之，必向幽偏可筑，邻虽近俗，门掩无哗。"[1]北京作为帝都，皇城内为大内宫苑、坛庙以及官署所占，不允许修建府宅，因此并无私家园林存在。很多王公大臣为了上朝方便，倾向于在皇城外围一带构筑其府宅及花园，导致许多私园建于典型的"城市地"腹心位置，不得不置身于密度最大的市井胡同之中。但即便如此，这些园林大多也会选择胡同深处相对幽偏之所，并尽量寻找可借之景。明清皇城附近的一些花园可以凭借景山峰色或城墙雉堞作为园景的外围背景，拓展了外部视觉空间，如弓弦胡同的半亩园中可仰望宫阙门楼和御苑塔亭，虽位处坊巷，但仍是不错的选址。

清朝灭亡之后，原皇城区域内开始出现少量宅园，如陈宗蕃淑园、庄士敦宅园等，但格局都比较简单。

北京外城天坛之北有鱼藻池，又名金鱼池，《天府广记》称此处"明末亭榭极盛"[2]，《宸垣识略》载："鱼藻池，俗呼金鱼池，在三里桥东南，天坛之北，畜养朱鱼，以供市易。……居人界池为塘，植柳覆之，岁种金鱼以为业。池阴一带，园亭甚多。"[3]

清代前期相比内城而言，外城空地较多，选择的余地也更大些，故清初名园很多在这里选址，确如《天咫偶闻》所载，"城南隙地，最多古园"[4]。朱彝尊《曝书亭记》中有诗称外城王氏怡园"北斗依城近，南陔选地偏"[5]，说明怡园的所在位置也是精心选择的成果。

需要指出的是，即便在同一地区，具体的位置也有好坏之别。好的地段往往水泉条件优越，而且借景角度最佳，需要慧眼加以选择。《帝京景物略》曾记载崇祯年间英国公张维贤路过银锭桥旁的观音庵，

---

① ［明］计成著，陈植注释.园冶注释.北京：中国建筑工业出版社，1981，页53.
② ［清］孙承泽.天府广记.北京：北京古籍出版社，1984，页537.
③ ［清］吴长元.宸垣识略.北京：北京古籍出版社，1983，页175.
④ ［清］震钧.天咫偶闻.北京：北京古籍出版社，1982，页159.
⑤ ［清］朱彝尊.曝书亭集.清康熙年间刊本，卷10，曝书亭记.

"立地一望而大惊，急买庵地之半，园之"[①]。此小园周围近处可见什刹海水面、古木、古寺、银锭桥，远处还可见东面的稻田、南边的万岁山（景山）、北面的烟树乃至西边的群山，位置绝佳，四面借景，富有层次，因此被视作难得的园址。

以同样位于什刹海地区的清代恭王府园和醇王府园相较，后海的醇王府园紧邻湖面，水流充沛，环境幽静，而且视野开阔，明显优于处于前海坊巷包围中的恭王府园。又如同属海淀地区的赐园中，承泽园独揽两条长河入园，朗润园紧邻万泉河，周围园亭相接，西山在望，都是极好的地段；而礼王园地势较高，无水可引，只能营造以假山为主景的旱园，外围可观之景也少，比承泽、朗润等园的地段条件逊色很多。

此外，北京私家园林无论位于何处，绝大多数都与府邸住宅结合紧密，兼有"傍宅地"的性质，如《园冶》所述："不第便于乐闲，斯谓护宅之佳境也。"[②]宅与园二者功能互补，空间相通，便于往来起居游观。

从历史角度来看，北京不同时期的园林分布也各有侧重。元代私家园林除了大都城内之外，多建于南郊的草桥、丰台地区和西南郊的玉渊潭、钓鱼台一带，西北郊却很少有建园的记载。明代私园分布很广，内城什刹海、泡子河与西北郊海淀为园亭最集中的区域，而内城其他地区以及外城、西南郊、南郊同样都有若干名园涌现。清初沿袭明代风尚，内城、外城、西北郊、南郊园亭遍布，其中大型王公府邸园林多在西城，汉族官僚和文士园林主要居于外城，外城西部园林数量尤多，但内城泡子河地区已经衰落；自乾隆时期以后，南郊和外城的私园逐渐减少，内城什刹海和西北郊海淀地区的园亭达到极盛的地步，内城皇城内外的街巷也密布着许多府宅园林。民国时期主要继承清代的园林遗产，新的兴筑较少，主要在西北郊一带建有一些别墅花园。

---

① ［明］刘侗，于奕正.帝京景物略.北京：北京古籍出版社，1980，页31.

② ［明］计成著，陈植注释.园冶注释.北京：中国建筑工业出版社，1981，页59.

第二节　布局

北京园林的布局可分为皇家园林和私家园林来讨论。

皇家园林大多规模宏大，建设之初便经过精心的选址和总体规划，或依托天然山水展开，或起造于大片平地，或营建于宫禁内部，通过山形水系和建筑、花木的组合，形成不同的布局形式。

北京地区辽代的皇家园林格局比较简单。金代中都的大宁宫在大片湖面上构筑岛屿，元代大内御苑继承这一地段，将湖面拓展为太液池，池中堆叠三岛，再现“一池三山”的格局。明清时期又将太液池拓宽为三海，在水岸和岛屿上建造各种建筑，保持以水面为主的布局方式。

清代皇家园林的数量堪比秦汉、隋唐，除了西苑三海之外，其他园林的布局方式大致分为四种情况。一是以紫禁城的御花园、宁寿宫花园、建福宫花园为代表，为宫城内的庭园，规模较小，建筑密度偏大，保持方整端正的格局。二是以景山为代表，以大型土山为主景，格局较为空旷，平面也大致对称。三是以圆明园、畅春园、南苑为代表，属于平地兴建的大型人工山水园林，假山的高度有限，空间主要在二维水平方向进行铺展，总体格局化整为零，分为若干相对独立的景区，呈现出集锦式的面貌。四是以静宜园、静明园、颐和园为代表，属于大型天然山水园林，拥有秀美的自然山峰，地形条件更加优越，园林布局表现出更强的整体性，将天然景观与人工景观融于一体，高低、疏密对比强烈，达到很高的艺术水准。这些大型离宫和行宫御苑都在前部设有宫廷区，所占比重并不大，但功能很重要（图8–3）。

私家园林的布局、规模与选址有密切关系。一般情况下，位于城内的园林受街道坊巷的限制，规模不可能太大，北方城市大多形态规整，也使得城内府宅花园的轮廓较为方正，布局相对严谨。城外的别墅花园则相对自由，可大可小，受周围山形水系等自然条件影响，轮

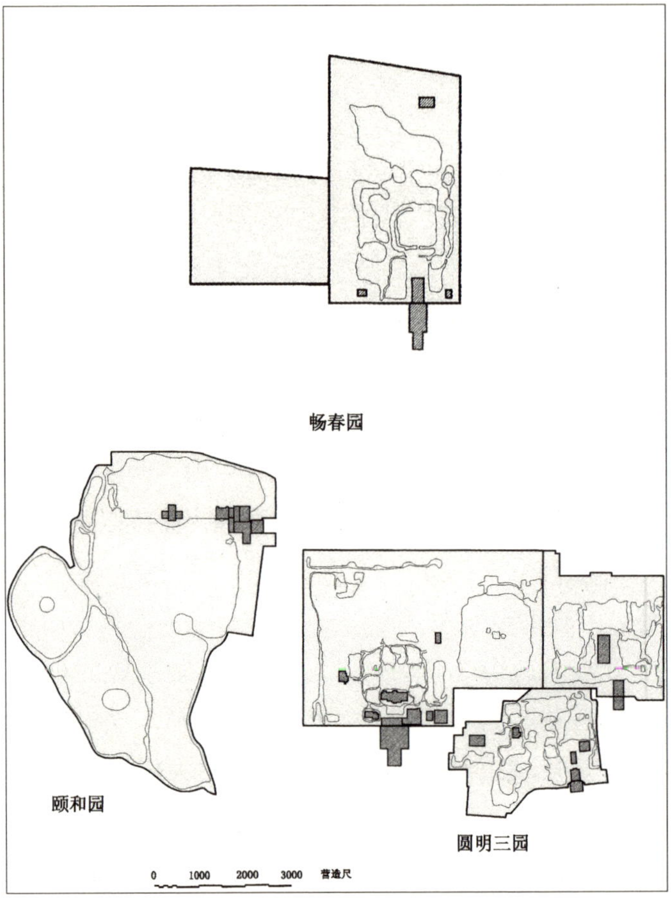

图 8-3　清代三座离宫御苑宫廷区与全园格局关系示意图。自绘

廓比较自由，布局也相对分散。

北京地区一些贵族的私园曾达到很大规模，如明代武清侯李氏的清华园，占地达数百亩之多；一些富商的园林也很宏阔，如明代祝氏的宅园。总的趋势来看，早期私家园林数量相对较少而规模偏大，后期私家园林的总体数量不断增多，但单体规模相对缩小。不过与同时期的南方私园相比，北方私园中大型园林的比例仍要高得多。现存江南规模最大的私家园林是苏州拙政园，占地面积约30亩，比北京内城的恭王府园、醇王府园都明显要小。

清代以前的北京私家园林大多难以了解其布局的具体情况。从现存实例判断，北京私家园林的格局大致有下列特点：

一是强调中轴线，大多明确设置正堂和东西厢房。北京城内的王府花园经常拥有并列的三条轴线，郊外赐园则经常设置并列的三所院落，以满足王府庞大繁杂的日常生活所需。其他城市宅园往往保留四合院的模式。

二是园林中的建筑以及游廊、围墙大多采用正朝向，空间显得相对端庄，但假山、水系和花木则比较自由，在一定程度上打破了拘谨的格局。

三是园林中的院落彼此尺度相近，较少南方园林中复杂的层次对比，略显单调，但也因此避免了过分烦琐的弊端，显得比较大气。

将规模相近的北京可园与苏州网师园平面做一番比较，可以很容易发现南北中小型私家园林布局方面的差异（图8–4）。再将北京恭王府园与苏州拙政园平面进行比较（图8–5），则可以看出南北大型私家园林的空间特色，同样有十分明显的反差。

北京可园　　　　苏州网师园

图8–4　北京可园与苏州网师园平面比较示意图。自绘

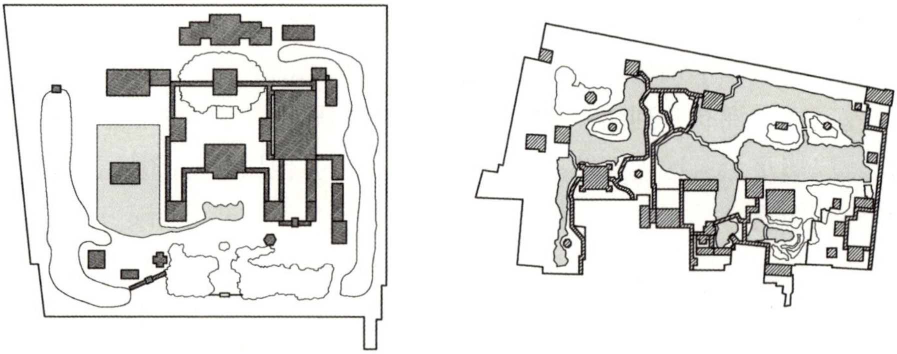

图 8-5　北京恭王府园与苏州拙政园平面比较示意图。自绘

总体而言，北京园林的布局有一些固定的模式可循，不如南方园林形式那样千变万化，但在不同时代、规模、地域、位置以及不同主人的影响下，仍表现出各自的特色。

第三节　建筑

建筑是园林中的重要元素，不但是园居游乐的主要场所，可以用于宴乐、休憩、读书、居住等，也是总体景观和局部景观的构图中心。早期先秦园林中的建筑主要是高台，在人工所筑的夯土台基上建造房屋，尺度很大，呈现出“高台厚榭”的形象。秦汉时期除了台榭，还建造了更多的殿堂和楼观。到南北朝时期，台的地位逐渐降低，楼阁成为主流。隋唐园林大量出现亭类建筑，与殿堂、楼阁并胜，展现出雄伟高迈的气象。宋代园林建筑的风格向秀美的方向转变，金元时期的园林中出现了一些造型奇异的楼阁。从总体趋势来看，古代园林中的建筑越到后期，类型和数量越多，尺度有所缩小，装饰和陈设趋向复杂。

园林建筑类型丰富，形式多样，包括殿堂、楼阁、轩馆、台榭、画舫、书斋、亭子、游廊、城关、牌坊、寺庙、佛塔等，每一类型根据各自的具体位置和功能又有很多形式变化。这些建筑与山水、花木结合，通过单体或组群的方式展现出各种不同的形象。

堂是园林中的主体建筑，皇家园林中为殿堂，私家园林中为厅堂。殿堂建筑在御苑中的等级最高，往往是帝王举行朝会、处理政务或者日常起居的场所，功能很强。其中朝会殿宇具有威严壮丽的特点，理政殿宇则强调实用性。皇帝和后妃的寝殿及其附属建筑个性最强，常常根据个人喜好进行改建和重新装修。私家园林的正堂通常位于园林北侧的中央位置，大多带有前廊，可采用歇山顶，也可采用悬山顶或硬山顶，空间比较宽敞，观景的视野极佳。部分厅堂呈前后两卷勾连搭或“工”字形平面式，或伸出一卷抱厦，造型更复杂一些。中等以上的园林会设置两座以上的厅堂，正堂之外的一般称作花厅或敞厅，尺度比正堂略小。

楼阁体量较大，特别适合建造在平远开阔的地带或山坡之上，既是标志性的景区中心，又是登临观赏周围景物的最佳驻足点。以清代

图 8-6　清漪园文昌阁旧照。费利斯·比托摄

乾隆时期的清漪园为例，园中的楼阁建筑数量很多，万寿山中央竖立四重屋檐的佛香阁，前山和前湖周围还散布着三层的望蟾阁、文昌阁（图8-6）以及两层的景明楼、昙花阁、治镜阁、凤凰楼、夕佳楼、山色湖光共一楼、湖山真意楼等楼阁，凸显于山坡水际的树梢之上，高耸的层层屋檐与壮伟的山形、宽阔的湖面相得益彰。清代御苑中有些楼阁建筑具有特殊的功能，其中戏楼用于戏曲表演，如圆明园同乐园清音阁、颐和园德和园大戏楼；藏书楼则用于贮藏图书，如圆明园文源阁，形制仿自宁波天一阁。私家园林中的楼阁以两层居多，一般三至五间，偶尔也会出现单间小阁的情况。体量较大的楼阁经常退居园林一侧，以免对空间产生压抑感。值得一提的是，北京一些豪门园林中也有戏楼，但其形式并非楼阁，而是一组单层建筑，由戏台、扮戏房和观戏房组成，装饰得金碧辉煌，很热闹，用于观看戏剧表演或举办节庆宴饮活动。

轩馆的体量相对较小，通常居于次要地位。轩是一种开敞或局部开敞的点景建筑，尺度不大，经常称作“小轩”或“敞轩”。馆又称别馆，一般处于独立的院落中，用于日常居住。

台榭在上古时期原指高台上的建筑物，后来分为平台与水榭。平台仅是一座略高的台基，四面围以栏杆，可以设于山顶或水边，以作临风赏景之用。北方地区降水较少，园林中的一些轩、亭和游廊也经常采用平顶形式，其屋顶往往兼作观景平台，人可以登上去游览。这类屋顶平台大多不设栏杆，或者只设很低矮的栏杆（图8-7）。水榭在后世成为水边开敞式建筑的名称，通常体量不大，四面开敞，临水设栏杆，可以凭栏观鱼，尺度宜人。

图 8-7　北京半亩园屋顶平台。引自麟庆《鸿雪因缘图记》

画舫建筑模仿舟船的样式，本是江南地区流行的建筑类型，乾隆帝巡幸江南，对此非常欣赏，回京后便在圆明园、清漪园、北海、静明园等皇家园林中纷纷加以仿建，私家园林也有不少仿建的例子。这些画舫大多位于水池中，距离岸边不远，将石台基雕琢成船身的形状，上面再建亭廊楼阁以仿船舱，很有情趣。它们造型各异，有的酷似真船，有的只是神似而已，还有时候画舫周围并无水面，就成为“旱船”的形式。

书斋大多位于相对隐秘的位置，有时也用作收藏室，显得十分幽静。

亭子是隋唐以来园林中最常见的建筑形式，平面有圆形、方形、

图8-8 北京颐和园中点缀在山间的敞亭。喜龙仁摄

长方形、扇面形、梅花形、六角形、八角形等不同形状，又有大小之别，屋顶大多为攒尖顶，且有单檐、重檐之分。屋面除了铺设灰瓦之外，还可铺设琉璃瓦或茅草，分别设置于庭院之内，或位于山巅、山腰、山脚、岛上、水边、花间，具有很好的点景作用（图8-8）。北京园林中的方亭数量很多，常常建在假山上，四面开敞。由于北京地区气候寒冷，因此还有一种四面以隔扇窗和槛墙围合的暖亭。

游廊是一种辅助性的建筑，具有串联和围合的作用，清代以前的御苑中较少出现，清代则数量大增，经常用多间廊子围合出方整的院落空间，还可以随地势左右曲折或高下起伏，成为不可或缺的空间要素。

城关是一种模拟城墙、城门的建筑形式，尺度小于真正的城门。圆明园和颐和园中都设有多处城关，略有雄关漫道的味道，圆明园中还在河流之上设置水关，增加行船穿越的乐趣。

牌坊又名牌楼，大多采用木构，少数以琉璃装饰，色彩绚丽，通常竖立在建筑群的门前或长桥的两端，凸显华贵的气势。

北京园林中还有很多宗教建筑，如小型佛寺或花神庙、山神庙之类，有些体量不大，掩藏在山后、水边，与环境相结合，庙内供奉专门的神像，反映了丰富多样的宗教信仰，既是祭拜神佛的场所，同时也带来特殊的建筑形象。

北京园林中的桥以石拱桥和石平桥为多，曲桥相对较少。少数大型园林构筑宏伟的长桥，如同长虹卧波，很有气魄。大多数园林中桥的尺度都与所跨水系相对应，尺度不大，一些小溪上往往只架设一块石梁。

墙也是一种独立的建筑元素，用于围合、分隔、遮蔽，还可成为山石、植物的背景。墙上开设各种形状的门洞和漏窗，可增添空间的层次。北京风沙较大，很少出现江南园林中的白粉墙，以黄色的虎皮石墙或灰色的砖墙最为常见。

此外，北京皇家园林中还有两类特殊的建筑形式值得一提。一类是模仿市肆之景的店铺，早在东汉时期汉灵帝就曾经在后宫花园设立商铺，亲自扮演商户取乐；之后南朝的华林园、北宋东京金明池和琼林苑、南宋御苑中均有类似的设施，清代北京的畅春园、圆明园、长春园、清漪园中也都设有买卖街，大多属于布景性质，反映了市井文化对宫廷的影响。另一类是清代统治者在圆明园、中南海所搭建的蒙古包，表现出浓郁的塞外风情，体现了对游牧文化的尊重。

总体而言，北京园林中的建筑造型大多偏于稳重，不似南方园林那样灵巧飞动，别具一种端庄的气韵。尤其是皇家园林中的殿堂楼台，属于“官式建筑”，讲究规制，显现出皇家特有的尊贵气息。

第四节 叠山

中国古典园林非常重视以人工手段堆筑假山或陈列奇石，并以此模仿自然界的真山，其手法与传统山水画中的“皴法”有一定的相似之处。除了依托真山之外，营造假山的材料主要是土和石头，其中石头又分湖石、青石和黄石三大类。

皇家园林范围广阔，气魄宏大，其主体结构大多由尺度很大的山水景观构成，某些依托真山真水的御苑需要对原有的山水形态进行改造，平地造园则需花费大量的人工挖池筑山。这类工程通常在营造山水景观的时候统一进行规划，将开辟水系时挖出的泥土加高在山上，实现土方平衡，仅在山脚、山峰和山道等局部地方点缀一些石头。

清代皇家园林全面继承了前朝的叠山传统，并有新的创造。静宜园、静明园都是依托真山建造，与自然山体巧妙融合。清漪园所在的万寿山本身的山体比较低矮而且不够延展，昆明湖的水面比较狭长，山与水的关系显得有些疏离，为了克服这一缺陷，在造园的开始阶段就对湖山进行全面整治，将湖面向东、向北大大拓展，一直抵达万寿山的南坡，挖出来的土方正好堆在山的东半部，在很大程度上改善了山的形状，如此一举两得，堪称典范。此外，还分别在前山和后山局部加以人工叠石，增加了峻峭的山势。

圆明三园和西苑三海的很多假山具有分隔景区的作用，大多以土山为主，局部点缀山石，显示出平冈小坂的特色，仿佛是连绵的大山余脉。土山可以形成连绵起伏的山峦效果，山坡上一般大量种植柳树、榆树等高大乔木，形成郁郁苍苍的山林景象。一些中小型的假山经常采用“以土带石”的方法堆叠，用土来打底，外面堆上石头，可以节约石材。

土山之外，北京园林中多有以石头为主的假山，常用的石料包括柔美多窍的湖石、雄健锋锐的青石和敦厚端方的黄石，可以形成峰岭峦谷等各种微缩山景。湖石又称太湖石，是一种水中沉积而成的石头，以江南太湖所产为上品，颜色呈灰白色，线条柔美，上面有很多孔洞，具有“瘦皱透漏”的特点，玲珑剔透，深受文人士大夫喜爱。唐宋以来，很多诗人画家为湖石写诗作画，例如白居易就作有一篇《太湖石记》，宋代书法家米芾更是号称“石痴”，见到奇石就要下拜。

北京大部分地区并不出产湖石，只有南郊的房山地区有少量的北湖石可采，又称“玲珑石”。但北京很多园林和江南地区一样看重湖石。明代米万钟的勺园和湛园都以大量湖石而著称，后来米万钟还在北京远郊发现一块巨大的奇石，决定运回勺园，可是由于运输困难、耗资过大而被迫中途放弃。这块石头后来被乾隆帝弄到清漪园乐寿堂前，定名为“青芝岫”，另有绰号“败家石”。现存北京园林中仍有不少湖石假山的精品。例如紫禁城宁寿宫中第三进院中的大假山，乾隆帝偏好在假山中设置各种洞穴，其中别有天地，仿佛石头所建的房屋，这座假山塞满整个院子，山中穿插曲折山径和深幽洞穴，恍如迷宫。又如恭王府园中路的滴翠岩和蝠厅前的叠石山洞，几乎全用湖石叠成，嶙峋秀丽（图8-9）。

图8-9　恭王府湖石叠山。喜龙仁摄

北京园林更常用的假山材料是青石。青石颜色为蓝灰色，多呈片状或块状，特别薄而锋利者又称“云片石”。青石假山具有雄健挺拔、峻峭奇崛的特点，与湖石假山秀丽柔和的风格完全相反。现存北京园林中优秀的青石假山比比皆是，最有代表性的是礼王园，将青石假山的特色表现得淋漓尽致。

黄石颜色偏黄，造型呈浑厚的块状。江南园林中有很多黄石假山，北京的皇家园林如颐和园中也可以见到这样的石山，但私家园林中黄石假山较为罕见。

北京园林中的假山可以表现出各种不同的形态，比如平缓的山麓、陡峭的悬崖、险峻的峡谷、层叠的峰峦、深邃的洞穴等，有分隔空间、障景等作用，而且大多可以沿着小径登高望远。

有些园林假山把湖石和青石结合在一起，例如可园的假山就在底部放置青石，上部放置湖石；涛贝勒府园则以假山中央的圆亭为界，北面用湖石，南面用青石，兼取硬朗和柔秀之美。还有些园林把姿态很好的湖石单独放置，并不与其他石头叠在一起。这种孤峰型的山石可以增设底座或石台，类似于景观小品，例如恭王府花园中的独乐峰、礼王园中的大型湖石均为此中佼佼者，此外涛贝勒府园、醇王府园、三贝子花园中也都有不少奇秀的单株湖石，还经常在石上刻有题词。此外还有一种形态很像竹笋的石头，称为“石笋”，既可以放在假山上，也可以单独设置，如果有多根石笋组合在一起，可以成为石林小景。

历史上的北京园林曾经出现不少著名的假山，例如明代万驸马的宜园中有一座几百万碎石凝结成的“万年聚”石峰。清代怡园的假山由江南叠石大师张然亲自设计，以曲折平远、妙造自然而名震天下，后来张氏有一支后裔长期居住北京，专门从事假山营造事业，被尊称为“山子张”。可惜许多奇妙的艺术结晶今天已经烟消云散，我们只能从现存的假山作品中感受这种以雄奇为主、兼取灵秀的北方气魄。

第五节　理水

中国古典园林很重视理水，经常把水景视作全园的灵魂。北京地区地表土层深厚，相比南方而言，水资源并不富裕。但某些区域也有较多的河湖，为造园带来有利的条件。水本身是无形而透明流动之物，园林理水的关键除了要得到合适的水源之外，关键在于营造恰当的水体空间。北京园林的水景总体上不及南方丰富，但也呈现出长河、湖泊、溪流、池塘、山涧、瀑布等不同的水体形态，清澈灵动，为园林增添了无限的生气和活力。同时又依托水面构筑驳岸、码头、水湾、石矶和岛屿，增加了地形的变化。

北京地区辽、金、元三朝的御苑都围绕较大的湖面展开，表现了游牧民族重视水泉的习俗。明代将西苑太液池扩展为北、中、南三海，水面形态更有层次。清代御苑的理水手法更加丰富。圆明三园和畅春园都建于水泉充沛的平地上，以水景为主，其中河网密布，湖泊众多，呈现出一派烟水茫茫的水乡气息，萦回的水系将全园分隔成若干景区，同时也成为重要的水上交通线路。静明园巧妙地利用玉泉山下的5个湖泊展开各种景致，营造出变化多端的山水景致。清漪园的昆明湖以杭州西湖为蓝本，以长堤将湖面划分成内外重湖的形态，主体部分开阔澄净，西北水域狭长清幽，又在后山脚下插入一曲折深邃的后溪河，对比十分强烈。

中国地理形势为西北高，东南低，大江大河多数都从西北高原发源，流向东南方的大海。皇家园林常以园林象征帝国版图，因此水系通常都遵循同样的形势，其源头位于西北部，在中部汇为大池，再向东南流出。此外，皇家园林设有很多园中园，大多辟有池沼之景，尺度虽小但设计精巧，其中既有形态规整的方池，也有自然灵活的曲池，与溪流相接，手法与私家园林相似。这些水系的入水口通常以叠石遮掩，有时另在溪流之上设置水门，增加空间的变化。

私家园林中的大型园林往往辟有大水池，形状曲折，或引入宽阔

图 8-10　北京私家园林中的溪池景致。喜龙仁摄

的长河。如清代权相和珅建在北京西郊的淑春园，规模宏大，水系形态丰富，湖中还筑有三岛，和皇家园林一样模拟海上仙山，后来成为和珅被赐死的二十大罪款之一。中小园林则以小池和溪流为主（图8-10），如恭王府花园的水池。恭王府花园还有一个蝙蝠形状的“蝠池”，属于晚清时期的特殊手法。某些私园不惜工本营造瀑布，例如清代的郑王府惠园，被认为是奇景。现在清华园的假山西北角仍保留着一个小瀑布，水声潺潺，当年被园主奕誴誉为“三弄笛”和“七弦琴”。

北京内城一些宅园无活水可引，一般会挖一口水井，以人工利用辘轳等器具注水入池。此外还会在建筑台基下开辟一条条明沟，名曰“堂溜”，全部通向水池，下雨的时候可以很方便地蓄满水池。此外，很多北京园林的水池和南方一样，也种植荷花，形成荷塘之景。

这些宽阔的水池或长河可以泛舟游览，成为重要的游园方式。很多园林主人都作有描写乘船的诗文。北京冬季寒冷，池水结冰，可以乘坐一种叫作“冰床”的乘具，类似雪橇，以人力拉牵，在园中水池的冰面上奔走如飞，十分畅快，非南方所能见，体现了独特的北方风味。

第六节　植物

中国是世界上原生植物种类最丰富的国家，从《诗经》等典籍的记载来看，商周时期已经将柳、桑、榆、栎、槐、松、柏等树木和兰、菊、芍药、荷等花卉看作主要的观赏对象。早期苑囿中包含大量的天然野生植物，宫廷和私人所营的果园菜圃中则以人工方式种植了各种果树和蔬菜。这些林木蔬果除了具有生产价值之外，也具有很高的观赏价值，逐渐演变为园林中的花木景观，成为充满自然生趣的中国园林里不可或缺的要素。

南方地区地处温带和热带，雨水充沛，非常适宜各种植物的生长。相对而言，北京地区的气候条件要逊色不少，降水量小，冬季漫长，温度明显比南方要低，一年中草绿花红的周期也比较短，而且很多重要的花木品种在北京难以成活，导致北京园林在植物造景方面受到很多限制。但同时又因地制宜，创造出很成功的植物景致。

北京皇家园林中的花木景观非常多样。皇家园林规模大，常以高大的树木与灌木结合，种植成林，呈现出连绵一片的效果，还经常与山体融合成自然的山林景象；花卉大多栽在专门的花圃中，有时采用盆栽的方式；松、槐、银杏等姿态优美的树种也可以单株欣赏，或与爬藤等植物组合在一起，加上山石的点缀，构成精美的国画小品。圆明园四十景中不少景区以某种特殊的植物为主景，如镂月开云的牡丹、天然图画的竹子、碧桐书院的梧桐、杏花春馆的杏树、濂溪乐处的荷花等。颐和园的植物栽培充分考虑到不同地段的特点，针对湖面、堤岸、山坡和庭院分别采用不同的植物种类，例如水上种荷花、芦苇和蒲草，湖岸和长堤上主要沿路种植柳树、桑树和桃树，前山以枝干挺直的柏树为主，后山则以枝干遒劲的松树为主，银杏等树木为辅，乐寿堂等庭院中多种牡丹、芍药、海棠、玉兰，层次极为丰富（图8-11）。

图 8-11　北京园林中栽有芍药的庭院。喜龙仁摄

北京园林中的植物可以分为乔木、灌木、花草、藤蔓、蔬果等不同类型。

乔木比较高大，又分常绿和落叶两大类。松柏属于常绿乔木，一年四季保持青翠。松树除了常见的青松之外，还有一种白皮松，树皮呈粉白色，叶为针束状，姿态更为优美；柏树枝干最为挺直，树冠呈广圆形，枝叶茂盛。

槐、柳、榆、杨、枣、枫、银杏、梧桐等都是北方常见的落叶乔木。槐树可以通过嫁接形成盘曲遒劲的特殊枝干形态，称“龙爪槐”；柳树常种于水边或土山上，或与榆树杂植在一起形成茂密的树林效果；枣树叶绿，还可以开黄绿色小花，果熟后为暗红色，累累坠枝，很有富足的感觉；银杏属于名贵乔木，又名白果树、公孙树，春夏青翠浓郁，入秋转为金黄，非常悦目；梧桐又名青桐，为落叶大乔木，枝干挺直，在中国古典诗词中常与凤凰联系在一起，并具有秋意、悲愁等特殊意蕴；枫树叶子秋天转为红色，可衬托出艳丽的秋色；杏树在北方园林中经常成片种植，春天时节极为烂漫，有时还可以替代梅花成为欣赏的对象；楸树也是一种名贵树种，生长很慢，树姿昂然雄伟，至今北京一些宅园中存有一两株古楸，引为珍奇。

北京园林中常见的灌木品种是海棠、丁香、木槿、紫荆等，经常成对种植在庭院之中。很多园林以花卉取胜。明代文震亨的《长物志》称牡丹为“花王”、芍药为“花相”，这两种花卉最有富贵之气，历来很受上层贵族府园的青睐。相比其他花卉而言，牡丹和芍药更适合北方水土，中原地区的洛阳、齐鲁地区的曹州（今山东菏泽）都是著名的牡丹之乡，而北京丰台地区则盛产芍药，因此北京很多私家园林都以牡丹、芍药见长。元代廉希宪所筑万柳堂曾经拥有几万株名花，号称京城第一，以至于当时工部营建太子东宫时，特意请求廉希宪同意移植一些。明代惠安伯张元善的北京西郊别业就叫“牡丹园”，在数百亩的范围内种植了很多牡丹和芍药，花开之时，群蝶飞舞，总是吸引京城很多游客前来观赏。

菊花是秋天主要的观赏花卉，也非常普及。北京大部分地区都无法在露天种植梅花，只能通过盆栽的方式来种梅，冬天必须移入暖窖保存。北京园林往往设置暖窖，又称花洞，是冬天贮存珍贵花木的重要场所。

藤蔓类植物最常见的是紫藤，北京不少园林会搭建专门的紫藤架，年久的紫藤枝干形如龙蛇，花叶绿荫都很浓密，非常清雅。葡萄、葫芦也经常用专门的架子来缠绕，而爬山虎则主要用在假山山石上。

竹子是一类特殊的园林植物，素有君子之喻，气质清新脱俗，很受文人学士的喜爱，既可以种三两竿与石头配合，组成竹石小景，也可以种上一片，形成幽篁丛生的竹林。

水池中常种荷花，也有些受南方影响的园林在水池中种芦苇和野茨。

北京园林没有设置平整草坪的习惯，在空地或山坡上可以种植二月兰，比较有野趣，但缺点是秋天黄得比较早。

园林中的植物景观一般需要与建筑、假山、水体和小品紧密配合才能形成局部的景观中心，在更多的情况下则是充当辅助造景的角色，如隔断空间、增加层次，形成绿荫，调节天光，引导路径、衬托背景等。植物是具有生命力的景观元素，为园林带来蓬勃的自然生气，成为人们体验季节变化的主要载体。

第九章

文化探源

园林既是自然条件的必然反映，也是社会文化的重要载体，与所在地域和园主身份有密切关系，其布局构思、建筑形式、室内陈设、山水造型、植物配置乃至匾额楹联无不渗透着深刻的文化元素。北京园林是中国北部高山大河和广袤平原的产物，文化内涵十分丰富，熔铸了北方民俗、政治制度、艺术追求、哲学理念等内容，还受到南方文化的深远影响。本章将从皇家气度、豪门风范、士人雅韵和儒道精神四个层面对北京园林的文化内涵进行剖析。

第一节　皇家气度

北京皇家园林是宫廷文化最重要的载体，包罗万象，经过几千年的传承和发展，形成了高度成熟的文化体系，具有深厚的儒释道哲学底蕴，与诗文书画等艺术门类联系紧密，营造出博大而深远的意境。一些重要的文化主题在众多御苑中被反复运用，例如反映儒家治世思想的殿堂建筑与山水景区、体现重农思想的田园村舍、比拟昆仑仙境和海上仙山的山水楼阁、祭祀各路神佛的寺观祠庙以及象征着包容天下的写仿之景，通过建筑、山水、植物一一呈现出具体的景观形象，成为皇家园林有别于其他类型园林的最重要的特色。

一、治世安邦

皇家园林作为一种特殊的人造景观，除了具有游乐、居住、朝仪、理政等功能之外，还和宫殿、坛庙、陵寝等其他皇家建筑一样，象征着至尊无上的皇权，寄托着古代帝王治国平天下的理想，园林中的山水格局、建筑形式以及匾额题名都含有深刻的寓意，以歌颂太平盛世、天下一统，标榜帝王圣明、文武贤良，宣扬纲纪伦常、忠孝节义。

商代、西周和春秋战国时期的苑囿较强调享乐的功能，政治寓意尚不明显。秦始皇在消灭六国的过程中不断在咸阳北坂上仿建各国的宫殿台榭，正式建立秦朝后，又在渭水两岸大肆扩建宫苑，总体规划模仿天象，以渭水象征银河，诸宫象征星垣，表现出包容宇宙、四海一家的含义。之后很多朝代的重要御苑经常在一定范围内集中展现中国版图的地形地貌，以“移天缩地”的方式宣扬“普天之下，莫非王土”的思想，魏晋南北朝时期的华林园、北宋的艮岳、清代的圆明园都是典型的例证。

历史上很多皇家园林采用“宫苑合一”的形制，除了大片的园林景观区之外，还设有相对独立的宫廷区。这类区域本身就是帝王举行朝仪和处理政务的地方，与治世安邦思想的关系更为紧密，通常采用较为规整的格局，秩序感更强。

从汉武帝独尊儒术开始，中国历代王朝均以儒家思想作为统治的基础，在两千多年的历史中形成了严格的等级制度，社会生活的各个方面都笼罩在强烈的礼制秩序之下，而建筑的多寡、大小、高低、色彩、位置同样也处处表现着主次、尊卑的封建等级关系，是“君臣父子”封建礼制等级观念的具体体现。皇家园林与宫殿一样，都是专制皇权的产物，严格尊奉这套礼制规范。汉代以后绝大多数的御苑中的建筑都体现了明确的等级差异，其中宫廷区外朝正殿的等级最高，而寝宫中则以皇帝的寝殿等级为最高，太后寝殿次之，皇后、妃嫔、皇子居所再次之，其他宫女、太监、园户的居所则处于卑微的地位。当然有极个别的例外情况，比如清代晚期的颐和园中以慈禧太后的寝宫为最高等级，光绪帝的寝宫反而处于较低的位置，反映了当时太后主政的特殊政治格局。

随着历史的发展，到了封建社会的后期，皇家园林中的景区营造比前代更多表现出“治世安邦”的寓意，尤以清代最为典型。以圆明园为例，其外朝区“正大光明”象征朝政清明，二宫门“出入贤良”和理政区“勤政亲贤”象征亲近贤臣、勤于政务（图9-1）；后湖周围设置九座岛屿，以“九州”代表“禹贡九州”的地理概念，象征九州清晏、天下太平的理想；此外另以一座“卍”字形平面的殿宇象征“万方安和”，以几组怀山抱水的景致表现“廓然大公”“茹古涵今”“澡身浴德”“涵虚朗鉴”等帝王品德，殿宇内的匾额、楹联、陈设、装修也都紧扣相关主题。又如畅春园正殿“九经三事”象征皇帝对儒家经典和辅政重臣的重视，避暑山庄中的外朝正殿“澹泊敬诚”象征“宁静致远”的情怀。

北京重要的御苑中大多设有一座勤政殿，西苑、圆明园、清漪园、静宜园、绮春园分别由康熙、雍正、乾隆、嘉庆诸帝亲自题写“勤政殿”匾额，殿内多刻有皇帝所撰的《勤政论》《勤政箴》，时刻强调“为政在勤”的理念。又如紫禁城御花园中海的倦勤斋室内有

图 9-1 “勤政亲贤”。引自法国国家图书馆藏《圆明园四十景图》

楹联曰“一贯惟诚主于敬，万几无旷本诸身”，也表达了类似的意思。凡此种种，共同呈现出政通人和、国泰民安的盛世愿景。

二、田园村舍

皇家园林中有一种景致主要以模仿农家田园村落风光为主题，包含成片的农田、菜圃和农舍建筑，具有特殊的景观价值，同时又有深刻的文化内涵。

菜圃和农田本身含有一定的园林景观因素。从上古时代起，园圃就是中国古典园林的重要源头。汉代上林苑中包含大片真正的农田和菜园，主要承担生产基地的功能。未央宫的园林区辟有“弄田”，则属于特殊的景观设施，皇帝偶尔亲自在此表演耕作。

到了魏晋时期，官僚、文人的庄园和田园式别业大量兴起，菜圃和农田在园林中也已经成为常见的表现内容，如石崇的金谷园中有“金田十顷”，潘岳的洛阳郊外庄园中有蔬园可灌，孔灵符的永兴别墅中有水陆田地260顷，著名山水诗人谢灵运的会稽别业也有大片的庄田。田园又被看作历代高士退隐的恬然之居，东晋陶渊明辞官隐居后作有《归园田居》《归去来兮辞》《饮酒》等诗文，经过后世历代文人的一再赞颂，成为高逸遁世的一种象征。

唐代别墅园林继续发展，同时田园诗日渐兴起，成为诗坛的重要流派，在文人山水画中也有很多表现山村田野的作品，进一步引发了上层社会对田园风光的热爱，也使得在园林中营建类似景致成为一种重要的追求。为了与田园景色相协调，园林中也经常设有类似村舍风格的屋宇，这种竹篱茅舍式的小筑与菜圃、农田相得益彰，成为文人园林所向往的一种重要的景观类型，甚至有许多文人园亭直接被冠以“草堂”“茅斋”之名，如杜甫、白居易、卢鸿等人均有草堂留名于世。

到了明清时期，园林中追求田园风味的趋向依然存在。明代造园家计成在《园冶》一书中总结园林选址中包括“村庄地”，指的就是以乡村田野为造园地段，南北方很多私家园林中都设有菜地，搭建瓜棚藤架，景致清幽。《红楼梦》中描写贾府大观园也曾经设有一处“稻香村”，里面建了几间茅草屋，还凿了一口土井，旁边辟有几亩菜畦，蔬香四溢，很受贾政的欣赏。

相比而言，皇家园林中田园景象较晚形成明显的风气。明代在北京西苑南海一带设有御田，其风貌类似于村野，尚属个别情况。相比而言，清代统治者对此类风光最为重视，在皇家园林中大加经营，景致极为丰富，算得上是中国古典园林田园景观的集大成者。

清代北京西苑中有一个丰泽园，开辟了几亩稻田，康熙帝、雍正帝和乾隆帝在赴先农坛演耕之前，都曾经先在这里预演一下；清代第一座离宫畅春园无逸斋南面有数十亩菜园，北面是稻田数顷；玉泉山静明园中设“溪田耕课”一景，临河开辟大片水田，农家景色历历在目。清漪园周围有很多水田，乾隆帝并没有在园内再开辟田圃，而是别出心裁地在昆明湖的西岸的延赏斋中设置一系列石碑，碑上刻有全套的《耕织图》，还把内务府的织染局搬迁到这里，以提倡男耕女织的经济观念。

这类景致在圆明园中数量最多（图9-2），其中始建于康熙年间的杏花春馆呈现出一个小山村的典型面貌，村头立有“杏花村”石碣，屋宇仿农家小屋，四处散种杏花点题，中央围着一片菜畦小圃，圃之北设了一座井亭，有灌溉小渠连通菜地。澹泊宁静景区主体建筑是一

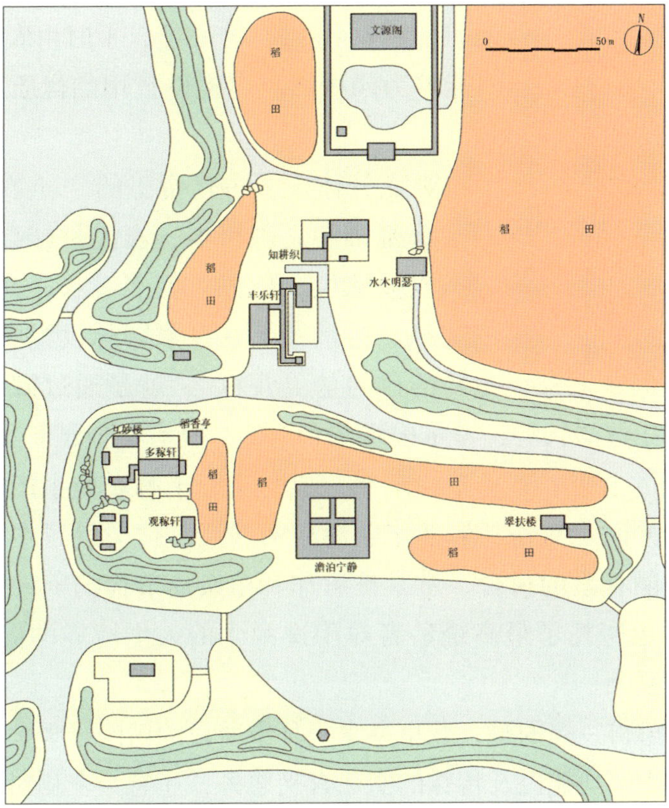

图9-2　圆明园局部地区稻田分布示意图。自绘

座形制独特的“田”字殿，周围稻田弥望、河水周环，用符号的形式凸显田园主题。映水兰香景区除水田之外，还建造了丰乐轩、知耕织、多稼轩、观稼轩、稻香亭等建筑，其名称均与农田有关。多稼如云景区北部辟有一方农田，道光、咸丰年间将南部的荷塘也一并改为稻田。北远山村景区则以若干草庐模仿山村景致。此外还在其他景区中点缀菜圃、村舍，园北墙外则是大片真正的皇家农田，登上园内的楼阁可以直接俯瞰稻花十里的盛景。

皇家园林中这类景区的建筑较少用游廊围成规整的院落，格局多比较分散，而且经常利用篱笆、虎皮石墙来分隔空间，更有村野风味。植物方面基本以水稻田或菜畦、蔬圃为主，少数地方种麦子，配以高大绿色乔木，整片的稻麦与蔬菜瓜果直接成为主要的造景素材，春绿秋黄，其视觉效果略有些类似西方园林中的大片草坪。这些田圃除了景观作用外，同时还兼有一定的生产功能，平时由农夫负责耕种，设庄头管理，不但能够为园居的皇室提供日用的优质稻米和蔬菜，还可向外出售获利。

皇家园林中的田园景观充分体现了古代帝王的“重农”思想。古代中国一贯以农业为经济基础和立国根本，农民是社会的主体，国家财政的收入主要取自农业赋税，历代王朝多对农业高度重视，早在周代天子就有亲耕之礼。后世帝王在皇家园林设置农田菜圃，除了偶尔演耕之外，主要的目的是“观稼”，就是通过御苑中的农田来观察庄稼的长势，考量雨水是否充沛，具有类似试验田的性质，在一定程度上突破了宫禁的限制，成为皇帝了解农业生产的一个重要窗口，同时也有寄托农业丰收愿望的含义。这类景区中的建筑大多模仿简陋朴素的村舍，常常被看作帝王崇尚节俭的美德的重要体现，同时也寄托了最高统治者对隐逸脱尘的人生境界的向往之意，含义非常复杂。

另外值得一提的是，北京皇家园林中所设的田园景观除了具有造景功能、生产功能以及特殊的文化含义之外，还有一个相对次要的功能，就是教育皇子。古代年幼的皇子一般随皇帝一起园居，御苑中的田圃可以帮助深宫中的皇子们了解农业的基本知识，从小灌输重农思想，不至于长大后“五谷不分”。

三、昆蓬仙境

自古以来，中国人常以“宛如仙境”来形容美丽的风景，而皇家园林常常直接以传说中的神仙境界为主题，塑造出美轮美奂的景观效果，形成一项极为重要的造园传统。

中国古代神话中很早就有神仙居于“仙山”的传说。上古仙山传说主要有西方昆仑与东海仙山两大体系。《穆天子传》记载昆仑山为西王母所居，上有层层叠叠的玉楼琼阁，左带瑶池，右环碧水，山下还环绕着九重弱水，需要乘坐飙车羽轮飞行才能到达。显然这座神话中的昆仑山与现实世界中冰天雪地的昆仑山截然不同，纯粹出于美好的想象。

关于海上仙山，最早的说法是东海之上有蓬莱、方丈、瀛洲三座仙山，依托烟波浩渺的大海，山上以金银建造宫阙，其中住着很多仙人，种着长生不死之药。三岛随风漂流，船只无法靠近。《列子》详细记载海上共有岱舆、员峤、方壶、瀛洲、蓬莱五座仙山，每座山周长三万里，山顶平坦，其上以金玉为台，禽兽均为白色，所种果实食之可长生不老。

战国时期齐威王、齐宣王、燕昭王都曾遣人入海寻求仙山，均无功而返。秦始皇统一天下后，派遣徐福统领大批童男童女远航探求，结果仍是杳无音信，于是就在兰池宫中凿池筑岛，模仿海上仙山。同样热爱方术的汉武帝也在建章宫中设置一池三山，再现了海外仙山的图景。

东晋时期一个名叫王嘉的文人写了一本《拾遗记》，书中提到的仙山共有8座，包括昆仑、蓬莱、方丈、瀛洲、员峤、岱舆、昆吾、洞庭。后人伪托西汉东方朔所作的《海内十洲记》中提出四海之内共有10座大型洲屿，其中东海有祖洲、瀛洲、生洲，南海有炎洲、长洲，北海有玄洲、元洲，西海有流洲、凤麟洲、聚窟洲，都是神仙聚居的仙岛，此外还有沧海岛、方丈洲、扶桑、蓬丘、昆仑另外五座仙山，总数达到15座。这样海上仙山的系统一再扩充，东南西北四方海域遍布，颇为壮观，也为后世的皇家园林造景提供了丰富的题材。

南北朝以降，以“海上仙山”和“昆仑仙境”为代表的模式在历代宫苑中层出不穷，北齐邺城、南陈建康、隋代洛阳西苑均曾有“三山”之设，隋唐洛阳宫内还设有九洲池，池中筑有九岛象征东海九洲；唐代长安大明宫太液池分东西二池，西池上筑大岛，名蓬莱山，岛上建仙居殿等建筑；受中原王朝影响的渤海国上京龙泉府禁苑水池、日本飞鸟京迹苑池以及新罗东宫雁鸭池中也都有类似“一池三山”的景象。金中都的西苑中有瑶光殿、瑶池殿、瑶光台、瑶光楼等建筑，比拟昆仑仙境。元大都御苑设太液池，其中以万岁山、圆坻、犀山象征三仙山。明清将元代太液池改为西苑三海，其中北海琼华岛和南海瀛台同样是仙山的化身，琼华岛上还辟有方池，池中置三块奇石，形成“一池三山”的缩微景象。

清代北京皇家园林中模拟仙境的例子更多。圆明园中以大湖福海象征东海，其中筑有三座岛屿，一大两小，代表蓬莱、方丈、瀛洲三岛，景名“蓬岛瑶台”，实际上是综合了蓬莱山和昆仑瑶台两大神话典故，是清帝泛舟游览的重点景区；福海东北处的方壶胜境由一组极为富丽的楼阁建筑组成，整个景区共设9座楼阁建筑和3座高台重檐亭子，其间以石拱桥以及爬山廊、复廊连接，高低错落，屋顶均采用五色斑斓的琉璃瓦，共同呈现出一派华丽至极的景象，比拟仙境中的金玉楼阁；圆明园西北角的紫碧山房象征着昆仑山；绮春园中的凤麟洲是海内十洲之一，由东西二岛组成；长春园中的海岳开襟和清漪园中的治镜阁都在圆形石台上构筑楼阁，四周以圆形游廊环绕，是对仙山楼阁的另一种表达形式；静明园玉泉湖中也都设有类似的三岛。清漪园（颐和园）昆明湖中筑南湖岛、藻鉴堂和治镜阁三个大岛，同样是东海三山的象征。

古代神话中的仙境都位于山岳之上，概括而言，主要有四个重要特征：一是常常四面环水，二是多建崇楼峻宇，三是有各种神药异卉，四是多龙凤麒麟之类的祥禽瑞兽。皇家园林中的“仙境”正是通过在一定程度上对这些特征的再现，塑造出优美的景象和深远的意境。

无论蓬莱还是昆仑，神话中的仙山大多居于水上，因此历朝宫苑模拟仙山妙景的时候都会先挖大池，再在池中筑山，以水喻海，以岛比附仙山。

神话中关于仙居的描述总是离不开富丽堂皇的楼阁建筑，其情形多为楼阁高台耸立、金玉珠宝杂陈的绚丽图景。中国楼阁的起源本来就有通神求仙的含义，历代宫苑中塑造“仙境”，往往也离不开极度华丽的楼台殿堂，如汉代建章宫太液池设高达二十余丈的渐台，隋代西苑内殿堂穷极壮丽，陈朝华林园中修建三座高楼等。反过来，春秋战国、秦汉魏晋以来宫苑中盛行的“高台厚榭”也会对长期流传的神话中的仙境描绘产生影响，以至“仙山楼阁”逐渐成为一种固定的词组搭配。因此，皇家园林中的“仙境”也大多以楼阁建筑为主，色彩华丽，与假山、水面相映，愈加显得玉宇凌波，超逸不凡，圆明园方壶胜境虽然仅剩台基遗址，从巨大的汉白玉残件上仍可感其巍峨的气度。北宋金明池中有一组殿宇位于水面中央，以一圈游廊围合，核心位置构筑了一座二层楼阁，这一模式被后世皇家园林中的仙山楼阁所继承，元代太液池圆坻（后世演变为北海团城）、清代长春园海岳开襟和清漪园治镜阁（图9-3）都表现出相似的格局，清代宫廷画家贾全所绘的《登瀛洲图》也以这种形式的楼阁建筑为主景。

神话中的仙山充满了仙草神药之类的植物和鸾凤瑞麟之类的珍禽异兽，现实世界的园林中自然无可寻觅，历代皇家园林大多通过种植形如蛟龙的松树以及传说可引来凤凰的梧桐树来加以表现，此外还设置一些龙、凤、麒麟的雕塑，并饲养鹤、鹿等吉祥动物。汉武帝曾经在宫苑中设有青铜仙人，手托玉盘，以承甘露，曹魏宫苑以及清代北海和绮春园中也曾加以仿制。

图9-3 《京畿水利图》中的清漪园治镜阁。引自《清史图典·乾隆朝》

秦汉以来的皇家宫苑中屡屡兴建仙境之景，其实是历代帝王向往仙境、希求长生心理的反映和补偿，同时也为御苑带来最为绚丽的一道风景线。

四、神佛世界

皇家园林中对仙境的塑造虽然以神话传说为主题，但并没有多少宗教内涵。历代宫苑中另有很多真正的宗教性建筑，成为另一类重要的景观类型。

早期帝王苑囿中的高台可举行通神、祭祀仪式，具有一定的原始宗教功能。汉代以后，佛教盛行，道教兴起，在南北朝时期盛极一时，北齐邺城华林园中曾建有一座“雀离佛院”，不过仅为个别特例，尚未发现其他在皇家园林中大规模构筑佛寺、道观的记载。

隋唐至明清，此类建筑在御苑逐渐流行。隋炀帝所营洛阳西苑的北海中堆筑岛屿，岛上修筑道观。唐代皇帝多信奉道教，也尊崇佛教，曾在太极宫后苑东北隅建造佛堂；骊山华清宫西秀岭上有朝元阁和老君殿两座道观；大明宫的园林区所建宗教建筑较多，东部的大角观、玄元皇帝庙和西部的三清殿都是道观，另有一座明德寺属于佛寺性质。北宋艮岳中设有道观和佛教庵堂。元代大内御苑中的殿宇兼作佛事场所。明代所建紫禁城御花园中心位置的钦安殿也是一座道教建筑，殿内供奉玄天上帝神像，殿外设香炉；慈宁宫花园的殿宇具有佛堂的功能，整座庭院宛如一座寺庙园林；嘉靖帝还曾经在西苑建造亲蚕殿、蚕坛、土谷坛和祀奉水神的金海神祠。

清代北京御苑中宗教性建筑数量大大增加，囊括儒、佛、道三家和很多民间祠庙，分别祀奉各路神佛和皇室祖先、圣贤。紫禁城御花园钦安殿和慈宁宫花园佛堂均继续保留，钦安殿西南的假山旁建造了一座八角形平面、北出抱厦的四神祠，东侧的万春亭曾经供奉关帝塑像，西北角的位育斋一度改为佛堂。

清代对西苑三海进行较大规模的改建，重点就是修建更多的宗教建筑，佛教建筑的地位尤其突出。北海琼华岛以永安寺为中心，白塔成为整个西苑的景观标志；北海东北岸的先蚕坛是祭祀蚕神的地方；北岸的西天梵境、阐福寺、极乐世界均为大型佛寺，格局完整；中海西岸的万善殿和千圣殿在明代时本为道教场所，清代改为佛殿；西北角本是明代的蚕坛、蚕殿旧址，清代为了祈雨，在此另建时应宫，供奉各路龙神。

圆明三园中宗教性建筑的数量最多。属于儒家系统的有供奉历代清帝御容的安佑宫和祀奉孔子的圣人堂；属于佛教系统的包括圆明园的慈云普护、日天琳宇、月地云居（图9-4）、舍卫城、同乐园之永日堂、曲院风荷之洛伽胜境，长春园的法慧寺、宝相寺、梵香楼，绮春园的正觉寺、延寿寺、庄严法界，以及九州清晏、含经堂、鉴园等景区所附设的佛堂等，其中既有大型寺院和小型寺院，也有独立的佛殿、佛堂。

图 9-4　圆明园月地云居佛寺建筑群。引自法国国家图书馆藏《圆明园四十景图》

圆明三园中并没有严格意义上的道观建筑，但却拥有大量的祠庙殿宇，分别祭祀龙王、关帝、土地、花神、风云雷雨诸神、玉皇、天后、河神、碧霞元君、文昌帝君、蚕神、刘猛将军、太岁、天神、吕祖、山神、魁星、城隍等各路神灵，十分庞杂，几乎都源自民间信仰，其中相当一部分可以归入道教范畴，也有一些难以归类，同时又大多被列入清代的官方祀典，具有自身的特殊地位。这些祀庙祠宇大多不拘朝向，东西南北都有。屋顶形式也包含歇山、悬山、硬山、攒尖等各种造型，以卷棚悬山的比例最高，歇山次之，也有部分殿宇带有正脊和吻兽，显得形制更隆重一些，但没有最高等级的庑殿顶。另外很多祠宇的外面都设有旗杆。除了个别实例之外，这些祀庙祠宇建筑的造型均无特异之处，规模相对有限，大多都掩藏于山后溪间之一隅，其中供奉碧霞元君的广育宫位于福海南岸的山巅，供奉土地公和土地奶奶的土地祠位于杏花村馆菜圃旁，供奉龙王的瑞应宫与佛楼混合在一起，景象较为特别。

乾隆帝一手策划的清漪园中同样有较多的宗教建筑。万寿山中央位置建有大报恩延寿寺，由山门、天王殿、钟鼓楼、大雄宝殿、佛香阁、众香界、智慧海等建筑组成，其中佛香阁体量高峻，造型端庄，成为整个前山景区的核心建筑，具有不可替代的地位，阁内供奉千手观音像。大报恩延寿寺两侧的宝云阁、罗汉堂、转轮藏、慈福楼都是佛教建筑，具有很好的烘托作用。后山的须弥灵境融合汉藏风格，再现了佛国世界的景象。前山的重翠亭、山色湖光共一楼内部都设有佛像，后山另有妙觉寺、云会寺、善现寺等小佛寺和花承阁、多宝塔等建筑。昆明湖中的东侧大岛上保留了原有的龙王庙，改名为广润祠。此外，昆明湖东侧的文昌阁上供奉文昌帝君，西侧宿云檐城关上供奉关帝，二者呼应。这些宗教建筑大多被光绪年间重建的颐和园所继承。

香山静宜园中始建于唐代的香山寺规模宏大，清代依旧得以保留，成为园内最重要的景区之一。藏式风格的宗镜大昭之庙是一组汉藏混合风格的大型佛寺，乾隆四十五年（1780年）因为纪念六世班禅朝觐而建，西端的山巅高台上建有七层琉璃塔。玉华寺、龙王堂等小寺庙点缀在山间，具有陪衬的作用。

玉泉山静明园范围虽不很大，其中的宗教建筑数量也不少，俨然佛道名山。西侧的东岳庙是一座大型道观，南侧的真武祠规模较小；南峰建香岩寺，寺院后部的玉峰塔成为全园的标志建筑，与北峰上的妙高寺塔遥相呼应。此外还有清凉禅窟、圣缘寺、华藏海、水月庵等小寺院和关帝庙、龙王庙等祠宇。这些寺庙大多与玉泉山特有的奇异石洞相结合，具有自身鲜明的特色，其中4座佛塔的点景作用尤为明显。

皇家园林是帝王、太后、后妃、皇子等皇室成员以及太监、宫女、侍卫、园户的生活场所，人员构成复杂，称得上是一个具体而微的小社会，从上至下对各种事务都有避灾祈福的心理需求，不同种类的祠宇则从多方面充分满足了这种需求。御苑中各种庙宇所奉的神佛五花八门，它们当中除了佛祖、菩萨、玉皇、三清、真武大帝之外，文有文昌，武有关圣，水有龙王，陆有土地神，种花有花神，养蚕有蚕神，生育有求子之神，各司其职，充分反映了中国古代社会混杂的信仰状况。

皇家园林中的神佛世界不但寄托着历代统治者的拜佛、求神的精神需求，也为御苑带来绚丽奇幻的景致。这些祭祀建筑包含殿、堂、塔、亭、台等不同形式，装饰华美，相比其他景区而言，往往呈现出特殊的艺术造型，表达特定的宗教含义，并与山水环境和植物完美结合，成为全园最引人注目的焦点。清代统治者崇信西藏的喇嘛教，在御苑中大量引入藏族风格的佛寺，为这类建筑带来了新的变化。乾隆帝有两句诗说得很好："何分西土东天，倩他装点名园"，意思是不管是哪里的宗教、何种风格，都可以为御苑美景增色。由此可见，皇家园林中各类寺院、道观、庙堂、祠宇具有其他景区不可替代的景观价值，精彩纷呈，反映了宗教文化对园林的深刻影响。

五、写仿天下

皇家园林中除了模拟传说的仙境之外，还经常以全国各地现实存在的各种山岳河湖和名园胜景为范本进行造景，通过仿建的方法在御苑中重现天下美景。

这种造景手法被称为"写仿"，就是"摹写+模仿"的意思。秦始皇是最先采用这一手法大建宫苑的君主。他在消灭六国、统一天下的同时，派人把每个国家宫殿苑囿的样式画下来，然后在咸阳北面的山坡上进行仿建，形成连绵相接的宫苑建筑群，博采众长，创造出前所未有的大秦雄风。

之后的历代皇家园林继承了这一传统，但写仿的对象以自然界的名山为主，例如东汉洛阳西园以大假山模仿关中少华山，东魏邺城仙都苑中堆山模仿五岳，北宋东京艮岳中筑山以仿杭州凤凰山和万松岭，南宋临安德寿宫叠石以仿灵隐飞来峰，均以相对较小的尺度概括其形，勾画其神，具有类似写意山水的情趣。

清朝北京的皇家园林将这一手法进一步发扬光大，成为御苑造景最主要的方式，圆明三园、清漪园这几大御苑中都有很多写仿式的景观，而且写仿的对象除了名山、名水之外，还扩大到私家园林、公共景观建筑和佛寺、祠庙，尤其以江南地区的名胜风景所仿最多。具体来看，这些写仿景观大概有六种不同的情况。

第一种写仿是以园仿园，即以某一座江南名园为原型，在御苑中仿建一座相对独立的园中之园，比如圆明三园中先后建有仿海宁陈氏园的安澜园、仿江宁瞻园的如园、仿扬州趣园的鉴园，清漪园园中建有仿无锡寄畅园的惠山园（后改称谐趣园）（图9-5）。这些写仿园林的重点在于模仿原型的布局结构。乾隆帝对苏州狮子林最为喜爱，曾经先后在长春园和避暑山庄各仿建了一座狮子林。这两座狮子林的布局与原型十分相似，均采用“匚”形水池，西岸裁为直线，堂、楼、轩、榭、亭、桥等主要建筑基本与苏州狮子林一一对应，甚至开间数也大体一致，同时还征召江南的匠师来堆叠形态大致相同的假山，成为原型的最佳翻版。其他具有写仿性质的园中园大多在借鉴原型布局的基础上进行适当的变化，与原型的相似程度不如狮子林那样高，但山水脉络和建筑物往往都存在明显的对位关系。

图 9-5　《南巡盛典》之寄畅园图与乾隆朝惠山园平面复原图。自绘

表9-1　寄畅园与惠山园建筑对应表

园	景1	景2	景3	景4	景5	景6	景7	景8
寄畅园	嘉树堂	七星桥	知鱼槛	先月榭	天香阁	八音涧	鹤步滩	梅亭
惠山园	载时堂	知鱼桥	水乐亭	澹碧斋	就云楼	涵光洞	寻诗径	墨妙轩

第二种写仿侧重于仿建某种特殊形制的景观建筑，其中具有代表性的实例是圆明园中仿宁波天一阁的文源阁、仿绍兴兰亭的坐石临流、仿杭州龙泓亭的飞睇亭，清漪园中仿武昌黄鹤楼的望蟾阁、仿湖南岳阳楼的景明楼、仿杭州蕉石鸣琴的睇佳榭等。这类写仿手法不但模仿原型核心建筑的形制，同时也充分考虑环境和配景的呼应。例如圆明园中的坐石临流始建于雍正时期，以绍兴兰亭为原型，在崎岖不平的山石上构筑一座重檐方亭，蜿蜒的溪流从中穿越，四周种植茂林修竹，完整地再现了东晋王羲之《兰亭序》的意境，后来又改为八角亭，立8根石柱分别镌刻《兰亭序》的8种摹本，升华了主题。又如黄鹤楼位于长江岸边，岳阳楼位于洞庭湖畔，而清漪园中分别仿此二楼而建的望蟾阁和景明楼也同样依临辽阔的水面，具有相同的点景作用。

第三种写仿是同主题的景观再现。这种情况并不强调对原型的布局结构或建筑形制的刻意模仿，而是以写意的方式模拟原型的山水植物景貌以及场所意境，属于“得其意而忘其形”的变体创作，如圆明园中仿设的西湖十景大多如此。这十景除了三潭印月逼真地仿建了三座小石塔之外，其余诸景实际上与西湖的十景原型差异很大，平湖秋月、曲院风荷、柳浪闻莺、花港观鱼等景区所取的重点分别在于湖月、荷花、柳荫、花港和游鱼等主题，而非原型的园林格局或建筑形式；圆明园中的苏堤春晓只是岸边的一小段河堤，断桥残雪是一座简单的木板桥，远非西湖原貌，乃是以符号化的手段进行点题；而双峰插云、雷峰夕照、南屏晚钟则与原型差距更大，仅是环境风貌略有几分相似，在此借用西湖旧景之名而已。

第四种写仿情况是对个别名山或某些名园的假山片段进行模仿。例如圆明园西峰秀色有一段假山模仿江西庐山，还以西洋机械装置营造瀑布，题名为“小匡庐”；圆明园廓然大公景区北部的假山曾经模仿无锡寄畅园假山做过改造；此外，乾隆帝对苏州寒山别墅的千尺雪假山十分喜爱，分别在圆明园紫碧山房以及盘山静寄山庄、承德避暑山庄中加以仿建，还曾在圆明园别有洞天景区模仿西湖龙井一片云堆叠假山。

第五种写仿是对一些著名佛寺或祠庙的仿建。典型者如清漪园后山须弥灵境的后半部分则直接以西藏地区著名的古寺桑耶寺为蓝本，中央修筑大型楼阁，周围按照佛经中关于“四大部洲”的说法设置大小不同的塔、殿。类似的例子还有圆明园中模仿杭州的花神庙建汇万总春之庙，北海的阐福寺中模仿河北正定龙兴寺大佛阁修建了一座万佛楼，静明园仿镇江金山寺慈寿塔建七层玉峰塔。嘉庆帝曾经专门派遣官员测绘江苏淮安府运河边的惠济祠与河神庙，并在绮春园中加以仿建，以此寄托减少淮河水患的愿望。皇家园林中有些寺庙里的佛像或神像也参照了江南寺庙来塑造，例如长春园宝相寺的观音像就是按杭州天竺寺的木雕观音像精制而成的。

第六种写仿手法是通过地形改造，对某处风景区的山水形态进行大规模的模拟，气魄最大，以模仿杭州西湖的清漪园为典型代表。杭州西湖是人工创造与自然美景的完美结晶，唐代以来文人题咏的诗词文章多不胜数，堪称天下最著名的风景区。清代康熙、雍正、乾隆三帝均曾游览过西湖风光，雍正帝在圆明园中首先仿造了一个平湖秋月，而乾隆帝的西湖情结更为强烈，不但在圆明园中完成了全部的西湖十景，还以西湖的湖山环境为蓝本，对昆明湖和万寿山进行改造，形成了一片与杭州西湖形神皆似的优美景观。昆明湖虽然尺度略小于西湖，但两处水面的平面轮廓基本一致；昆明湖上筑有西堤，和西湖苏堤一样均呈东南—西北方向布置，而且堤上都以六座石桥串联；万寿山与孤山一样都位于湖北岸，万寿山中部位置的大报恩延寿寺也与孤山中部的康熙行宫一样居于主导地位；而清漪园以西的玉泉山、香山等山峰也如同西湖西侧的群山一样，成为可以凭眺的远景；万寿山山北有一湾曲折狭长的后河，也正相对于孤山北面的里湖。二者对照，几如孪生姐妹。如此高度相似的大规模仿建，也是清代皇家园林中绝无仅有的一例。

以上六种情况是清代皇家园林主要的写仿类型。此外还有个别特例难以归类，例如乾隆帝曾以缩微景观的方式在一个封闭的小院落仿建了杭州的小有天园，其中的建筑均为锡造的模型，假山和植物的尺度都很小，宛如盆景，还在假山周围的三面墙上作壁画，表现西湖南岸的湖山环境。

前文所述均为有特定范本的写仿实例，如果把眼光放得更宽一些，可以发现其实北京皇家园林中很多其他的景致也同样广泛借鉴了江南园林的造园手法，在叠山、理水、建筑、装修乃至花木配植等方面都体现出相似的意趣，可以算是一种泛化的写仿。御苑中常见的曲池水湾、画舫亭桥、粉墙漏窗，均受江南园林深刻影响。在植物配置方面，身处北方的皇家园林常常克服气候等不利因素，不惜工本大量培植江南品种的花卉树木，如梅花、兰花、芭蕉等，还大量开辟水稻田以作观稼的场所，都是为了再现明媚的江南风光。

北京的皇家园林建设热衷于写仿，体现了帝王对以江南为代表的其他地区的名园和风景名胜的向往之情，也时刻提醒统治者对远离京畿千里之外的臣民保持一定的关注，同时还象征着“天子以四海为家”“普天之下莫非王土”的思想，满足其“万物皆备于我”的占有心理。

乾隆帝特别强调在借鉴原型的优点的同时绝不能舍弃自己的长处，切忌把仿建工程搞得与原型一模一样，而是要根据新环境的具体情况因地制宜，重新进行设计，获得既与原型神似又别具新意的效果。写仿工程的具体内容一般都根据新的地段条件做了相应的增删变更。从这点来说，古代皇家园林中的写仿工程是一种推陈出新的再创造过程，而非简单复制的“山寨版”，对于我们今天建筑、园林创作具有很好的启示意义。

第二节　富贵气息

皇家园林之外，中国古代园林的主人主要是官僚、文人和商人三类。这三类人并非泾渭分明，常常有园主兼有两种以上的身份，而且几乎所有的园主都属于地主阶层。通常每一地域的私家园林都由这三类人分别构筑，但不同类型园主所占比例差异很大，比如苏州园林以退休官宦和文人所建为多，扬州及岭南地区以商人园林著称，以北京为中心的北方私家园林则以官僚府宅园林为主，文人园林次之，纯粹的商人园林数量较少。

北京地区的官僚品秩和爵位远远高于其他地区，权臣高官、宗室贵族、公侯世家、外戚、大宦官为社会的最上层。这些人不但地位高、权力大，而且占有了大量的财富，所建园林常常带有特殊的豪门气度。就不同的历史时期来说，元代的蒙古、色目贵族社会等级大大高于汉族人，坐享富贵，生活侈靡；明代的外戚、功臣和大太监均善于敛财，家资殷富，亦有豪奢之风；清代京师王公大臣以满人为主体，据方彪先生《北京士大夫》[①]一书分析，这一阶层主要靠世爵祖荫平稳进入仕途，多保守而缺乏进取心，重门第等级观念，贪享乐。以上这些历史沉淀的文化特色在私家园林中都或多或少有所体现。

明代李氏清华园是北京最著名的一座豪门园林，当时文人诗咏，即有“侯门矜壮丽，别墅也雕甍”[②]“天子留心增府库，侯家随意损金钱。知他独爱园林富，不问山中有辋川”[③]“雁翎桧覆虎纹墙，夹道雕栏织画梁。锦石三千成翡翠，珠楼十二饶鸳鸯”[④]等句，极言其富丽

① 方彪.北京士大夫.北京：京华出版社，2000.

② ［明］刘侗，于奕正.帝京景物略.北京：北京古籍出版社，1980，页220，引集李戚畹园.

③ ［明］刘侗，于奕正.帝京景物略.北京：北京古籍出版社，1980，页220，引游李戚畹海淀园.

④ 洪业主编.勺园图录考.民国三十三年（1944）引得特刊本，页40，引珂雪斋集选.

之态。豪门府园常以深宅大院、密林巨木显示门第，故袁宏道曾有诗吟咏成国公适景园："一门复一门，墙屏多于地。侯家事整严，树亦分行次。"[①]此等气象，绝非寒门小园所能及。

明代薛冈在《天爵堂文集笔余》中曾经专门谈及当时京城人对园林的欣赏品位："都人皆极羡贵戚李园绮艳绝世，而以勺园为寒俭不足观。吾乡有人登余西阁，见官窑小胆瓶，插水仙，置花楠几上，矍然叹曰：'此瓶此几，当留以待牡丹，奈何以水仙辱之。'此当与陋勺园者同类而共道。富贵之悦人心，甚于刍豢之悦人口也。"[②]可见尽管明代和清初的北京园林有追求"富丽宏敞"和推崇"幽野自然"两种倾向，但就多数上层官僚和普通居民而言，更欣赏的仍是前者，多羡慕"绮艳绝世"的李氏清华园而轻视"寒俭"的米氏勺园，这种富丽之风也影响到一些京师豪贾巨商的宅园，如明代著名的米商祝氏，"富逾王侯，其家屋宇至千余间，园亭瑰丽，人游十日，未竟其居"。同时期的"宛平查氏、盛氏其富丽亦相仿"[③]。

由此也不难理解至清代中期之后北京的私家园林趋于成熟，其风格终以"富丽"为主要特征，以至于长期以来，是否"富丽"一直被视作衡量北京府宅园林水平高低的重要标准，如前述明代清华园即被公认为"雄拓以富丽胜"，清末所建的那家花园被大臣荣庆评价为："台榭富丽，尚有水石之趣。"[④]那桐本人评价西郊德家花园，也称："富丽而生雅致，洵不愧为（不）俗手结构也。"[⑤]北京私园中大多楼堂高峻，花卉尤重视牡丹、芍药，均与崇尚富贵、标榜门第的心理有关。就园林命名而言，清代有许多王公园林与皇家园林一样，常用"春"字，如天春、春和、淑春、镜春、近春等，也颇有华贵色彩。

---

① ［明］刘侗，于奕正．帝京景物略．北京：北京古籍出版社，1980，页55，引适景园小集．

② ［明］薛冈．天爵堂文集笔余．卷3．见：谢国桢编．明代社会经济史料选编．福州：福建人民出版社，1980，上册，页275～276．

③ ［清］昭梿．啸亭杂录．北京：中华书局，1980，页434．

④ 谢兴尧整理．荣庆日记．西安：西北大学出版社，1986，页130．

⑤ 北京市档案馆编．那桐日记．北京：新华出版社，2006，页254．

北京私家园林有一个重要的特点，即与皇家园林关系比较密切。康熙帝的畅春园在明代武清侯李氏的私园清华园旧址上兴建，雍正帝的圆明园系其藩邸郊园扩建而成。同时清代许多王府花园本属于赐园的性质，有些是从皇家园林中划拨而出的（如熙春园、镜春园等），而且很多赐园和皇家园林一样由内务府主持设计并施工。在这种情形下，北京一些王公府园在某种程度上也带有一点皇家园林的气派，如尺度较大、气魄雄伟、建筑华敞等，富贵气息更浓。

为了常保富贵，京城许多园林通过建筑装饰、山水形态和匾额题名来强调“祈福”的含义，最典型的是清代恭王府园，其中巨石“独乐峰”有别名曰“福来峰”，水池名“蝠河”，后厅为“蝠厅”，均以蝙蝠形状隐寓“福”字，其假山中还藏有康熙帝御书的“福”字碑，堂榭建筑中的“福寿”装饰更是多不胜数，以至于民间称此园为“万福园”。

北京很多高官的府宅花园深刻体现了主人的审美观，甚至成为其人格化身的一部分。例如王源《怡园记》述清初大学士王熙怡园：“今相国太傅公为园里第之西，曰‘怡园’。……公退朝即燕息其中。昔富郑公为园，目营心匠，爽闿深密，曲有奥思。公亦自所结构。盖公立身廊庙，栖志岩壑，故能静以御物，量广而识明，遇事凝然，一言而群疑悉定……噫！公之量广识明，其以此与？”[①]文中将王熙的怡园比拟为北宋名相富弼的宅园，并认为园林深邃的结构充分反映出主人的志向、见识和气量。

京官普遍表现出恭谨持重的风度，对其宅园风格也有所影响。晚清何刚德《春明梦录》论道：“京师为首善之区，钟簴所在，观听肃焉。时值承平，纪纲未弛，大臣老成持重，仅有正色立朝之风。百僚庶司，不失同寅协恭之雅。”[②]清初朱彝尊《万柳堂记》曾有议论称：“古大臣秉国政，往往治园囿于都下，盖身任天下之重，则虑无不周，

① ［清］王源.居业堂文集.清康熙年间刊本，卷19，怡园记.

② 何刚德.春明梦录.上海：上海古籍出版社，1983，卷上，页1.

虑周则劳，劳则宜有以逸之，缓其心，葆其力，以应事机之无穷，非仅资游览燕嬉之适而已。”[①]京官多是身在朝堂者，非退休官宦或山野隐士可比，园林虽是日常游豫之地，也带有一定的庙堂气象，在园林格局上容易表现出端庄严谨有余而灵活飘逸不足的风格，因此明代沈德符《万历野获编》评价京城宅园“大抵气象轩豁，廊庙多而山林少”[②]。对于有些中小型的官僚宅园而言，如《可园碑记》所述，其主要目的是“供游钓，备栖迟”，作为官场生活的一种补充，聊有“优游林下”之意即可，达不到江南文人园林力求尽善尽美、巧夺天工的程度。

此外，自明代以来京城一直是外国使节、传教士、商贾集中的地方，相对容易受到外国文化的浸染。京师的权贵高官和皇帝、后妃们一样，对西方文明也多有猎奇的心理，清末以后北京私家园林经常出现“圆明园式”的西洋风格建筑作点缀，也是京城权贵们炫耀华贵的作风的另一种体现。

综合而言，北京私家园林在总体上受京官文化影响较大，多体现富贵之气，重游乐功能而又不忘以忠君尽职自命，和传统文人园林标榜清高风雅和高逸遁世是有所不同的。正因为如此，与江南私家园林“文气”浓郁、岭南私家园林“商气”显著的精神特质相比，北京私家园林常常表现出较重的“官气”。

---

① ［清］于敏中等编撰.日下旧闻考.北京：北京古籍出版社，1985，页913，引曝书亭集.

② ［明］沈德符.万历野获编.北京：中华书局，1959，页609.

第三节　士人雅韵

北京的私家园林在表现京官文化的同时，也同样深刻体现出京城士大夫文化的特点，典型者如半亩园，被《天咫偶闻》评价为“富丽而有书卷气，故不易得”①，其中“富丽”是北京官僚宅园追求的主要风尚，而“书卷气”则源于京城浓烈的文化范围，二者看似矛盾却又常常融于同一园中。

大多身居高位的京官本身也是饱学的文士，不少王公豪门往往具有很深的文化底蕴，而元、清两代很多京园的主人虽为蒙古人、色目人和满族人，也常常表现出高度的汉文化修养。陈垣先生在《元西域人华化考》中说：“林泉之好，为人类所共，不能谓为中华所独，然元西域人率以武功起家，其性质宜与林泉不相近，而有时飘然物外，辄令人神往，不料其为西域人者，不得不谓之华化。”②元大都最著名的私家园林万柳堂主人廉希宪即为维吾尔族，为当时的儒学大家。而清朝的满族权贵之家更一向不乏优秀的学者和艺术家，《啸亭杂录》曾称：“国朝自入关后，日尚儒雅，天潢世胄，无不操觚从事，如红兰主人、敬亭主人皆屡见渔洋杂著诸书矣。”③如流连于渌水亭的纳兰性德虽贵为相国之子，却是清朝最著名的词人；拥有恩波亭、诒晋斋的成亲王永瑆身为王爵，也素称“诗文精洁，书法遒劲，为海内所共推”④，名列清代“成铁翁刘”四大书法家之首；而其他王公府园的主人如诚亲王允祉为著名学者，简亲王德沛崇尚理学，礼亲王昭梿广闻博识，慎郡王允禧诗画清秀，果亲王允礼、和亲王弘昼、瑞郡王奕誌、惇亲王奕誴、恭亲王奕䜣、醇亲王奕譞等均有诗文集传世。荣亲王永琪之孙贝勒奕绘与其侧福晋顾太清均为皇室著名诗人，夫妇俩在

---

① ［清］震钧.天咫偶闻.北京：北京古籍出版社，1982，页63.

② 陈垣.元西域人华化考.上海：上海古籍出版社，2000，页124.

③ ［清］昭梿.啸亭杂录.北京：中华书局，1980，页317.

④ ［清］昭梿.啸亭杂录.北京：中华书局，1980，页516.

其太平湖府园和南谷别业中留下很多彼此唱和的诗词作品，几可媲美南宋李清照、赵明诚伉俪。

清代权臣和珅虽然以巨贪而名载史册，但也有《嘉乐堂诗集》传世，不乏文采。乾隆时期曾经担任国子监祭酒的法式善为蒙古族人，是当时著名的诗人、学者，被乾隆帝赞为“奇才”，他在什刹海岸边所建的小园诗龛充满文学气息。又如半亩园的主人麟庆，为金世宗后裔，其完颜家族一直是满族最著名的文化世家，所谓“满洲旧族，簪笏相承，无如完颜氏之盛且远者”①，先祖阿什坦号称大儒，和素、留保、白衣保、完颜伟等历代家族祖先也均为著名学者，麟庆的母亲恽珠是一位女诗人，麟庆本人和其子崇实也都长于诗文著述，正是如此深厚的家传文化底蕴，才造就了半亩园不凡的典雅气质。

明清时期江南经济发达，文化鼎盛，一直在全国处于领先地位，江南又盛产诗人画家，其诗文书画作品传唱天下，常有引领全国艺术风尚之势，也是包括北京在内的其他地区学习和仿效的对象。江南文人园林甲于天下，成为江南文化艺术中最受推崇的门类之一，自然也对北京的私家造园活动产生相当影响。因此北京的私家园林在表现官僚园林特性的同时，也有不少实例明显带有类似江南文人园林的某些特点。

明清北京私家园林所具有的两种主要倾向分别为崇尚富贵华丽和追求自然野趣，其中后者受江南文人园林影响更大。明清笔记述及米氏勺园，多用“幽洁”等评语，《天爵堂文集笔余》另称“米氏海淀勺园，一洗繁华。蒿径板桥，带以水石，亩宫之内，曲折备藏，有幽人野客之致，所以为佳”②。可见其中表现出很强的文人园风格，与江南园林趋同。述园、半亩园等实例更是将江南园林作为直接的范本。

又如明代文人袁宗道的小园抱瓮亭，其名典出《庄子》，园中除了树、亭之外，“隙地皆种蔬，瓜棚藤架，菘路韭畦，宛似山庄”③，

---

① ［清］震钧．天咫偶闻．北京：北京古籍出版社，1982，页64.

② ［明］薛冈．天爵堂文集笔余．卷3．见：谢国桢编．明代社会经济史料选编．福州：福建人民出版社，1980，上册，页275.

③ ［明］袁宗道．袁中郎随笔．北京：作家出版社，1995，页39.

完全是藏在城市中一派农家田园风光。清代国鞳布的野圃位于阜成门外，按《天咫偶闻》所载，其中格局清雅，有山雨楼、菜香草堂、茆亭，以杜甫诗为意境："而坐卧可致者，桥与草堂之所得也。亭东诸畦，凿井引泉，而交响于菜香之间者，取少陵诗而总名之，所谓'野圃泉自注'者也。"[①]似乎直接在追模唐代诗人的草堂别业。

一些文士在京城所筑私园，规模有限，造价也相对较低，唯以雅致见长。清代历仕康、雍、乾三朝的名臣张廷玉曾言："小筑园亭以为游观偃息之所，亦古贤达之所不废，但须先有限制，勿存侈心。盖园亭之设，大以成大，小以成小，凡一二百金可了者，用至一二千金而犹觉不足。一有侈心，便无止极，往往如此。白香山《池上篇》云：'但可以容膝，可以息肩。'何尝不擅美于千古哉！"[②]此处推崇唐代诗人白居易的洛阳宅园，体现了北京私家造园思想中难得的文人气息和尚俭之风。此风虽非北京私园之主流，但也是重要的特性之一。

文士气质较重的园林命名也多采用相对清新的用词，如半亩园、寸园都极言园林之小巧，古藤书屋、阅微草堂等名称则颇有淡泊意味，与一些王公园林彰显华丽气派的用名是有明显区别的。又如元代曾有园名"匏瓜亭"，《析津志》云："匏瓜乃野人篱落间物，非珍奇可玩之景；然而士大夫竞为歌诗，吟咏叹赏，长篇短章，累千百万言犹未已。"[③]大抵匏瓜虽贱，却别有山野清高之气，因此很得士大夫之流的推崇。

文人园素雅之风对一些豪门园林也有明显影响，如明代兴济伯杨善，并非文人出身，《明史》记载此人"无学术，滑稽，对客鲜庄语"[④]，但其位于东郊的别业却以"东郭草亭"为名，园中以菜畦、麦

① ［清］震钧.天咫偶闻.北京：北京古籍出版社，1982，页205.

② ［清］张廷玉.澄怀园语.清光绪年间刊本，卷2，页16.

③ ［清］于敏中等编撰.日下旧闻考.北京：北京古籍出版社，1985，页1517，引析津志.

④ ［清］张廷玉等撰.明史.上海：上海古籍出版社，1986，卷171.

田、辘轳、水井为主景，又建一亭，覆以茅草顶，表现出一派田园乐趣，当时文人多有题咏。即便在崇尚富贵华丽的许多王公府园中，也可能在另一些侧面表现出追求风雅清幽的趋向，二者并存，彼此相融。如雍正帝继位前所居的圆明园本为藩邸赐园，其中设置菜圃村舍，风格素雅，宛然隐士别业；明珠的宅园中曾经设有茅斋，其子纳兰性德《茅斋》诗称："我家凤城北，林塘似田野。蘧庐四五楹，花竹颇闲雅。"①也表现出恬淡的田园意境。

京城私家园林的士大夫气息不但表现在某些园林所追求的景致风格上，也直接表现在环境氛围和具体的园居活动中。如《稗说》称明朝泡子河一带多文人小园，平时的游园活动也以文人诗社为主，较有雅气，与豪门府园动辄大摆宴席、盛设鼓吹的作风是有区别的："崇文门内东鄙之泡子河，……多都门卿士大夫小筑。盖地近贡院，春秋士子尝假憩于此肄业，无晏饮管弦之乐。纵欲游者不过三五同志，雅集水湄，结诗文社而已，非豪贵家所尚，故地特少车骑冠盖贵人迹，都人语幽寂可居处者，莫泡子河若矣。"②与此类似，即便如王氏怡园、那家花园这样相对富丽的相府花园，也会在一定程度上强调幽雅的气氛和典型的士人园居生活。

此外，北京外城曾有不少会馆带有园林，如安徽会馆之碧玲珑馆，南海会馆之七树堂、汗漫舫。还有些会馆园林的前身本是私家园林，如三晋会馆为贾氏园所改，全浙会馆为赵氏寄园所改，广东会馆即清初李渔的芥子园等，其后性质虽变，但还是与私家园亭有相当的亲缘关系。外省士子来京做官、游学，多寓居外城，对这些园林时有品题，或有所改建，也会间接地影响到北京私家园林的设计和欣赏趣味，增加北京园林中的文人气息。

---

① ［清］纳兰性德.通志堂集.上海：上海古籍出版社.1979年根据清康熙刻本影印版.

② ［清］宋起凤.稗说，卷4，引自谢国桢.明代社会经济史料选编.福州：福建人民出版社，1980，上册，页275.

第四节 儒道精神

古典园林是一种特殊的文化载体，反映了各种复杂的哲学思想。园林中经常悬挂、镌刻匾额和楹联，不但对景致有画龙点睛的暗示作用，而且富有特殊的文化内涵，值得游者再三品读回味。

北京园林受到儒家思想的深刻影响，园中的匾额题名及楹联中经常强调儒家的忠君感恩思想以及勤于政事、为官清正的理念。清初著名文人朱彝尊《万柳堂记》曾对官僚私家园林功能作过一番议论，认为大臣们负担着治理天下的重任，思虑劳顿，需要一定的景观场所来调剂身心，在首都地区修筑园林可以获得休息和思考的空间，并非只是为了游玩。雍正帝即位前所居赐园圆明园正堂有联曰："每对青山绿水会心处，一邱一壑总自天恩浩荡；常从霁月光风悦目时，一草一木莫非帝德高深。"意思是说园中的每座假山、每株草木都是皇恩浩荡的恩赐。麟庆半亩园正厅云荫堂有联："源溯白山，幸相承七叶金貂，那敢问清风明月；居邻紫禁，好位置廿年琴鹤，愿常依舜日尧天。"意思是说其家族源自长白山，世代深受皇恩，现在园址临近紫禁城，希望能永久地依靠在圣上周围。

北宋名相富弼的洛阳宅园和司马光的独乐园成为贤臣园林的代表，也成为后世北京很多官僚园林效仿的对象。清代文人王源曾经把大学士王熙的怡园比作富弼宅园，认为这两座园林都反映了主人宽广的气量和开明的见识。北京可园主人文煜之侄志和也曾把可园与独乐园相提并论，称其叔父营造可园的动机与司马光造独乐园完全一致。

元代太保库春的北郊赐园有赵孟頫所题"贤乐堂"和"燕喜亭"匾额，前者典故出自《孟子》"贤者而后乐此，不贤者虽有此，不乐也"，后者典出《诗经》中"鲁侯燕喜"之句，均为儒家典籍。北京成王府园有亭名"恩波"，以明示其水源经过皇帝的特批，都含有感戴皇恩之意。嘉庆、道光年间大臣英和的依绿园中有卷阿承荫、信果堂、再思居、守真堂等题额，均表示忠君感恩、重德守贞的理念。此园曾一度被抄没，发还时更名为“承晖”，后来改赐寿恩公主，又改名“承泽”，仍一再强调感恩之意。另有一些匾额、楹联本来就是皇帝御赐，这种道德倾向就更加明显，如王氏怡园有“席宠堂”赐额，梁诗正宅园有“清勤堂”赐匾，分别彰显大臣所受的特殊宠信或者夸赞大臣本人的品行风范。

儒家思想强调等级观念，成为封建礼制秩序的理论基础。园林是住宅的组成部分，也必须遵守这套严格的等级规范。封建社会早期的规制比较松弛，因此西汉袁广汉的私园几乎可以媲美皇家御苑，魏晋时期一些豪门园林也穷极壮丽，而明清时期的封建专制日益趋于严酷，私家造园的禁忌也越来越多。大体而言，园林中的厅堂楼阁等建筑不能采用楠木等贵重木材，体量不能太大；清代特别规定京城内的私家园林不得私自引水。历史上也有一些权臣的园林违反了相关规制，其豪华程度甚至超过皇家园林，但往往也受到舆论的谴责。明清时期北京一些权贵还因为造园逾制而获罪，例如嘉靖年间外戚张延龄被处死刑的罪证之一就是所造花园过度奢华；清朝嘉庆年间著名贪官和珅被赐死，朝廷颁布的二十条大罪中有一条指责他在北京西郊所造的十笏园（淑春园）的大湖中模仿圆明园蓬岛瑶台搞了几个岛屿以象征“海上三仙山”之景。

相比而言，南方地区所受封建等级制约要宽松一些，而北方首都地区集中了全国品级最高的官员，倾轧斗争也是最激烈的，在造园禁忌方面更为敏感。《天咫偶闻》中记载了这样一个故事：乾隆年间保和殿大学士、一等公傅恒是孝贤皇后的弟弟，四个儿子都是高官。傅恒新造一座花园，正厅梁架采用珍贵的楠木，屋宇规模特别高大；乾隆帝听说了这事，说自己打算亲自临幸，过来看看。傅恒父子听说后丝毫不敢大意，立刻连夜把正厅拆毁，所用楠木施舍给一家寺院。可见即便是深受恩宠的大臣也不敢在建自家花园的时候随便造次。

中国传统文化有“儒道互补”的特性，道家思想是中国古典园林中另一层重要的文化底蕴。自魏晋时期开始，寄情山水、品赏风景成为上层知识分子所热衷的生活态度，园林也逐渐成为躲避俗世、感悟自然、抒发性灵的重要场所。东晋陶渊明的诗文提倡“田园将芜胡不归”“结庐在人境”“心远地自偏”，使得私家园林进一步成为士人寄托心灵的桃花源。唐代文人把“终南捷径”作为晋升的阶梯，反映这种道家隐逸情怀的矛盾性和复杂性，同时一些在职的官员也把园林作为“心隐”的方式融入仕宦生活。宋代园林文人气息浓郁，北方很多著名的私家园林都寄托了主人清高、雅逸的志趣。明清以后，北京园林中的道家情怀有减弱的趋势，但依然是一股不可忽视的因素，贯穿私家园林发展的始终。历史上一些著名的隐士之园或文人草堂作为重要的文化符号，经常成为后世诗文书画的主题，进一步强化了这种意识。

在北京私家园林中可以看到不少实例以道家思想或隐逸思想作为造园主题。例如明代公安派的代表人物袁宗道在北京内城造小园抱瓮亭，其名典出《庄子》，园中除了树、亭之外的空地都种蔬菜瓜果，完全是藏在城市中的一派农家田园风光，还每天派两个小奴背着大瓮不停地浇水。对此著名园林史家周维权先生有精辟的总结：“士人们身居庙堂时讲论儒家的修齐治平之道，一旦进入园林，则仿佛由‘社会人’变成‘自然人’，服膺老庄，返璞归真。”[①]

除了儒道思想之外，北京园林也受到佛教禅宗思想和其他各种社会思潮的影响，最后在和谐的园景中得到统一。学者许纪霖先生的文章中曾经说道：“中国文化是一种乐感文化，其境界是审美的境界，……中国文化是自我调节型的，总是通过矛盾的弱化而不是矛盾的强化来维持存在，实现发展。”[②]北京园林在很大程度上正是体现了各种矛盾的弱化和文化精神的平衡，结合不同的时代背景对其进行考察，也可加深对传统文化的理解和感悟。

① 周维权.中国古典园林史.北京：清华大学出版社，2008，页322.

② 许纪霖.读一读周作人罢.读书，1988，3期.

第十章

综论

北京历史悠久，早在战国时期燕昭王就在蓟城建造离宫，开启了这一地区的园林建设。其后，北京成为辽、金、元、明、清的都城所在，建造了大量皇家园林，中国目前存世的皇家园林，大多位于北京地区，代表了中国后期皇家造园的最高水平。同时，北京的官僚贵族、文人学士、富商豪贾云集，朱邸雅宅遍布，涌现出大量的私家园林，其数量之多，甚至一度在苏州、扬州之上。此外，北京还有众多的寺观园林、会馆园林和公共风景区。这些园林或名胜轩敞大气而又亲切宜人，尤其适合北京的地理气候和日常的生活居住，成为北京文化的深刻体现，其中以皇家园林和私家园林最具代表性。

皇家园林是中国古代最重要的园林类型，主要集中在长安、洛阳、建康、开封、杭州、北京六大古都及其周边区域。几乎每一个王朝都会倾注巨大的力量来修建御苑，秦汉、隋唐和明清是三次皇家园林建设的高潮，分别代表了封建社会早期、中期和晚期园林艺术的最高水平。前两个时期主要位于长安和洛阳，这些皇家园林大多已经消失或仅剩下遗址，只有一些文献和图画信息流传至今；第三个时期主要位于北京，这些皇家园林大多保存至今，其中的紫禁城御苑、西苑三海、颐和园保存着较多的原物，静宜园、静明园仅余局部，圆明三园只留下残缺的遗址。这些实例虽非中国古代皇家园林的全貌，但依然展现出极为辉煌的艺术成就，其中颐和园已被联合国教科文组织列入世界文化遗产名录。相对其他园林类型而言，皇家园林的功能更复杂，规模更大，建筑形式多变，山水尺度宽阔，植物种类丰富，造景手法博采众长，既继承了历史上出现过的经典题材，又能借鉴同时期其他地区的山水名胜、园亭寺庙的景致特色，加以融会贯通，堪称精彩绝伦的园林杰作，整体上呈现出华丽壮观的皇家气派，细节上又具有精致幽雅的特点。与高超的造园艺术相呼应，皇家园林还承载着多重的宗教信仰和文化内涵，诸如昆蓬仙境、田园村舍、寺观祠庙、曲水流觞等景区都具有特殊的象征含义，全面展现了古代皇家文化的精彩华章。

北京的皇家园林一直深受重视，相比之下，北京的私家园林尚未得到足够的关注，与其取得的成就颇不相称。北京私家园林经过长期的发展，在元、明、清三朝都出现过鼎盛的局面，每一时期均具有独特的风格特征，前后相继，形成完整的发展脉络。明代万历以后，北京私家园林受到江南很大的影响，但依然能保持不同于江南的自身特点，并在清代中叶达到完全成熟的境地，可以从造园意匠和生活文化两个角度来认识。

就造园意匠而言，北京私家园林具有完备的体系，各项内容均达到很高的艺术水平。其选址重视依傍湖泉、借景境外，布局强调严整端庄、中轴均衡并有明确的正厢观念，建筑类型多样但均为北方官式做法，掇山推重湖石却以雄健的青石假山和大面积的土山见长，理水方面在相对缺水的自然条件下既可以营造萦回曲折的复杂水系，又善于因地制宜地开辟一角荷塘，花木以相对朴素的北方品种为主且受气候制约较多，其盆景、碑碣等小品设计精致，匾额和楹联典雅而充满文化底蕴，园林意境深远，充分体现了中国古代造园的卓越成就，对今天的景观建设仍有很高的借鉴价值。

就生活文化而言，北京私家园林符合北方的生活习惯，是园主和游客游观宴乐、吟诗作赋以及日常居住的空间，人们在园林中的各种活动与园林建筑、景观存在密切的互动关系。这些园林反映了北京地域文化的典型特点，具有稳重、端凝的气质；其代表性实例大多包含京官文化和士大夫文化的双重特性，既推崇富丽，又不乏清新自然。

建筑史学家傅熹年先生曾以江南私家园林为参照，分析北京园林的风格特征："由于气候、自然条件和建筑材料等等的影响，北京的园林虽然有很多地方模仿江南，但仍不同于江南园林，而形成一种独特的'北京的'风格。……总的来说，它虽没有江南园林那样幽静深邃，委曲宛转，移形换景，妙造自然，却另有一种雍容华贵、开朗、精雅的气味。二者趣味不同，但各有妙处，难分高下。"[①]林语堂先生在英文著作《辉煌的北京》(*Imperial Peking*: *Seven Centuries of*

① 傅熹年.记北京的一个花园.见：文物参考资料，1957，6期，页13.

China）中也对北京的花园有如下描述："中国的花园总要给人一种惊喜，一览无余是绝对不可能的。游园的人可能以为自己已经来到花园的尽头，但突然出现了一扇小门，门外曲径通幽，别有洞天，或许又会看到一座小园中，有菜地一片或葡萄几株，独木桥横跨小溪。有些豪门大院装修更为复杂，设有石亭露台。有一家的亭阁三面环绕荷池，那里从前曾作为演戏的舞台，家人与亲友坐在对岸一座厅里观看演出。……大院总是长方或正方形，房子有正房与东西厢房之分。"① 这些文字精辟地总结出北京园林所体现的，中国古典园林曲折含蓄的共性特征和格局方正、强调正厢的地域特色。

在当前全球化的背景下，许多城市日益重视对自身传统特色的继承和发展，北京园林的设计手法、营造意匠和哲学思想，尤其值得在今天北京的城市风景园林建设创作中加以积极吸收和借鉴。本书以现存实例和文献记载为基础，对北京园林的造园艺术进行探讨，尝试建构具有北京特色的造园理论体系，以期弘扬北京的园林文化，并为今天的城市建设提供参考。

① 林语堂著；赵沛林，张钧等译.辉煌的北京.西安：陕西师范大学出版社，2003，页229～230.

参考文献

[1]（晋）葛洪.西京杂记.西安：三秦出版社，2006.

[2]（南朝）范晔.后汉书.北京：中华书局，1965.

[3]（宋）孟元老著，邓之诚注.东京梦华录注.北京：中华书局，1982.

[4]（明）计成著，陈植注释.园冶注释.北京：中国建筑工业出版社，1981.

[5]（明）刘侗，于奕正.帝京景物略.北京：北京古籍出版社，1980.

[6]（明）沈德符.万历野获编.北京：中华书局，1959.

[7]（清）阿桂，和珅等编.南巡盛典.清代文渊阁四库全书本.

[8]（清）陈其元.庸闲斋笔记.北京：中华书局，1989.

[9]（清）戴璐.藤阴杂记.北京：北京古籍出版社，1982.

[10]（清）丁治棠.丁治棠纪行四种.成都：四川人民出版社，1984.

[11]（清）高晋等编.南巡盛典.清代乾隆三十六年刊本.

[12]（清）昆冈等纂.大清会典事例，清代光绪二十五年刊本.

[13]（清）李鸿章.新建安徽会馆记.清代同治十一年碑刻.

[14]（清）李渔.李渔全集.杭州：浙江古籍出版社，1992.

[15]（清）麟庆.鸿雪因缘图记.北京：北京古籍出版社，1984.

[16]（清）沈德潜等.西湖志纂.清代乾隆二十年刊本.

[17]（清）王士祯.居易录.清代康熙四十年刊本.

［18］（清）吴振棫.养吉斋丛录.北京：北京古籍出版社，1983.
［19］（清）徐珂编撰.清稗类钞.北京：中华书局，1984.
［20］（清）姚元之.竹叶亭杂记.北京：中华书局，1982.
［21］（清）奕訢等编.清六朝御制诗文集.清代光绪二年刊本.
［22］（清）于敏中等编撰.日下旧闻考.北京：北京古籍出版社，1981.
［23］（清）昭梿.啸亭杂录.北京：中华书局，1980.
［24］（清）赵尔巽等编.清史稿.上海：上海古籍出版社，1986.
［25］（清）朱一新.京师坊巷志稿.北京：北京古籍出版社，1983.
［26］白继增.北京宣南会馆拾遗.北京：中国档案出版社，2011.
［27］北京林学院林业史研究室编印.林业史园林史论文集（第一集）（内部资料），1982.
［28］北京市档案馆编.北京会馆档案史料.北京：北京出版社，1997.
［29］北京市对外文化交流协会，北京市宣武区地方志编纂委员会编.北京湖广会馆志稿.北京：北京燕山出版社，1994.
［30］北京市文物研究所圆明园考古队.北京圆明园含经堂遗址2001—2002年度发掘简报.考古，2004（2）.
［31］北京市宣武区建设管理委员会，北京市古代建筑研究所合编，王世仁主编.宣南鸿雪图志.北京：中国建筑工业出版社，1997.
［32］北京市宣武区政协文史资料委员会编.宣武文史.第十辑.宣南园林.北京：中国人民政治协商会议北京市宣武区委员会文史资料委员会，2003.
［33］北京市政协文史资料委员会选编.府园名址.北京：北京出版社，2000.
［34］蔡栋主编.南人与北人：各地中国人的性格和文化.北京：大世界出版有限公司，1995.
［35］陈从周，蒋启霆选编；赵厚均注释.园综.上海：同济大学出版社，2004.

[36] 陈植，张公驰选注，陈从周校阅.中国历代名园记选注.合肥：安徽科学技术出版社，1983.

[37] 陈宗蕃.燕都丛考.北京古籍出版社，1991.

[38] 方晓风.清代北京宫廷宗教建筑研究 [博士学位论文].清华大学，2002.

[39] 方晓风.圆明园宗教建筑研究.故宫博物院院刊，2002（2）.

[40] 傅公钺等编撰.旧京大观.北京：人民中国出版社，1992.

[41] 傅熹年主编.中国古代建筑史・第二卷・两晋、南北朝、隋唐、五代建筑.北京：中国建筑工业出版社，2001.

[42] 傅熹年.古建腾辉——傅熹年建筑画选.北京：中国建筑工业出版社，1998.

[43] 故宫博物院编.清代宫廷绘画.北京：文物出版社，2001.

[44] 故宫博物院编.清史图典.北京：紫禁城出版社，2001.

[45] 郭黛姮.乾隆御品圆明园.杭州：浙江古籍出版社，2007.

[46] 郭黛姮主编.远逝的辉煌：圆明园建筑园林研究与保护.上海：上海科学技术出版社，2009.

[47] 郭黛姮，贺艳著.圆明园的“记忆遗产”——样式房图档.杭州：浙江古籍出版社，2010.

[48] 何重义，曾昭奋.圆明园与北京西郊园林水系.中国圆明园学会筹备委员会编.圆明园.第1集.北京：中国建筑工业出版社，1981.

[49] 贾珺.北京私家园林志.北京：清华大学出版社，2009.

[50] 贾珺.中国皇家园林.北京：清华大学出版社，2013.

[51] 贾珺.北京颐和园.北京：清华大学出版社，2013.

[52] 贾珺.圆明园造园艺术探微.北京：中国建筑工业出版社，2015.

[53] 李金龙，孙兴亚主编.北京会馆资料集成.北京：学苑出版社，2007.

[54] 罗哲文.中国帝王苑囿.北京：知识产权出版社，2002.

[55] 清华大学建筑学院编.颐和园.北京：中国建筑工业出版社，2000.

[56] 什刹海研究会，什刹海景区管理处编.什刹海志.北京：北京出版社，2003.

[57] 萨兆沩.净业觅踪.北京：北京燕山出版社，2002.

[58] 生活时代图书公司编著.龙的故乡——中华帝国.济南：山东画报出版社，北京：中国建筑工业出版社，2000.

[59] 舒牧等编.圆明园资料集.北京：书目文献出版社，1984.

[60] 汤锦程.北京的会馆.北京：中国轻工业出版社，1994.

[61] 汤用彤等编著.旧都文物略.北京：北京古籍出版社，2000.

[62] 天津大学建筑系，承德市文物局编著.承德古建筑.北京：中国建筑工业出版社，1982.

[63] 王朝闻总主编.中国美术史.济南：齐鲁书社，明天出版社，2000.

[64] 王铎.唐宋洛阳私家园林的风格.华中建筑，1990（1）.

[65] 王灿炽纂.北京安徽会馆志稿.北京：北京燕山出版社，2001.

[66] 汪菊渊.中国古代园林史.北京：中国建筑工业出版社，2006.

[67] 文安主编.古刹寻踪.北京：中国文史出版社，2005.

[68] 徐伯安.颐和园后湖“苏州街”重建工程规划、建筑设计研究及实践.建筑史论文集.第17辑.北京：清华大学出版社，2003.

[69] 杨鸿勋.略论圆明园中标题园的变体创作.中国圆明园学会筹备委员会编.圆明园.第1集.北京：中国建筑工业出版社，1981.

[70] 杨鸿勋.宫殿考古通论.北京：紫禁城出版社，2001.

[71] 杨士珩.北京西山风景区.北京：北京出版社，1958.

[72] 杨新主编.故宫博物院藏文物珍品全集·明清肖像画.香港：商务印书馆，2008.

[73] 佚名纂.曾文正公年谱.大连：大连图书供应社，1935.

[74] 圆明园管理处编.圆明园百景图志.北京：中国大百科全书出版社，2010.

[75] 张宝章.海淀文史·京西名园.北京：开明出版社，2005.

［76］张恩荫.圆明园变迁史探微.北京：北京体育学院出版社，1993.

［77］张恩荫.圆明园大观话盛衰.北京：紫禁城出版社，2004.

［78］张树柏主编.故宫藏画精选.北京：读者文摘亚洲有限公司，1981.

［79］赵晓峰，王其亨.先秦时期中国私家园林寻踪.天津大学学报（社会科学版），2003（10）.

［80］赵兴华.北京园林史话.北京：中国林业出版社，2000.

［81］震钧.天咫偶闻.北京：北京古籍出版社，1982.

［82］周到等编.河南汉代画像砖.上海：上海人民美术出版社，1985.

［83］周维权.中国古典园林史.北京：清华大学出版社，2008.

［84］周维权，楼庆西主编.中国建筑艺术全集·第17卷·皇家园林.北京：中国建筑工业出版社，1999.

［85］周振甫译注.诗经译注.北京：中华书局，2002.

［86］中国第一历史档案馆编.圆明园.上海：上海古籍出版社，1991.

［87］中国建筑工业出版社，光复书局企业股份有限公司编.中国古建筑大系·第3卷·皇家苑囿建筑.北京：中国建筑工业出版社，1993.

［88］中国历代艺术编辑委员会编.中国历代艺术·绘画编.北京：人民美术出版社，1994.

［89］中国美术全集编辑委员会.中国美术全集.第21卷.绘画编·民间年画.北京：人民美术出版社，1985.

［90］中国社会科学院考古研究所编著.汉长安未央宫.北京：中国大百科全书出版社，1996.

［91］中华书局编辑部编.清会典.北京：中华书局，1991.

［92］中南海画册编辑委员会编.中国传世名画.北京：西苑出版社，1998.

［93］紫禁城出版社编.帝京旧影.北京：紫禁城出版社，1994.

后 记

北京是一座历史悠久的古城，拥有宫殿、坛庙、佛寺、官署、道观、民居等许多古建筑，同时也曾经建造过大量的园林——其中既包括华贵的皇家御苑、富丽的王公府园、端庄的官僚宅园、清雅的文人别业，也包括幽静的寺庙园林、隐秘的衙署园林、简朴的会馆园林以及丰富多彩的公共风景区园林，鳞次栉比，争奇斗艳，蔚然大观，是北京古都文化最绚丽的组成部分。

这些园林历经不同朝代的沧桑演变，记载了北京几千年的沉浮往事，同时在选址、布局、建筑、掇山、理水、花木等方面表现出鲜明的地域特色和深厚的文化内涵，达到很高的艺术成就，足以与苏州等地的江南园林分庭抗礼而各擅胜场。山水楼台之间蕴含着古人高超的造园智慧，可以为我们今天的城市建设与景观创作提供有益的借鉴。

与历史上的鼎盛时期相比，现存北京古代园林的数量已经相当有限，而且还面临着诸多的保护难题。我们希望通过这本小书，向读者相对全面地介绍北京园林的发展历程、经典实例、造园意匠和文化渊源，以求传承文脉。如果读者读了以后，能够增加对北京园林的了解，引发更多的游览兴趣，并进一步认识其宝贵价值，自觉提高相应的保护意识，那么作者将会感到莫大的欣慰。

贾　珺

2019年7月于清华园